国家社会科学基金项目 "SNA（2008）框架下 FISIM 核算方法的改进、拓展与中国实践研究" 项目号：14CTJ001

SNA（2008）框架下 FISIM 核算方法的改进、拓展与中国实践

贾小爱　著

中国财经出版传媒集团

经济科学出版社

Economic Science Press

图书在版编目（CIP）数据

SNA（2008）框架下 FISIM 核算方法的改进、拓展与中国实践/贾小爱著 . —北京：经济科学出版社，2020. 7

ISBN 978 - 7 - 5218 - 1735 - 5

Ⅰ . ①S… Ⅱ . ①贾… Ⅲ . ①金融业 – 中介服务 – 国民经济核算 – 会计方法 – 研究 Ⅳ . ①F830. 39

中国版本图书馆 CIP 数据核字（2020）第 130956 号

责任编辑：李一心
责任校对：王肖楠
责任印制：李 鹏 范 艳

SNA（2008）框架下 FISIM 核算方法的改进、拓展与中国实践

贾小爱 著

经济科学出版社出版、发行 新华书店经销

社址：北京市海淀区阜成路甲 28 号 邮编：100142

总编部电话：010 – 88191217 发行部电话：010 – 88191522

网址：www. esp. com. cn

电子邮箱：esp@ esp. com. cn

天猫网店：经济科学出版社旗舰店

网址：http：//jjkxcbs. tmall. com

北京季蜂印刷有限公司印装

710 × 1000 16 开 17. 5 印张 230000 字

2020 年 10 月第 1 版 2020 年 10 月第 1 次印刷

ISBN 978 - 7 - 5218 - 1735 - 5 定价：68. 00 元

（图书出现印装问题，本社负责调换。电话：010 – 88191510）

（版权所有 侵权必究 打击盗版 举报热线：010 – 88191661

QQ：2242791300 营销中心电话：010 – 88191537

电子邮箱：dbts@esp. com. cn）

前　　言

随着经济的发展，金融业在国民经济中的地位得到提升。然而，金融服务业总产出的官方估计值却难以充分反映其快速扩张的实际情况，从而导致宏观经济决策不能及时对金融机构出现的问题做出宏观调控。2007 年美国爆发的次贷危机就是一个典型的例子。所以对金融服务业产出测算的研究十分迫切。

间接测算的金融中介服务（Financial Intermediation Services Indirectly Measured，FISIM）作为金融业总产值的重要组成部分，其产出核算既存在一些基本理论难题，又面临不少新情况。SNA①（2008）的出台使 FISIM 核算的一些问题得到修订，但是该方法也带来了一些概念问题和实践挑战。理论上，FISIM 核算方法还不完善，存在很多漏洞。一方面，SNA（2008）建议的参考利率具有短期、无风险的性

----

① SNA（The System of National Accounts）翻译为国民账户体系（旧译国民经济核算体系）。这套体系是在联合国、欧盟委员会、经济合作与发展组织、国际货币基金组织、世界银行的主持下形成并发布的。

国民账户体系是一个统计框架，它为决策、经济分析研究提供了一套具备综合、一致、灵活等特性的宏观经济账户。这些具有严密逻辑关系的表式或账户能够系统、全面地反映国民经济运行的全过程及其内在联系。该体系是对一个国家或地区经济社会发展状况的测量系统，既反映人力、物力和资源，又反映生产、分配和使用，还反映总量、速度和结构。

质，致使 SNA 内部出现不一致性，并导致 FISIM 负值的发生；另一方面，对于参考利率的选择，参考利率的风险期限调整国际上没有达成共识。实践中，中国金融业的快速发展与国际核算标准的变化，使得中国现有 FISIM 核算方法已不再适用，中国急需改进 FISIM 核算方法并应用于实践。针对中国 FISIM 核算方法与实践中存在的问题，借鉴国际上 FISIM 核算的最新理论与方法，对中国 FISIM 核算进行改革，有着重要的理论与现实意义。

本书立足 SNA（2008）的核算理论框架、分析目前 SNA 有关 FISIM 核算的缺陷与漏洞，并以 SNA（2008）有关 FISIM 核算的遗留问题及其改进为核心，提出具体的改进措施。在此基础上全面审视中国 FISIM 核算现状，对中国 FISIM 核算现存问题进行剖析，寻找差距，并将各种改进应用到中国实践，推进中国 FISIM 核算理论与实践的不断发展。全书一共分为六章，除去第一章，整个报告的研究内容包括 FISIM 核算方法的改进与拓展（第二章~第五章）和中国实践两部分（第六章）：

第一章，导论。本章是项目的研究概述，对全书的研究背景、研究意义、研究内容等做了归纳梳理，尤其是在综述国内外研究现状的基础上找到了本书研究的切入点。

第二章，FISIM 核算范围的改进与拓展。针对 FISIM 核算范围面临的挑战，重点探讨两个问题：第一，思考 FISIM 所涉及的金融工具（资产负债）和机构范围，针对 FISIM 核算范围的各种争议，重点阐释 FISIM 概念的内涵与外延。第二，从 FISIM 的核算主体金融机构、核算载体金融工具与核算客体金融服务三个方面，对 FISIM 的核算范围进行辨析，进一步明确 FISIM 的核算范围，重点探讨流动性转化和风险管理对参考利率的选择与 FISIM 服务价格和数量的影响。

第三章，FISIM 生产核算的改进与拓展。鉴于 SNA 建议的银行间同业拆借利率计算 FISIM 时存在缺陷，这一章提出了五种生产核算改进的具体措施：（1）对参考利率进行风险调整。针对参考利率风险调整的三种情况，一共检测了两种存款参考利率与六种贷款参考利率在中国的适用性，给参考利率的风险调整给出了指导性建议。（2）对参考利率进行期限调整。结合中国的利率体系，检测了五种与期限有关的参考利率在中国的适用性。研究发现，加权参考利率与长短期双参考利率相对稳定，发生 FISIM 负值的可能性较小。（3）深入研究资金成本法。关注该方法的基础概念及其所涉及的金融工具范围，即通过哪些工具来计算资金成本。（4）重点讨论年平均参考利率法。年平均参考利率法解决了按市场价格还是协议价格测算定期存贷款 FISIM 产出的问题，以改善定期存贷款的 FISIM 测算值，从而减少 FISIM 负值的发生。（5）寻找 FISIM 负值发生的原因，必要时给予调整。出现 FISIM 负值时，要审查用于 FISIM 计算的参考利率的适用性以及 FISIM 产出测算方法本身。

第四章，FISIM 使用核算的改进与拓展。本章重点研究了 FISIM 的部门分摊及其对 GDP 产生的影响，同时采用指标法（"自上而下"法）和参考利率法（"自下而上"法）实施 FISIM 在机构部门和产业部门之间的分摊，以考察分摊方法的选择对我国 FISIM 使用核算的影响。与此同时还考察了不同的参考利率对 FISIM 使用分摊的影响以及 FISIM 的进出口核算。研究表明"自下而上"的分摊方法是一种相对比较精确的分摊方法，在数据允许的条件下，尽量采用该方法进行 FISIM 机构部门（或产业部门）分摊。

第五章，FISIM 物量核算的改进与拓展。从理论与实践层面全面对比分析存量缩减法和产出指标法这两类 FISIM 物量核算方法，存量缩减法重点在于构造合理的价格指数，而产出指标法的重点在于指标的选择和权重设计。在采用存量缩减法对中国 FISIM 物量进行试算时，分别对比了拉氏指数、帕氏指数和费舍指数三种指数，研究表明，中国 FISIM 物量核算更适合采用费舍物量指数进行缩减。

第六章，中国 FISIM 核算改革与实践。借鉴 SNA（2008）与国际上 FISIM 核算的最新理论与方法，剖析中国现行 FISIM 核算方法存在的问题及症结所在。并以中国国民经济核算体系（CSNA）2016 出台为契机，重点分析 CSNA（2016）对中国 FISIM 核算产生的新变化，包括对 FISIM 现价产出、物量核算以及使用分摊各方面产生的影响。最终从中国实际数据出发，在 CSNA（2016）的框架下以中国账面价值参考利率测算了对应的 FISIM 值以及 FISIM 对中国 GDP 的贡献等。

通过各章主体内容的研究，本书得到了以下几个重要观点：第一，打破 SNA 建议的单一参考利率的局限，充分考虑风险与流动性转换对参考利率的影响，并建议从 FISIM 产出中排除风险与期限溢价。第二，将定期存贷款视为银行与客户之间的一种票据协议，银行按合同达成的价格为其客户提供服务，从而 FISIM 服务的价值在未来的波动中是不变的。第三，不同期限的利率所构造的加权平均参考利率，在处理 FISIM 负值、波动性方面表现更佳。第四，FISIM 进出口核算，推荐各国设定一个可以反映相关主要货币组合的参考利率，用于所有外币存贷款 FISIM 的测算。第五，"自下而上"的参考利率法是一种相对比较精确的分摊方法，在数据允许的条件下，尽量选择该方法进行 FISIM 机构部门（或产业部门）分摊。第六，中国 FISIM 物量核算更适合采用费舍物量指数进行缩减。FISIM 的出口应该使用国内价格指数缩减，FISIM 进口要采用相应国家的价格指数缩减。第七，中国经不良贷款率调整的账面价值参考利率，在中点参考利率的基础上减去风险率，虽然考虑了风险因素，但却是在构造一个无风险参考利率，从而该参考利率不能剔除 FISIM 中的风险溢价。

与同类研究相比，本书的主要贡献与创新点表现在：第一，面对新兴金融业态（支付宝、余额宝等）在 SNA 框架下建立了更加灵活的 FISIM 核算范围调节机制，从核算主体、客体和载体三个角度，确定了满足当前需要的 FISIM 核算范围。第二，跳出 SNA 的单一参考利率，开始考虑风险和期限结构对参考利率的影响，并对各种不同期限，不同风险的参考利率利用中国数据检测它们的适用性。第三，由于 FISIM 的服务价格与服务数量均包含价格因素，本书建议 FISIM 物量核算采用链式价格指数设计出从服务价格与服务数量两方面同时缩减 FISIM 的价格指数。第四，对于定期存贷款采用年平均参考利率方法测算 FISIM 产出，以降低 FISIM 负值发生的可能性。第五，注重国民经济核算的本土化研究。本书前沿理论研究的背后也都有中国国民经济核算实践做落脚点和支撑点，理论研究紧接地气。最后所有的改进方案都落脚到中国 FISIM 核算上，对中国 FISIM 核算提出具体的改进建议。

　　当然，考虑到本书需要解决中国实际的核算问题，本书理论研究成果的实际转化受到众多客观因素的影响和限制。需要同时考虑国际最新标准和我国的统计现实进行充分论证，这并不是短期内可以实现的。

目　　录

第一章 导 论

第一节 选题背景与研究意义

金融服务业是一个快速发展的领域。金融服务业产出核算，既存在一些基本理论难题，又面临不少新情况。特别是 2008 年以来的金融危机，对金融服务产出核算提出了新要求，对更广泛金融工具的核算、风险的测度，以及对危机的预警、监测等提出了严峻挑战，金融危机与信息差距的问题受到空前关注。而金融危机往往决定于一些统计假象，这些假象通常来源于一些错误的概念、方法、数据或反映真实世界的现象。间接测算的金融中介服务（Financial Intermediation Services Indirectly Measured，FISIM）作为金融中介服务的重要组成部分，其产出核算在金融服务业中是一个充满争议的话题。在中国国民经济核算体系改革之际，针对中国 FISIM 核算方法与实践中存在的问题，借鉴国际上 FISIM 核算的最新理论与方法，对中国 FISIM 核算进行改革实践，有着重要的理论与现实意义。

一、选题背景

随着经济的发展，金融业在国民经济中的地位得到日益提升。统计数据显示，在工业化国家，作为 GDP 重要组成部分的金融业增加值约占国内生产总值的6%。中国金融服务业增加值占 GDP 的比重在很长一段时间（1996～2007 年）在 5% 左右。而自 2007 年以来，该比重逐渐上升，已经从 2005 年的 4% 到上升到 2015 年的 8.4%。中国金融业占 GDP 的比重在过去十几年翻了一倍，足见金融业对 GDP 的贡献越来越大，也是金融服务业成长为国民经济支柱产业的标志。[①]然而，金融服务业总产出的官方估计值难以充分反映金融服务业快速扩张的实际情况，从而带来一系列潜在问题。2007 年由次贷危机引发的全球金融危机就根源于金融领域，并且首先表现为金融中介系统的中断。这到底是计算方法错误还是数据错误？

对金融服务业产出测算的研究十分必要和迫切，特别是更加合理地核算其产出价值和使用情况，以便更好地为宏观经济分析与决策提供依据。然而金融业作为服务行业，除了服务业的共性，其还具有其他服务行业不具备的一些特性。金融中介机构向社会提供的金融服务（除保险和养老基金服务以外）包括两大类：一类是直接收费的其他金融服务——例如投资组合管理、税务咨询和不动产管理等；另一类是表面上不收费的与存贷款相关的金融中介服务（蒋萍、贾小爱，2012）。无论在理论上还是在实践中，与其他服务业相比，第一类服务的生产和使用核算并无显著区别；但对于存贷款金融中介服务则大不相同，由于其收费具有隐蔽性，导致其价格和数量并不能通过市场直接观察得到，从而导致 FISIM 产出与使用核算在理论和实践两个方面都存在较大困难。特别是近年来金融市场发展迅速，各种金融中介机构的传统角色、市场环境、业务形式、业务内容等均发生明显变化，并且出现了一些新情况和新问题，从而金融服务产出核算面临更大的挑战。一方面，FISIM 测算方法本身还不完善，包括是否应考虑风险调整因素等；另一方面，FISIM 使用核算中，本应归属于 GDP 的

---

① 资料来源于历年《中国统计年鉴》和《国际统计年鉴》。

部分存在较高的波动性，而在核算实践中，特殊处理方式使其测算结果无法体现上述波动性，从而导致金融行业核算结果与其实际情况出现一定偏差，不能有效观测金融行业存在的问题，并及时做出正确宏观调控决策。

鉴于 FISIM 产出核算的困难性，历次国民经济核算体系（SNA）的修订都将其作为重要议题。FISIM 核算方法从 SNA（1953）提出来，经过数次修订，直到 SNA（2008）的修订，经历了近 60 年的发展，但目前仍存在较大争议。虽然，SNA（2008）的出台使 FISIM 核算的一些问题得到修订，但不少问题只是提出来，并没有给出具体的解决方法。例如，SNA（2008）建议采用参考利率法测算 FISIM 产出，貌似相比较利息收支差法从根本上解决了 FISIM 生产与使用核算的问题，但是该方法也带来了一些概念上的问题和现实实践的挑战。一方面，根据 SNA（2008），目前 FISIM 产出的测算和分配是基于存贷款利率与参考利率的比较，这里的参考利率反映了银行间活动的市场利率，具有短期、无风险的性质。然而，此核算框架尚存缺陷，致使 SNA 内部出现不一致性，并导致 FISIM 负值的发生。另一方面，对于参考利率的选择国际上没有达成共识，参考利率应该是一个无风险利率，还是与风险和期限相匹配的多个参考利率？

随着对此问题的不断关注，联合国统计司和欧盟统计局分别建立了国际 FISIM 工作组和欧洲 FISIM 工作组，以进一步优化和改善目前的 FISIM 核算框架。两个工作组一致同意，有必要进一步研究 FISIM 中有关期限和违约风险的处理。违约风险和期限的不同处理方式直接影响到参考利率的最终确定。中国开展金融服务产出核算起步较晚，相比欧美等经济发达国家或者经合组织（OECD）等国际组织，在实践工作与理论研究方面均显薄弱。近些年，国内外致力于此研究的成果很多，研究的方法和角度也各不相同，虽然有一些解决思路，但争议和分歧仍然很大。从而非常有必要在已有研究成果的基础上，系统分析 FISIM 核算方法的演变历程，并结合金融服务业的不断发展和新金融问题的出现，剖析现有核算方法的缺陷，改善目前核算体系中有关FISIM的核算方法。

二、研究意义

FISIM核算是一个充满争议的话题，既存在一些基本理论难题，又面临不少新的实际情况。在中国国民经济核算体系改革之际，针对中国FISIM核算方法与实践中存在的问题，借鉴国际上FISIM核算的最新理论与方法，对中国FISIM核算进行改革，有着重要的理论意义与现实意义。

理论上，FISIM核算方法还不完善，存在很多漏洞，研究一种更加合理的FISIM核算方法显得非常重要。特别是近年来的金融危机对金融中介服务核算提出了新要求，FISIM核算面临对更广泛金融工具的核算、对风险的测度等挑战。一方面，通过对SNA（2008）与国际上FISIM核算最新理论与方法的梳理，归纳出国际核算标准的变化对中国FISIM核算实践的影响和指导意义；另一方面，聚焦FISIM核算漏洞，对FISIM核算方法的方方面面进行改进与拓展，从根源上探究问题的原因，并给出具体的改进措施，从而进一步明确了中国FISIM核算改革的方向。而作为核算体系的分支，中国FISIM核算方法的改进能够为中国国民经济核算体系改革添砖加瓦。

实践中，中国金融业的快速发展与国际核算标准的变化，使得中国现有FISIM核算方法已不再适用，中国急需研究FISIM核算方法并应用于实践。将本书研究的FISIM核算改进方法，一一用中国数据进行验证，同时探讨改进方法理论上的合理性与实践中的可操作性。并在中国国民经济核算体系（2016）[CSNA（2016）]出台之际，用这些改进方法对中国FISIM进行具体测算。不但能够为政策或者核算框架的制定者提供信息，还能为其他国家实施SNA（2008）提供指导。

第二节 研究思路与研究内容

一、研究思路

本书以现有 FISIM 核算方法的遗留问题为出发点，并以此作为研究内容逐一寻求改进方法，最终对 FISIM 核算方法进行改革与拓展，并应用于中国 FISIM 核算实践。基本研究思路如图 1 – 1 所示。

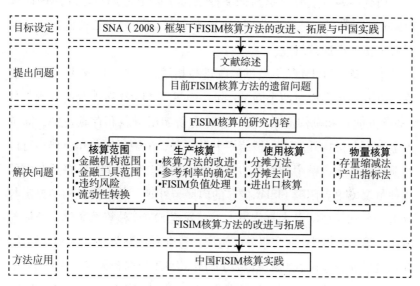

图 1 – 1 研究思路

通过图 1 – 1 可以清晰地看出，本书的写作思路是在 SNA（2008）框架下，针对 FISIM 核算目前的遗留问题展开积极的探讨，并对每一个问题寻找解决方法，以改进 FISIM 核算方法。结合目前 FISIM 核算漏洞，本书从 FISIM 的核算范围、生产核算、使用核算以及物量核算四个方面给出了具体的改进方法，这些改进方法又进一步拓展了 SNA（2008）中 FISIM 的核算方案。将这些改进与拓展的 FISIM 核算方法应用到中国 FISIM 核算实践中，必将带来中国 FISIM 核算质的飞跃。

二、研究内容

本书一共分为六章，除去第一章，整个报告的研究内容包括 FISIM 核算方法的改进与拓展（第二章～第五章）和中国实践两部分（第六章）。

第一章，导论。是本书的研究起点，对本书的研究背景、研究意义、研究内容、主要贡献与创新探索做了归纳梳理。在综述国内外 FISIM 研究现状的基础上找到了 FISIM 核算的漏洞与争议的焦点，并以此为切入点展开研究。

第二章，FISIM 核算范围的改进与拓展。针对 FISIM 核算范围面临的挑战，重点探讨两个问题：第一，思考 FISIM 所涉及的金融工具（资产负债）和机构范围，即 FISIM 能否超出贷款和存款范围，除纯的金融中介机构外能否包括信用卡发行者、金融租赁公司、典当行以及新兴的从事金融中介服务的非金融机构等。针对 FISIM 核算范围的各种争议，重点阐释 FISIM 概念的内涵与外延。从金融机构的界定与分类、金融服务的概念与分类入手，界定 FISIM 核算的主体、载体与客体。第二，FISIM 所含服务的构成，特别是风险管理和流动性转化，其如何影响参考利率的选择以及 FISIM 的具体价格和数量。从 FISIM 的核算主体金融机构、核算载体金融工具与核算客体金融服务三个方面，对 FISIM 的核算范围进行辨析，进一步明确 FISIM 的核算范围。

第三章，FISIM 生产核算的改进与拓展。这一章是整个研究报告中篇幅最大也是最为重要的章节。首先在梳理 FISIM 生产核算演进过程的基础上，剖析了目前生产核算的难点在于参考利率的确定。鉴于 SNA 建议的银行同业拆借利率计算 FISIM 时存在缺陷，这一章提出了五种生产核算改进的具体措施：（1）对参考利率进行风险调整。参考利率的风险调整分为三种情况：第一种情况，假设存款和贷款没有风险。第二种情况，不考虑存款的风险，只考虑贷款风险。第三种情况，存款和贷款面临的风险相同。针对这三种情况，一共检测了两种存款参考利率与六种贷款参考利率在中国的适用性，在参考利率的风险调整给出了指导性建议。（2）对参考利率进行期限调整。将 FISIM 工作组的经验与中国利率体系结合起来，检测了五种与期限有关的参考利率在中国的适用性。研究发现，加权参考利率与长短期双参考利率相对稳定，发生 FISIM 负值的可能性也较小。其中加权参考利率更为简单，实践操作性也更强。（3）深入研究资金成本法。关注该方法的基础概念及其所涉及的金融工具范围，即通过哪些工具来计算资金成本（是否应该包括股本）。（4）重点讨论年平均参考利率法。FISIM 生产核算方法不再局限于 SNA 提供的测算方法，年平均参考利率法解决了按市场价格还是协议价格测算定期存贷款 FISIM 产出的问题，以改善定期存贷款的 FISIM 测算值，从而减少 FISIM 负值的发生。（5）寻找 FISIM 负值发生的原因，必要时给予调整。出现 FISIM 负值时，要审查用于 FISIM 计算的参考利率的适用性以及产出测算方法本身。

第四章，FISIM 使用核算的改进与拓展。本章首先从分摊去向和分摊额的测算方面对 FISIM 使用核算的脉络进行了梳理。重点研究了 FISIM 的部门分摊及其对 GDP 产生的影响，本章采用指标法（"自上而下"法）和参考利率法（"自下而上"法）实施 FISIM 在机构部门和产业部门之间的分摊，以考察分摊方法的选择对我国 FISIM 使用核算的影响，并进一步改进 FISIM 分摊方法。与此同时还考察了不同的参考利率对 FISIM 使用分摊的影响以及 FISIM 的进出口核算。研究表明"自下而上"的方法是一种相对比较精确的分摊方法，在数据允许的条件下，尽量采用选择该方法进行 FISIM 机构部门（或产业部门）分摊，我国基本具备采用"自下而上"的方法的数据条件。在无法获得所需数据的情况下，也可以采用考虑采用"自上而下"的方法，在采用该方法时，指标的选取尤为重要，应谨慎选择，否则将会带来严重的后果。

第五章，FISIM 物量核算的改进与拓展。在不变价 GDP 核算的大背景下，指出中国 FISIM 物量核算的基本方法与存在问题。从理论与实践层面全面对比分析存量缩减法和产出指标法这两类 FISIM 物量核算方法。理论上，由于 FISIM 服务价格与服务数量均包含价格因素，存量缩减法需要从服务价格与服务数量两方面同时缩减，其重点在于构造合理的价格指数；而产出指标的选择与权重的设计也是一个重点问题。最后在中国现有数据的基础上重点采用拉氏指数、帕氏指数和费舍指数三种方法对中国 2007 年至 2018 年的 FISIM 物量进行试算，研究表明，中国 FISIM 物量核算更适合采用费舍物量指数进行缩减。

第六章，中国 FISIM 核算改革与实践。在回顾中国 FISIM 核算历程的基础上，针对中国目前的 FISIM 核算现状，归纳总结中国现行核算制度存在的问题及症结所在。借鉴 SNA（2008）与国际上 FISIM 核算的最新理论与方法，以 CSNA（2016）出台为契机，重点分析了 CSNA（2016）对 FISIM 核算产生的新变化，包括对 FISIM 现价产出、物量核算以及使用分摊各方面产生的影响。最终从中国实际数据出发，在 CSNA（2016）的框架下以中国账面价值参考利率测算了对应的 FISIM 值以及 FISIM 对中国 GDP 的贡献等。

第三节　FISIM 核算方法国内外研究现状

一、FISIM 核算方法的演进：从 SNA（1953）到 SNA（2008）

FISIM 核算方法从 SNA（1953）到 SNA（2008），经历了近 60 年

的发展，FISIM 核算方法得到不断地完善，但目前仍是 SNA 中争议较大，且尚待讨论的议题之一。国民经济核算体系（SNA）是国际统计标准，也是实际统计部门核算的操作指南。就每个版本的 SNA 来看，都认为如果按照其他行业的方法计算金融中介机构总产出。那金融业的总产出只包括服务费、手续费等，将会出现金融服务业的增加值为负这一不合理的结果，从而使金融服务业在国民经济中的作用很小，甚至为负数。每个版本的 SNA 对金融中介服务产出核算方法的设计主要围绕如何测算产出价值与如何将产出价值在使用者之间进行分配两个方面来考虑的。

（一）SNA（1953）中间接测算的金融中介服务核算

SNA（1953）并未提出有关 FISIM 生产核算的详细建议，但已意识到，银行类金融中介机构主要通过存贷款利差来维持其生产经营活动。FISIM 没有明确的市场服务价格，如果按照其他服务业的生产核算方法测算银行类金融中介机构部门的产出，则其增加值将会很低甚至为负值。为了避免该问题，SNA（1953）提出以虚拟服务费的形式间接测算其产出的思路，并以银行类金融中介机构的投资收益减实际储户利息支出作为虚拟服务费，同时将其虚拟为最终储户利息支出，该处理方式不会改变银行类金融中介机构或其他企业的总收入，但会增加整个国民经济的 GDP，因为住户部门的最终支出中将会增加其消费的银行虚拟服务支出。

在间接测算的金融中介服务使用核算方面，SNA（1953）建议按照住户部门和企业部门的存款水平将虚拟服务费分摊到这两部门，并在企业部门内部再按活动类型进一步分摊。其关键是银行存款分布状况的统计资料，但这些资料在当时并不易获得。SNA（1953）的最大贡献就在于已察觉 FISIM 的特殊性，提出了初具雏形的间接测算思路。但实践证明，SNA（1953）建议的分摊方法可行性相对较弱。

（二）SNA（1968）中间接测算的金融中介服务核算

SNA（1968）建议用"估算的服务费用"核算 FISIM 总产出，估算方法为贷款利息收入加投资收入再减存款利息支出，但要扣除利用自有资金进行投资获得的收入，因为 SNA（1968）将利用自有资金进行投资获得的收入视为财产收入。同时，SNA（1968）建议把估算的服务费用看作是各产业部门的中间消耗。

与 SNA（1953）相比，SNA（1968）在 FISIM 生产核算上加入了贷款利息收入，在使用核算上也不再局限于住户部门和企业部门。但由于当时资料条件的限制，尚无法将其分摊至各产业部门，于是将其全部作为虚拟名义部门的中间消耗，并在 GDP 核算中将其一笔扣除。SNA（1968）肯定 FISIM 为生产活动，但由于无法区分各部门消耗的金融服务数量，导致诸如无法将 FISIM 在机构部门间分摊等难题。其结果造成：金融部门生产量与非金融机构部门使用量的不平衡，无法真正体现出非金融机构部门对金融机构部门的依赖关系；同时，夸大了整个国民经济对 FISIM 的中间消耗量，忽略了住户部门对 FISIM 的最终消费，从而低估了整个国民经济的 GDP 总量。

（三）SNA（1993）中间接测算的金融中介服务核算

SNA（1993）与 SNA（1968）建议的 FISIM 生产核算方法基本一致，FISIM 总产出等于以金融中介机构应收的财产总收入与它们应付的总利息支出之差，并扣除用自有资金投资所获取的财产收入。

SNA（1993）最大的改进之一就是 FISIM 使用核算。SNA（1993）保留了 SNA（1968）原有使用核算方法，同时，为了弥补该方法的缺陷又提出了两种新方法：一种是用实际支付和收取的利率与适当选取的参考利率之差，在经济总体的产业部门和机构部门中分摊。参考利率介于存款利率和贷款利率之间，代表资金的纯成本。另一种如果无法获得存贷款和参考利率方面的统计数据资料，则采用各类指标进行 FISIM 分摊，例如，按各类用户占金融中介机构部门的金融资产总额和负债总额（或按其他相关金融指标）的比例进行分摊。

相对而言，第一种方法比较合理，只要确定了参考利率，FISIM 如何在使用者间分摊的问题就迎刃而解。SNA（1993）在 FISIM 使用核算方面取得了巨大的成就，但遗憾的是，SNA（1993）没有再向前迈入一小步——将使用核算思路应用于 FISIM 生产核算中，这最终导致按第一种方法进行分摊时仍会出现生产量与使用量不平衡的问题。

（四）SNA（2008）中间接测算的金融中介服务核算

在 FISIM 核算方面，SNA（2008）做了如下四个方面的改进：（1）修订了 FISIM 的核算范围，SNA（2008）建议 FISIM 只适用于贷款和存款，并且建议要包括所有与金融中介服务有关的贷款和存款，不考虑资金来源，即使是自有资金也予以考虑，否定了以前 SNA（1968）和 SNA（1993）的做法。（2）修订了 FISIM 生产核算方法，舍弃了 SNA（1993）的利息收支差法，借鉴 SNA（1993）第一种使用核算思路提出了全新的参考利率法，即贷款 FISIM 服务费率等于贷款利率与参考利率的差额，存款 FISIM 服务费率等于参考利率与存款利率的差额。（3）修订了 FISIM 使用核算方法，彻底删除了 SNA（1968）的分摊方法，全面沿袭 SNA（1993）最新提出的使用核算方法，实现了 FISIM 消耗要在用户之间进行分摊，分摊的数额或者作为企业的中间消耗，或者作为最终消费支出或出口。（4）修订了参考利率的概念内涵，SNA（2008）强调参考利率应当不包含任何服务成分，并且能反映贷款和存款的风险与期限结构。SNA（2008）关于 FISIM 的核算建议还有待进一步探讨。

综上所述，FISIM 核算方法在 SNA 各版本中经历了一个不断发展变化的过程，表 1-1 归纳了几个版本之间的变化特点。

表 1 - 1　　　　　　　　金融中介服务核算在 SNA 中的演进

SNA 版本	术语	测算方法	分摊方法
SNA（1953）	虚拟的服务费	银行的投资收益减去支付给储户的存款利息的差额	按照不同的存款水平将这些虚拟服务分摊到住户和企业两个部门
SNA（1968）	估算的服务费用	所有贷款利息收入加利用存款进行投资获得的收入，减去所有存款利息支出并必须扣除它们用自有资金投资所获取的财产收入	设立一个名义产业部门，并将估算的服务费用看作是该名义产业部门的中间消耗
SNA（1993）	间接测算的金融中介服务	应收的财产总收入与它们应付的总利息之差，并必须扣除它们用自有资金投资所获取的财产收入	①SNA（1968）分摊方法；②利用参考利率在金融服务使用各部门进行分摊；③采用不同的指标来分摊
SNA（2008）	间接测算的金融中介服务	FISIM =（贷款利率 - 参考利率）× 贷款额 +（参考利率 - 存款利率）× 存款额	①利用参考利率在金融服务使用各部门进行分摊；②采用不同的指标来分摊

资料来源：根据各版本 SNA 整理所得。

随着社会变迁、经济发展，FISIM 核算方法也经历着不断完善的过程，在当时现有的条件下，每个版本的 SNA 都是一个比较好的核算操作手册，并通过人们的解读与应用，不断地发现问题、解决问题，在下次 SNA 修订的时候，好的建议继续保留，也有一些观点逐渐被淘汰。第一套综合国民经济核算标准于 1953 年发布，随后在 1968 年、1993 年和 2008 年经过了三次重大修订。不过，国民经济核算的发展显然不是每隔 15 年至 20 年才爬一次台阶，因此，尽管全面修订是间断的，但是 SNA 的更新却是一个连续的过程。SNA 的发展应该是经济发展（如出现新的金融工具）、统计估计和测量技术进步，以及数据收集手段完善等综合作用的产物。这些也正是作用于 FISIM 核算发展背后的力量，正是由于经济的发展，核算技术的成熟，使得 FISIM 核算方法从 SNA（1953）到 SNA（2008）不断成熟完善，一些落后的观点随之被淘汰，一些适应经济社会发展的观点经过人们的不断论证，实践生活的不断检验，最终得以保留。截至 SNA（2008）的出现，有关 FISIM 的核算问题已取得显著进展，一些争论已达成共识，例如，自有资金的处理，银行利息的性质，但同样也有未解决的问题，FISIM 核算问题再一次列入 SNA（2008）的研究议程，国际上广泛认同的是，SNA（2008）关于间接测算的金融中介服务的核算方法需要在某些方面予以澄清或进一步改进。

二、国际上 FISIM 核算研究最新进展

自 SNA（1953）出台以来，现价 FISIM 产出测算的思路明显地具有间接测算意思。随后每次修订国民账户体系，都将间接测算的金融中介服务的产出与使用核算作为改进的内容，也成为 SNA（2008）与 ESA①（2010）的研究主题。

FISIM 核算方法从 SNA（1953）的提出到 SNA（2008）的不断完善，除了统计标准的不断改进，FISIM 对 GDP 的贡献也是学术界感兴趣的焦点话题。这种不断上升的讨论，最终导致了两个重要 FISIM 工作组的建立。一个欧洲 FISIM 工作组，代表欧盟统计局的职责；另一个国际 FISIM 工作组，服从联合国与经合组织的领导。两个工作组的主要目标都是改善目前 FISIM 核算方法的概念框架。其工作集中在四个方面，分别是 FISIM 的进出口核算，FISIM 中如何反映期限、违约风险溢价，FISIM 的价格与物量核算。

经合组织（OCED）于 2002 年成立了 FISIM 工作组（The Task Force），并于 2002 年举行关于金融中介服务产出核算的第一次会议。2010 年 12 月 3 日，经合组织成员国讨论了 FISIM 工作组的职权范围，并考虑在设立区域工作组的同时，也设立一个职权范围相似的全球工作组，即后来服从于联合国与经合组织领导的国际 FISIM 工作组。国

---

① ESA 是欧洲国民经济核算体系（European System of National and Regional Accounts in the Community）的简称。

际 FISIM 工作组在 2011 年 3 月与 2011 年 7 月先后举行两次会议，对 FISIM 核算的各方面进行了更为详细的讨论。该工作组将与各区域工作组密切合作，例如欧洲 FISIM 工作组。欧洲 FISIM 工作组于 2010 年 10 月（卢森堡）、2011 年 3 月（法兰克福）进行了两次面谈，该工作组将特别侧重于为每一种货币确定最多一种参考利率，用于核算 FISIM 产出。

工作组强调关于 FISIM 的概念和实践方面，对于 FISIM 中的存贷款如何反映不同的期限，不同到期结构是否要在 FISIM 中反映？违约风险的不同程度如何影响 FISIM 产出，是否可能分离生产与风险？如何考虑 FISIM 价格与物量核算？根据存款和贷款的期限结构设置几个参考利率是否可行？不同的货币不同的参考利率是相关和可行的吗？目前的研究成果与会议讨论进展大致包括以下几方面：

（一）金融中介机构的风险管理活动是否应该在 FISIM 中反映

FISIM 的服务因素是否应该体现金融中介机构的风险管理活动？即风险管理活动是否为金融中介服务活动的组成部分？对此国际学者形成了截然相反的观点，一种观点，风险溢价为 FISIM 的组成部分，并将其视作风险管理活动费用的补偿，或将其视为针对特定风险购买的保险，高风险客户需要支付较高金融中介服务费，低风险客户需要支付较低的金融中介服务费。另一种观点，FISIM 中不应该包含风险溢价，因为它不是对金融中介服务的支出，而仅仅是分配范畴，高风险客户和低风险客户需要支付的金融中介服务费用相同。

第一种观点认为在计算 FISIM 时，参考利率无须与贷款资产的风险相匹配，即金融工具风险是影响金融中介服务价格的重要因素。例如，马歇尔·莱因斯多尔夫（Marshall Reinsdorf，2011）[①] 认为银行

---

① 来源于 FISIM 工作小组第一次会议：http：//unstats. un. org/unsd/nationalaccount/rameetings/tfmar2011/PP12. pdf。

贷款往往是其他融资方式无法替代的重要的商业信贷渠道之一，对贷款者来说，与债券等融资方式相比，既然银行贷款是必不可少的选择，那么 FISIM 包括风险溢价应该是合理的。赫尔曼·史密斯（Herman Smith，2011）[1] 认为风险管理和资金借贷是一种生产性活动，风险溢价可以视为金融中介机构进行风险管理活动理应获得的报酬，是金融中介机构产出的重要组成部分。

第二种观点则认为参考利率与贷款资产风险应相匹配，即参考利率应体现贷款风险溢价，从而有效地消除风险溢价对贷款利率的影响，将风险溢价从 FISIM 中剔除。目前的 FISIM 产出测算方法，类似于非人寿保险服务，包含了违约风险的成分。因而，安东尼奥·科朗杰罗和罗伯特·英克拉尔（Antonio Colangelo and Robert Inklaar，2012）主张参考利率应与存贷款风险相匹配，改变统计部门目前采用的单一、无风险参考利率，与目前操作相比，该主张将会使欧元区金融中介机构总产出降低 28%～54%，这意味着，目前操作使得欧元区 GDP 被高估了 0.11 个百分点至 0.18 个百分点。沃尔夫冈·艾希曼（Wolfgang Eichmann，2011）[2] 指出如果 FISIM 包括风险溢价，则意味着承认风险管理活动的生产性，但其结果可能是正的也可能是负的或是零，一旦是负的，则又意味着否定风险管理活动的生产性，这是矛盾的。马歇尔·莱因斯多尔夫（2011）[3] 指出如果 FISIM 包含风险溢价，则融资企业资金来自贷款而不是股本或债券时，企业增加值的估计值就会变小，实际上，不论企业采用何种融资方式，融资企业所创造的增加值理应保持不变。为了避免违反这一原则，必须把风险溢价视为财产收入处理。赫尔曼·史密斯（2011）[4] 指出金融危机时期往往会出现较高的贷款利率，这将导致 FISIM 产出的明显增加，这些似乎与实际情况并不相符。起初的争论主要局限于违约风险的调整。从 FISIM 中消除违约

---

[1][4]　http：//unstats. un. org/unsd/nationalaccount/rameetings/tfmar2011/PP08. pdf。

[2]　http：//unstats. un. org/unsd/nationalaccount/rameetings/tfmar2011/PP13. pdf。

[3]　http：//unstats. un. org/unsd/nationalaccount/rameetings/tfmar2011/PP12. pdf。

风险被认为是一个前进方向，但是，后来的争论倾向于包括汇率风险、违约风险和期限风险等在内的所有风险种类的调整。

（二）金融机构的流动性转换是否应该在 FISIM 中反映

将短期存款转换为成中长期贷款是金融中介服务的基本功能，FISIM 是否要反映这种期限结构转换？一种观点认为应该在 FISIM 中包含期限结构转换因素，参考利率不需要与每种金融工具的期限结构相匹配，即参考利率的选择无须考虑各类金融工具的期限结构问题，这意味着金融工具的期限结构是影响金融中介服务价格的重要因素。另一种观点则认为应从 FISIM 中剔除期限结构转换因素，参考利率需要与各类金融工具的期限结构相匹配，这就需要选择与各类金融工具期限结构相一致的不同参考利率，从而将期限溢价从 FISIM 中剔除。

赫尔曼·史密斯（2011）认为 FISIM 不应该包括期限结构转换，主要基于以下两点原因：第一，期限溢价可以视为一种长期投资补偿，包含价格不确定性造成的风险增加，而这与金融中介服务无关；第二，如果将期限结构转换视为是金融中介服务的组成部分，则会改变银行活动性质。银行宁愿利用利率互换规避期限风险而不是通过转换金融工具的期限，这又引发争议，即 FISIM 产出中也要扣除利率互换利差。克里斯蒂娜·王等（Christina Wang et al.，2008）则进一步从资金机会成本的角度提出了从 FISIM 产出中剔除期限结构转换和风险溢价的方法。这个方法被苏姗托·巴苏等（Susanto Basu et al.，2011）应用于美国，被安东尼奥·科朗杰罗和罗伯特·英克拉尔（Antonio Colangelo and Robert Inklaar，2012）应用于欧洲地区，欧洲央行也支持成员国官方统计部门采纳此方法。

然而也有学者支持第一种观点，樱田·千弘（Chihiro Sakuraba，2011）指出将短期存款转换成中长期贷款是金融中介服务最普通的功能，期限溢价取决于产量曲线，是金融中介机构无法控制的；并且从劳动和资本投入的角度来看，期限结构转换需要有要素投入，所以期限结构转换应该视为一种生产性服务。

总体来讲，对于期限结构转换带来的期限溢价依然是 FISIM 核算研究的热点，主要涉及期限溢价的概念与实际计量两方面。概念争论主要是期限溢价是否为 FISIM 的重要构成，期限溢价计量的方式之一是使用与期限相匹配的参考利率，但在核算实践中此操作比较困难，相对而言，核算实践中单一参考利率更受欢迎。

（三）如何使 FISIM 核算与国际服务贸易统计保持一致

金融中介服务是国际服务贸易的重要组成部分，所以，FISIM 核算应与国际服务贸易统计相衔接，并且某国 FISIM 进口总量应等于所有其他国家对该国 FISIM 出口量的和。FISIM 进出口核算主要涉及汇率的选取、参考利率的选择以及所需的基础统计资料的可获得性。

纳迪姆·艾哈迈德（Nadim Ahmad，2011）[1] 认为以基础货币的参考利率作为进行 FISIM 进出口核算的参考利率是 FISIM 进出口核算的基本准则。实际上，FISIM 进出口核算的最大难题是基础统计数据的匮乏，特别是行业数据。因此，FISIM 进出口核算的关键是实现国与国之间基础统计数据的协调。国际协调可以更好地获取对象国的统计数据信息，以实现 FISIM 进出口核算，尤其是进口核算。但首先应该明确需要何种统计数据信息，再考虑在世界各国范围内哪些统计数据信息能够获得，以及是否拥有各国双边间的按机构部门划分的利息流量数据，在汇率信息非常有限时，即使单一参考利率的 FISIM 进出口核算也存在较大困难。

总体而言，FISIM 进出口核算必须保证每个基础货币都有与之相对应的适当的参考利率，当将 FISIM 产出分配到行业时，如果存贷款的存量数据不可获得，可以使用增加值份额。FISIM 进出口统计数据信息的国际协调显得尤为重要。

---

[1] http://unstats.un.org/unsd/nationalaccount/rameetings/tfmar2011/PP07.PDF。

（四）FISIM 的价格与物量核算

SNA（2008）建议采用报告期参考利率和银行利率进行现价 FISIM 核算，再用价格缩减指数对其进行缩减。如果无法找到可供选择恰当的缩减因子，也可以采用适当的指标进行外推得到 FISIM 物量指数。这和联合国统计司推荐的两种 FISIM 物量核算方法（存量缩减法和产出指标法）达成一致。

美国经济分析局（BEA）对 FISIM 物量核算采用的就是存量缩减法测算。赫尔曼·史密斯（2011）[1] 指出用价格指数缩减存贷款存量是应用基年参考利率和存贷款银行利率的差（基准年利差，价格因素）去缩减平均存量（存贷款平均存量，物量因素），在实践中此方法提供稳定的可预测结果。就 FISIM 进出口物量核算，通常建议国内物价指数可用于计算出口，而对于进口而言，应该采用相应国家或地区的物价指数。存量缩减法对数据的需求量相对较少，方便实施。但是要获得合适的价格指数却比较困难，目前诸多学者致力于合理的总价格指数的研究。有的学者甚至采用单位价值作为指数的替代，并给出了单位价值的计算方法[2]（Marshall Reinsdorf，2011）。

荷兰统计局在产出指标法方面做了大量的理论与应用研究，该方法先是找到能够代表金融机构产出的各种指标，例如存贷款交易总量、账户注销、电子转账等。其次是确定权数以计算各类金融中介服务产出指标（物量因素）的物量指数的加权平均值。具体的权数可以选择基期各类金融中介服务产出指标的交易额。与存量缩减法相比，产出指标法的实施还存在多种困难：一方面，衡量各种产出指标的贡献比较困难；另一方面，在公司有重大变化的情况下无法正常工作。最大的困难是这种方法的数据需求量大，实践中往往因为数据无

---

① http：//unstats. un. org/unsd/nationalaccount/rameetings/tfjuly2011/PP10 – 1. PDF。
② 单位价值 = 总名义 FISIM/缩减存量的总和。

法获得而无法实施。正如马歇尔·莱因斯多尔夫（2011）[①] 所言，尽管产出指标法理论上有一定的优势，但是目前测算 FISIM 物量的主要方式还是价格指数缩减法。

（五）参考利率的选择

参考利率的选择乃是 FISIM 核算之关键，然而目前国内外尚未就参考利率的确定达成统一意见。SNA（1993）建议采用银行间拆借利率或中央银行贷款利率作为参考利率；SNA（2008）仅建议采用银行间主要的借贷利率；一些国际组织如经济合作与发展组织（OECD）、联合国欧洲经济委员会（UNECE）和欧盟统计局（Eurostat）等建议采用银行同业拆借利率与债券收益率的简单平均数。综合来看，参考利率代表性的观点有三种：一是以 SNA（1993）为代表的，短期且无风险的参考利率，如银行间拆借利率。二是按照期限，存贷款分开设置两种参考利率。对于存款选择短期无风险参考利率。对于贷款，选择长期的经风险调整的参考利率。三是取存贷款利率的平均值，但要计算包括短期和长期交易的加权利率。

第 57 届国际统计学会（ISI）提到了单一参考利率和多参考利率的问题。即根据参考利率的不同风险程度、不同期限，参考利率又分为单一参考利率与多参考利率。单一参考利率像 SNA（1993）推荐的那样，就是统一期限的无风险参考利率。单一参考利率致使 FISIM 中包括所有风险收益和期限溢价。而多参考利率的实质就是设置不同的参考利率分别对应不同的期限与风险水平。这也意味着从 FISIM 中完全排除掉了贷款风险溢价和期限溢价。用一套与期限匹配的参考利率代替单一参考利率，通常所产生的影响是减少了归属于长期贷款和短期存款的 FISIM 数额，并导致银行提供的流动性转换服务从 FISIM 产出中排除。葡萄牙银行对参考利率的选择就是在考虑期限的基础上

[①] http://unstats.un.org/unsd/nationalaccount/rameetings/tfjuly2011/PP10－3.pdf。

分别设置了长、短期参考利率。具体以欧元银行同业拆借利率（euri-bor）作为短期存贷款的参考利率，以利率互换的基准利率（isdafix）作为长期存贷款的参考利率分，也可以利用短期和长期存贷款存量作为权重，分别对这两个参考利率进行加权来构造单一参考利率。

欧盟统计局（Eurostat）介绍了欧洲目前测算 FISIM 的参考利率①，特别值得注意的是货币基金组织（IMF）提出的以资金成本法确定参考利率。该方法利用资产负债表上所有负债的成本决定所有金融资产参考利率。另外，FISIM 进出口核算时，应该使用单一参考利率计算国内货币标价的 FISIM，外部参考利率为国内金融机构与国外金融机构间存贷款利率的加权平均，并建议采用一组货币的若干参考利率去计算 FISIM 的进出口。

除了理论上的各种探讨，FISIM 工作组还通过具体的数据，实践检测各种参考利率的适用性。包括：SNA 建议的单一参考利率、IMF的资金成本方法、重点参考利率、与期限匹配的参考利率、使用长期和短期不同的参考利率计算平均参考利率，期望通过实践检测能给 FISIM 参考利率的选择指出方向。

可以发现，参考利率的确定主要沿着四个思路来考虑：第一，不含服务费用；第二，是否包含风险因素，又分系统风险和非系统性风险；第三，参考利率的实际是否需要考虑金融资产与金融负债的期限结构；第四，要代表整个社会在一段时期内的普遍财产收益率。从而就有了单一参考利率与多参考利率之分，也就有了与风险和期限结构相匹配的参考利率。

三、中国关于 FISIM 核算的理论研究

随着 SNA 的逐渐完善，在中国政府统计机构成立 70 年以来，中

---

① http：//unstats. un. org/unsd/nationalaccount/rameetings/tfjuly2011/report. pdf。

国的 FISIM 核算也在不断改革与发展。改革开放初期，中国的核算体系一直采用的是物质产品平衡表体系（MPS），该核算体系只统计所有的实物生产，各种服务活动一律不算作生产。所以金融中介服务（信贷）活动被归为非物质生产活动，从而不能视其为生产活动，而要看作再分配活动。所以，当时对金融中介服务核算问题理论界基本没有探讨。直到 20 世纪 80 年代中后期，中国国民经济核算体系逐渐从 MPS 过渡到 SNA，此时才将服务活动纳入生产范畴，并且以 GDP 指标取代原有 MPS 核算体系中的国民收入指标，作为反映国民经济状况的综合性指标。从此，金融中介服务核算相关理论和方法的讨论才在国内积极展开。

最初，中国是以 SNA（1968）提出的金融中介服务产出核算理论为依据核算中国 FISIM 产出，即采用"利息收入与利息支出之差"来测算 FISIM 产出。但又将利息收支定义为财产收支，这种处理上的"矛盾"及论述上的"模糊"很快遭到理论界的一致批评。SNA（1993）的出版使国内核算界对 FISIM 的生产性、利息收入性质等的争议告一段落。随着 SNA 中 FISIM 核算方法的逐渐成熟与完善，国内学者们对其的解读也逐渐深入，相关文献不断涌现。归纳起来，早期研究主要集中在银行利息收支的性质界定、产出总量的近似测算、自有资金的处理、FISIM 的使用分摊、参考利率的确定等问题上。

（一）银行利息收支的性质界定

银行利息收支的性质直接关系到金融中介服务活动是否具有生产性，从而对 FISIM 的核算产生重要影响。在中国，金融机构部门与其他机构部门之间的利息收支一度被认为是纯粹的财产收支。利息收支差一旦被归属到再分配的范畴，那么用利息收支差来测算得到的金融中介服务产出就不再是真实的产出了。另外，一些学者认为金融机构的利息收入只有大于利息支出的那部分，才可以计算产出。而金融机构的利息收入中与利息支出相对应的部分只能看作财产收入，以下两种观点最具代表性：

一种观点认为利息收入是生产性收入，而利息支出是财产收入。杨缅昆（1993）和王智滨等（1994）认为信贷利息收入是金融机构部门向社会提供金融服务活动而创造的生产性收入，应全部计入金融中介服务产出。而利息支出在性质上属于非金融机构部门资金所有者的财产收支范畴或再分配范畴，在计算金融中介服务产出时，否定考虑利息支出这一因素。另一种观点完全否定了利息收支是财产收入的观点。随着 SNA（1993）的出版与澄清，罗乐勤（1996）、杨灿和欧延瑜（1999，2000）与陈维义等（2005）认为金融中介服务所得到的利息收支受到金融服务费用、金融风险、收益等因素的影响，不仅仅是财产收支，而是服务收入与财产收入的混合体。存款者从金融中介机构中所获得的利息收入实际上已经扣除了存款所要缴纳的服务费用。而贷款者支付的利息支出实际则包含贷款利息和贷款服务费用两部分。

（二）产出总量近似测算的合理性

在很长一段时间里，SNA 一直推荐用金融机构的净利息收支差来近似测算金融中介的服务产出，具体可见 SNA（1968）和 SNA（1993）推荐的 FISIM 核算公式[1]。当然此时的近似核算扣除了自有资金所产生的存贷利息。但是越来越多的学者发现这种近似匡算存在问题：一方面，利息收入与利息支出的差额除了包含存贷款服务收入，还包括了属于财产收入性质的净利息收入。存贷款服务收入应该计入金融中介服务总产出，然而属于财产收入的利息收支则不是服务收入。另一方面，在现实经济活动中，金融中介机构的全部借入资金额与全部贷出资金额在总量上往往不相等，最终不是低估就是高估金融中介服务产出。所以忽视近似测算的应用前提是不可取的（庞皓

---

[1] FISIM = 应收的财产总收入 – 应付的总利息 – 用自有资金投资所获取的财产收入。

和黎实，1997；杨灿和欧延瑜，2000；贾小爱和李云发，2008）。而且杨缅昆和朱小斌（1999）进一步研究发现，即使存贷总额相等，在考虑风险因素时，用净利息收支差近似匡算金融中介服务也存在问题，此时的净利息收支差＝金融中介服务产出＋存（贷）款总额×（贷款风险收益率－存款风险收益率）。

综上所述，采用净利息收支差近似测算金融中介服务产出，无论在何种情况下都存在问题。整体上，净利息收支差不能准确地把握金融服务业的发展变化情况，仅仅能反映金融中介服务产出的长期发展趋势，也不能为金融政策的制定提供充分的依据。

（三）自有资金问题的处理

金融中介机构利用自有资金投资所获得的利息收入，是否应该在测算金融中介服务产出时扣除掉，一直是争论的焦点。按照 SNA（1968）和 SNA（1993）的规定，采用金融中介机构的净利息收支差近似测算 FISIM 时，必须扣除它们利用自有资金投资所获得的财产收入。SNA（2008）却明确提出间接测算的金融中介服务，所有的贷款和存款都包括在内，无论资金是来源于中介资金还是银行的自有资金，它都要支付相同的利率并得到相同的服务。基于这个原因，金融中介机构提供的所有存贷款服务都要虚拟为收取了间接服务费，而不考虑其资金来源。

有关自有资金的问题，一度在我国学界展开激烈的讨论。杨缅昆（1993）和陈维义等（2005）针对自有资金不同的用途，将其分为两种情况。如果金融中介机构利用自有资金购买股票、债券等金融投资时，所获股息等是财产收入。当金融中介机构利用自有资金发放贷款时，代表金融中介机构提供了贷款服务，产出则要核算在内，否则会导致金融中介服务产出的低估。贾小爱和李云发（2008）与胡皓和韩兆洲（2010）均认为应该把利用自有资金获得的利息收入分为存款利息和贷款利息两部分考虑，在贷款利息上两者的观点一致，都认为利用自有资金放贷获得的利息收入是一种混合收入，对应参考利率的那一部分是纯财产收入，超过参考利率的那一部分就是贷款服务费，需要扣除的只是财产收入的那一部分，全部扣除是不合理的。对利用自有资金获得的存款利息，虽然两者都认为不应该包括在 FISIM 中，但其理由完全不同。前者认为存款服务是金融中介机构为自己提供了一种虚拟的服务活动，他们在没有贷出自有资金时，也要对这笔资金进行有效的管理，但这种活动的性质与家庭自我服务相同，不具有市场性或社会性，所以不计入总产出；后者认为，金融中介机构利用自有资金获得的存款利息收入属于存款者的财产收入。贾小爱和李云发（2008）对 SNA（1993）提供的核算公式进行分解，发现公式中没有包含贷款部分的财产收入，从而无须再次扣除。从而改写了近似测算的公式，即 FISIM = 净利息收入 + 存贷差 × 参考利率，这与 SNA（2008）给出的测算方法不谋而合。

（四）FISIM 的使用核算

有关 FISIM 的使用分摊，自从 SNA（1993）提出采用参考利率法分摊 FISIM 产出，SNA（2008）进一步巩固和承认了参考利率分摊法的优势。但限于国内一直都没有找到合适的参考利率。所以该方法直到国民经济核算体系 2016 才正式提出来。在实际操作中，这些年主要是按照各用户占金融中介机构的金融资产和负债总计的比例进行分摊。学者们（庞皓和黎实，1997；杨灿和欧延瑜，2000；陈黎明和陈曜，2001）设置的 FISIM 分摊比例归纳起来有以下三种：（1）各部门的贷款利息支出额（贷款额）占全社会贷款利息支出（贷款余额）总额的比重；（2）各部门的存贷款利息之和（存贷款总额）占全社会利息收支总额（存贷款总额）的比重；（3）依据各部门存款和贷款的比重分别分摊存款服务使用额和贷款服务使用额。当然，按实际使用量或者按一定的比例对 FISIM 进行分摊，对各个部门的产值计算影响不同，对 GDP 使用的影响也不同（罗乐勤，1996）。

方法（1）相当于只承认贷款活动的生产性，而忽略存款活动提供的服务。方法（2）兼顾了存款与贷款两种金融中介服务活动，相对更加合理。而其不足之处在于难以反映存贷款不同期限、不同风险的差异，而这些是衡量金融中介服务产出的重要因素。采用存贷款利息的比例分摊，其不足就在于这里的利息是服务费用与财产收入的混合体。这两类方法的共同假定是资金筹集与贷出的服务费用相等，为了克服此假定的局限。方法（3）是从筹集与贷出资金的服务费用不相等为出发点提出的。

（五）FISIM 核算中参考利率的确定

国内学者在参考利率的确定方面进行了一系列探索，陈黎明和陈曜（2001）从政治经济学的角度澄清财产收入的本质，合理地解释了衡量财产收入的"参考利率"这一核心概念。并用各档次存贷款利率的加权平均值构建参考利率向量测算金融中介服务产出。杨缅昆和朱小斌（1999）与路逊（2008）对参考利率的设定是建立在将商业银行存贷款利率分解为财产收益率、存贷款服务费率和风险收益率的基础上。但是他们的假定条件不同，杨缅昆和朱小斌（1999）假定银行每办理一单位存款和贷款所收取的费用是相等的，路逊（2008）假定存款和贷款应该具有差异化的服务费率。由于假定不同，最后参考利率的确定也不同。邓强（2008）认为基准利率可以采用多个现实利率的加权平均，以便有效剔除利率中的偶然风险。SNA（1993）要求剔除参考利率中的全部风险成本，就应该专指有效剔除参考利率中的偶然性风险，而系统性风险可以看作财产收益的有机构成，更多的代表了现实经济环境中财产收益的部分。陈可（2009）运用国际上参考利率的计算方法构建了四种我国的参考利率，并得出当前较为合适的参考利率为银行间质押债券回购利率及其合成的利率。胡皓、韩兆洲（2010）提出可以通过计算金融中介服务费率反推得到参考利率，并给出了金融中介服务费率的计算公式。

四、中国 FISIM 核算的最新突破与实践应用

本节第三部分有关中国 FISIM 核算的理论研究从银行利息收支的性质界定、自有资金的处理、产出总量的近似匡算、FISIM 使用核算、参考利率的确定五个方面综述了中国从 SNA（1993）的出台一直到 2010 年随着 SNA（2008）的解读中国学者对 FISIM 的认识。可以看出这些研究并没有与国际前言接轨，国际上有关 FISIM 核算的前沿问题在近五六年才在中国得到不断的探索与发现，具体研究包括以下几方面内容：

1. 有关参考利率的风险调整

早期，中国学者们也对参考利率与风险、期限的关系进行了思考（杨缅昆和朱小斌，1999；陈黎明和陈曜，2001；陈可，2009），但没有实质性的展开。而近几年有学者开始直接关注违约风险与期限溢价对 FISIM 产出的影响，并建议对参考利率进行风险与期限调整（贾小爱，2013；蒋萍、贾小爱，2012；李佩瑾、徐蔼婷，2016）。具有代表性的是李佩瑾和徐蔼婷（2016）的文章，该文章在分析比较了三类参考利率风险调整思路的基础上，探讨并提出了一种新的参考利率风险调整思路。

2. 有关参考利率的期限调整

贾小爱（2018）以中国数据为基础，从利率的波动性、FISIM 负值发生的可能性以及对 FISIM 生产与使用造成的影响等方面探讨了各种经期限调整的参考利率，以改进 FISIM 核算。具体包括加权参考利率、匹配参考利率、长短期双参考利率、中点参考利率与 SNA 建议的参考利率。研究发现，期限调整方面，加权参考利率与长短期双参考利率相对稳定，发生 FISIM 负值的可能性也较小。其中加权参考利率更为简单，实践操作性也更强。李佩瑾和朱启贵（2019）分析提出了均衡缺口期限调整思路，并结合我国的实际数据进行实证分析，

得出了均衡缺口期限调整思路具有实践性、稳定性、国际可比性等各项优点。

3. FISIM 的不变价核算

根据 SNA（2008）的内容，杜治秀（2019）在对比了 Fisher 价格指数和 Unit 价值指数的基础上，最终结合我国存贷款自身的特点，选取 GDP 缩减指数对现价 FISIM 进行了缩减。研究发现不变价 FISIM 对实际 GDP 会产生影响，且对经济增长波动率的影响大于其对经济增长率的影响。徐蔼婷和李佩瑾（2019）结合 2002~2016 年的部分数据，测算得出 CSNA（2016）对 FISIM 核算方法的系列修订，使得中国不变价生产法 GDP 提高了 0.49%。

4. FISIM 的使用分摊

自从采用参考利率法对 FISIM 进行分摊之后，大家的研究主要集中在该方法对 FISIM 的分摊结果以及对 GDP 的影响上。杜治秀（2017）在理论上分析了利用参考利率法测算 FISIM 产出和进行 FISIM 部门分摊对 GDP 和收入分配的影响。杜金柱和杜治秀（2018）结合中国实际数据实证分析了 FISIM 分摊对 GDP 和收入分配的影响。杜治秀（2019）通过对我国 2010 年和 2012 年贷款 FISIM 总产出分摊的数据进行分析，发现住户部门和净出口分摊的 FISIM 会增加 GDP。

5. 核算体系 CSNA（2016）对最新理论的应用

为了加强我国的宏观调控，满足国家和人民对经济的新需求，并努力与 SNA 接轨。中国国民经济核算体系 2016［CSNA（2016）］从核算主体、核算范围、产出核算方法、使用分摊方法四个方面对中国 FISIM 的具体细节进行了修订。徐蔼婷和李佩瑾（2019）采用 CSNA（2016）的方法，对 2002 年到 2016 年生产法 GDP 进行了测算，研究发现修订后的 FISIM 核算方法可以更加客观准确地测算 FISIM 产出规模。徐蔼婷和邱可阳（2019）又依托浙江省的数据测算了 CSNA（2016）的出台对 FISIM 产出规模的影响。

综上所述，根据各国在执行 SNA（1993）中所积累的经验，

SNA (2008) 对间接测算的金融中介服务的核算方法做出了改进，虽然 SNA (2008) 将 FISIM 的核算方法推向一个新的高度，但是依然存在理论上不完善的地方，而且在各国的实践操作中也存在各种局限性。

中国的 FISIM 核算研究近 10 年以来逐渐与国际接轨。在参考利率的风险调整方面，已经不再停留在单纯的理论探讨上（参考利率是否包含风险与期限因素），而是在确定参考利率应该进行风险与期限调整的基础上，进一步大胆尝试检验各种风险期限调整的参考利率在中国的适用性。在使用核算方面，也已经开始采用参考利率分摊方法，该分摊方法对 GDP 的影响也得到了验证。而在不变价核算方面，进一步借鉴国际上的成功经验，不断优化 FISIM 缩减指数。在这些研究的推动下，中国国民经济核算体系（2016）成功出台，成为目前指导中国实践最权威的核算体系。尽管目前国内的研究已紧追 FISIM 核算前沿问题，但 FISIM 核算依然存在很多问题、很多争议，值得进一步思考。

第四节　主要贡献与未来展望

一、研究成果主要观点与创新点

总体来讲，本书在中国 FISIM 核算的理论与实践方面做出了一定的贡献。针对目前存在的问题，主要致力于新方法的引进与研究。SNA (2008) 取得了重大的、令人瞩目的进展，但并没有完全解决 FISIM 核算问题，FISIM 再次列入 SNA (2008) 的研究议程。本书跟进的 FISIM 核算最新研究成果，基本上涵盖了目前 FISIM 核算的全部前沿焦点问题与研究方向。特别是 FISIM 核算范围中风险管理、流动性转换的探讨、FISIM 价格与物量的核算、参考利率的各种确定方法等。对照 SNA（2008）以及国外的先进核算方法全面审视中国现状，对中国 FISIM 核算存在的问题进行了剖析，并在现有数据可能的情况下对各种可选择的参考利率进行检测比较，在此基础上对中国 FISIM 进行简单试算。

（一）主要观点

本书通过各章节主体内容的研究，得到以下几个基本观点：

第一，对于 FISIM 核算范围的争议，本书认为应该跳出 SNA 的单一参考利率，从全部金融服务业的层面考虑风险与流动性转换因素对参考利率的影响，并建议从 FISIM 产出中排除风险与期限溢价。

第二，将定期存贷款视为银行与客户之间的一种票据与协议，银行按合同达成的价格为其客户提供服务，从而 FISIM 服务的价值在未来的波动中是不变的。

第三，不同期限的利率所构造的加权平均参考利率，在处理 FISIM 负值、波动性方面表现更佳。

第四，就 FISIM 进出口核算，推荐各国设定一个可以反映相关主要货币组合的参考利率，用于所有外币存贷款 FISIM 的测算。

第五，"自下而上"的参考利率法是一种相对比较精确的分摊方法，在数据允许的条件下，尽量采用选择该方法进行 FISIM 机构部门（或产业部门）分摊。

第六，中国 FISIM 物量核算更适合采用费舍物量指数进行缩减。FISIM 的出口应该使用国内价格指数缩减，FISIM 进口要采用相应国家的价格指数缩减。

第七，中国经不良贷款率调整的账面价值参考利率，虽然考虑了风险因素，但却是在中点参考利率的基础上减去风险率。可以看出该参考利率还是再向 SNA（1993）靠拢，是在努力构造一个无风险参考利率，从而该参考利率不能剔除 FISIM 中的风险溢价。

（二）主要创新点

第一，面对新兴金融业态（支付宝、余额宝等），在 SNA 框架下建立了更加灵活的 FISIM 核算范围调节机制，从核算主体、客体和载体三个角度，确定了满足当前需要的 FISIM 核算范围。

第二，跳出 SNA 的单一参考利率，开始考虑风险和期限结构对参考利率的影响，并尝试利用中国数据对不同期限、不同风险程度的各种参考利率进行检测。

第三，由于 FISIM 的服务价格与服务数量均包含价格因素，本书建议 FISIM 物量核算需要构造两个价格指数，从服务价格与服务数量两方面同时缩减价格因素。采用链式价格指数设计出从服务价格与服务数量两方面同时缩减 FISIM 的价格指数。

第四，对于定期存贷款（期限大于 1 年）采用本书提出的年平均参考利率方法测算产出，以降低 FISIM 负值发生的可能性。

第五，通过检测各种风险与期限调整的参考利率在中国的适用性。分别确定出最适合中国的风险调整参考利率、期限调整参考利率，并以此测算历年中国 FISIM 产出价值。将其与中国核算体系目前采用的账面价值参考利率进行对比，寻找差距。

第六，注重国民经济核算的本土化研究。本书前沿理论研究的背后也都有中国国民经济核算实践做落脚点和支撑点，理论研究紧接地气。梳理现行中国国民经济核算体系 FISIM 核算与 SNA（2008）不一致的地方，并提出了具体的改进建议。

二、研究不足与未来展望

（一）本书研究的不足

第一，间接测算的金融中介服务产出核算，涉及统计与金融两个领域的知识，特别在涉及金融领域各种利率的对比选取，需要很专业的金融背景知识，在一些问题的辨析以及涉及银行部门一些指标的选择、解读方面，还有待进一步改进。

第二，有关中国参考利率的实证分析，只是根据目前比较主流的观点对参考利率的风险与期限特征进行检测、期望通过检测，选择出比较好的参考利率。然而这种方法涵盖的参考利率是否全面？在利率的选取上是否正确？这些问题都将影响参考利率的选择。

第三，考虑到本书需要解决中国实际的核算问题，本书的主要不足体现在理论成果的实际转化上。本书理论研究成果的实际转化受到众多客观因素的影响和限制。需要同时考虑国际最新标准和我国的统计现实进行充分论证，这并不是短期内可以实现的。

（二）未来研究空间展望

立足本书的主要研究工作、研究结论与不足，我认为 FISIM 核算还有一些疑难问题与新问题可以作为进一步努力的方向：

第一，FISIM 涉及的金融工具和单位范围。FISIM 的核算范围，在核算主体金融机构的界定、核算载体金融工具的种类、核算客体金融服务的内容构成各方面都存在争议，特别是风险管理和流动性转化——如何影响参考利率的选择以及间接测算的金融中介服务的具体价格和数量？

第二，在 SNA 中制定关于 FISIM 计算更清晰的方法，特别是在风险交易和金融服务的定义等方面。

第三，积极探讨参考利率的确定方法。不同国家如何找出适合自己本国实际情况的参考利率，不同国家不同币种的参考利率在测算 FISIM 时如何达到国际可比性。参考利率与风险和期限结构的关系、参考利率的计算方法等都需要深入的研究与探讨。尽管越来越多的研究指出，参考利率的设定应该剔除风险与期限因素，但是究竟选择什么样的经风险调整的参考利率，什么样的经期限调整的参考利率，还存在诸多疑问。

第四，FISIM 的出口核算作为 FISIM 使用的重要方面，还有很大的研究空间。一方面，最好能将其与国际服务贸易统计结合起来，在国际层面寻求更大的突破。另一方面，需要积极完善各个国家双边基础数据的记录、协调。除此之外，还要研究国内、国外两种利率的选择。最终使 FISIM 进出口核算与国际贸易服务统计衔接起来。

第五，积极探索金融中介服务价格指数的编制，完善 FISIM 的物量核算。考虑是否可能存在价格和物量测算的混合方法。进一步研究 FISIM 对宏观经济的监测及其与经济危机之间的联系。

第六，深入研究资金成本法确定参考利率的思路，进一步制定"资金成本"以确定基准利率，并在实践中探寻可供选择的替代方法。

第七，关于实施间接测算的金融中介服务建议与收入定义之间的联系。这又涉及 SNA（2008）的另一个研究议程——收入的定义。

第二章 FISIM 核算范围的 改进与拓展

第一节 FISIM 核算范围的界定

对于 FISIM 核算范围的研究，鉴于目前国际上金融中介服务所包含的内容尚未达成一致，本书将从经济学和金融学的基本原理以及国民经济核算对生产的界定出发，确定 FISIM 核算的范围，尤其对风险补偿和流动性转换是否应作为 FISIM 产出的一部分进行深入讨论，从目前核算体系中 FISIM 核算方法的缺陷出发，辨析 FISIM 核算的主体、客体与载体。

一、FISIM 基本概念

除保险和养老基金服务之外，金融服务是指由银行和其他金融公司提供的金融中介服务、金融辅助服务和其他金融服务。不仅包括存款吸纳和贷款、信用证、信用卡服务、与金融租赁相关的佣金和费用、保理、承销、支付清算等，还包括金融咨询、流动资金提供、金条托管、监控、非保险类的风险承担等服务。

金融服务费的收取可能是直接的，也可能是隐含收取的，依据不同的收费形式，SNA（2008）将金融服务分为：直接收费金融服务、与存贷款利息费用相关的金融服务、与金融市场上金融资产负债的获得处置相关的金融服务、与保险和养老金计划相关的金融服务四类。

　　与存贷款利息费用相关的金融服务是金融机构提供金融中介服务的传统方式之一。金融机构（如存款公司）向拥有闲置资金并希望从中获取利息的单位吸收存款，并将这些存款以更高的利率借给那些资金不足的单位以满足其需求。因此，金融机构这种方式建立了一种机制，最终实现了存款人将其资金借给贷款人，并且金融机构向前者支付的利率低于后者向金融机构支付的利率。实际上，存款人和借款人都向金融中介机构支付隐性金融中介服务费。存款人获得利率低于贷款人支付的利率，存贷利差即为金融机构向存款人和贷款人收取的隐性服务费。

　　但是，很少出现金融机构借出资金数量与存入资金数量完全匹配的情况。一些资金可能已经存入但尚未借出；有些贷款可能是由银行自有资金提供的，而不是由借入的资金提供的。但是，无论资金是否已借出，存款人都将获得相同数量的利息和金融中介服务。同样，无论贷款人获得的资金是中介资金还是银行自有资金，贷款人都将支付相同的利率并获得相同的金融中介服务。所以，不能直接采用净利息收入测算金融机构收取的隐性服务费。为此，SNA（2008）引入"参考利率"概念，以间接测算金融机构向存贷款人收取的隐性服务费。参考利率是指借贷双方直接交易时都愿意接受的资金交易利率水平。

　　参考利率与支付给存款人实际利率的差额即为金融机构向存款人收取的隐性金融服务费率，参考利率与贷款人向金融机构支付的实际利率的差额即为金融机构向贷款人收取的隐性金融服务费率。SAN（2008）中，将金融机构实际收取或支付的利息称为"银行利息"，而将存贷款余额乘以参考利率得到的利息称为"SNA 利息"。将贷款"银行利息"减去相应贷款的"SNA 利息"作为向贷款人收取的隐性贷款服务费，将存款"银行利息"减去相应存款的"SNA 利息"作为向存款人收取的隐性存款服务费。SNA 以两者之和来间接测算这类金融中介服务总产出，这种间接测算的与存贷款利息费用相关的金融服务称之为间接测算的金融中介服务（FISIM）。

　　FISIM 概念的界定看似简单，但是其概念内涵与外延却有多种不同的理解，FISIM 核算主体生产者的范围、核算客体金融服务的构成、核算载体金融工具的种类均对核算结果产生重要影响。为了更好地界定 FISIM 的概念，有必要从金融机构的界定与分类，金融服务的概念与分类入手，进一步明确 FISIM 的核算范围。

二、FISIM 核算主体金融机构的界定及其分类

　　金融机构是为其他机构部门提供金融服务的常住公司，以及所从事的活动能为金融中介提供便利的单位。而金融服务的提供在全世界范围内都受到严格的监管与限制，其中，金融中介机构提供金融中介服务的形式主要包括吸收存款、发行票据、债券或者其他证券等形式吸纳资金，然后将这些资金以贷款、购买债券或票据等形式转化成金融资产。所以，金融中介机构是 FISIM 核算的唯一主体，但并不是所有金融机构都从事 FISIM 生产活动。

　　在国际金融统计标准中，金融机构的分类可以参照 SNA 对机构部门的划分，SNA（2008）将一个经济总体的常住机构单位划分为非金融公司部门、一般政府部门、金融公司部门、为住户服务的非营利机构部门和住户部门五大部门，FISIM 的生产者就归属于金融公司部门，往往单独或与货币金融统计等其他统计资料一起考虑金融部门时，通常称之为金融机构，而不是金融企业。这一称谓的改变并不意味着定义或范围的变化①，本书中金融公司部门等价于金融机构部门。

————————

① 参见 SNA（2008）17.227 段。

（一）金融机构部门的分类

对金融活动主体（即金融服务生产者）进行界定和分类是金融服务核算的基础和前提，其准确、科学与否极大地影响着核算数据的获取及使用。而对金融机构进行科学的分类是提高宏观金融数据质量的重要前提，也是真实揭示金融活动的状况和变化的重要保证。

按照所从事金融活动的特点，SNA（2008）将金融公司分为三大类：金融中介机构、金融辅助机构和其他金融公司。金融中介机构是以通过在市场上从事金融交易获得金融资产为目的、以自己的名义发生负债的机构单位，包括存款性公司、投资基金、其他金融中介、保险公司和养老基金等。金融辅助机构是主要为金融市场提供服务、但对其处置或管理的金融资产和债务不享有所有权的机构单位。其他金融公司提供的金融服务比较繁杂，例如，它们可能向客户提供关于具体借贷品种下可用条款的建议，如按揭经纪，或提供特定类型的金融资源，如外汇局的货币兑换。这些单位就是其他金融公司，这类机构单位的多数资产或负债并不在公开市场上交易。

根据金融公司在市场上的活动和其负债的流动性，SNA（2008）进一步将金融公司部门分成九个子部门：（1）中央银行；（2）中央银行以外的存款性公司；（3）货币市场基金（MMF）；（4）非 MMF 投资基金；（5）保险公司和养老基金（ICPF）以外的其他金融中介机构；（6）金融辅助机构；（7）专属金融机构和贷款者；（8）保险公司（IC）；（9）养老基金（PF）。其中，子部门（6）对应于金融辅助活动；子部门（7）对应于其他金融活动；而所有其他子部门都属于不同种类的金融中介机构。综上所述，可以将金融机构部门的分类整理成图 2 - 1。

金融机构部门种类繁多，但并不是金融机构部门中所有的单位都可以成为 FISIM 的生产者，为了从庞大的金融机构中清楚定位 FISIM 的生产者，可以对不同类型不同性质的金融机构进行对比，这些不同

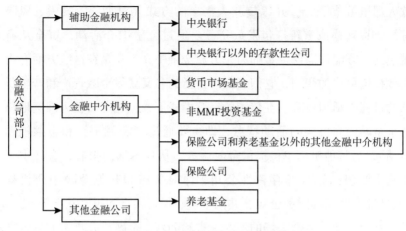

图2-1　金融公司部门分类结构

类别的金融机构部门，都包含现实经济生活中什么样的基层金融单位，它们的主营业务与使用的金融工具是什么，资产和负债的流动性有什么区别。

与SNA（1993）的分类相比，SNA（2008）的分类在内容上更为丰富，层次上也更加详细。其不仅将货币市场基金、非货币市场投资基金单列，而且金融附属公司、金融控股公司、金融监管公司、货币放款者等也有了一些新的处理变化。此外，对一些金融机构的类别也做了调整，出现了货币市场基金、其他金融性公司、非货币市场投资基金等一些新公司，也有一些公司的消失，例如"货币存款公司"和"其他"存款公司。所以，随着金融市场创新、金融监管模式演变，金融机构的分类与判定也是逐步变化的，各个国家的金融体制存在差异、经济发展情况不同也会造成金融机构分类和判定上的差异。

（二）金融中介机构

金融中介机构是金融公司部门中最主要的成员，所占比重大，分类细。金融公司部门的9个子部门中7个都是金融中介机构，足见其重要性。金融中介机构充当了存款者和贷款者的金融中介，它们从存款人那里筹集资金，并以贷款人需求的方式（对期限、规模、风险等）加以转换或重新打包发放贷款。通过金融中介活动，资金从有盈余的一方输往需要资金的另一方。金融中介不只是在这些方面充当其他机构单位的代理，它们还在以自己的名义获得金融资产和产生负债的过程中承担风险。在传统的经营模式下，上述定义较为准确地描述了金融中介机构的活动特点，即主要通过"金融中介和金融辅助活动"，为其他机构单位提供金融服务。从具体部门来看，金融中介机构主要包括银行等存款性公司、保险公司和其他金融中介机构（包括证券公司和财务公司、共同基金、投资银行和投资基金等）。

然而，随着金融市场的不断演进和创新，金融中介机构的运营方式发生了巨大变化。金融中介机构已不是简单充当储蓄者和投资者之间的代理人，它是一个独立的市场行事主体。金融中介机构能够通过转换财务风险、规模、期限、流动性和地点创造金融产品，从而为客户提供价值增值。事实上，金融中介发展至今，早已开始强调风险管理和价值增加的影响，金融中介机构不再仅仅是把储蓄转化为投资，而通过资产转换，还为储蓄者和投资者提供了价值增值。金融中介机构总是持有风险资产并管理它，而随着银行新业务的拓展和衍生金融工具的出现，管理风险活动已成为金融中介机构的核心业务。

整体上来讲，FISIM 的核算主体属于金融机构部门的金融中介机构（除保险公司和养老基金以外），但从 FISIM 的核算载体金融工具和核算对象金融服务的一致性来看，FISIM 的核算主体主要是中央银行以外的存款性公司，其以从事存贷款的金融中介活动为主营业务，具体包括商业银行、邮政储蓄、农村信用银行、信用合作银行、汇划银行、接受存款或发行类似存款工具的其他金融机构。

如同金融机构一样，FISIM 的核算主体也不是一成不变的，随着金融创新的不断出现、金融活动规模的扩大和金融活动的复杂性，FISIM 核算主体的识别也出现了一些盲点，这在后面的章节会做专门的辨析。

（三）中央银行产出的归属

本书所界定的 FISIM 核算主体，主要是指中央银行以外的存款性货币公司，并没有将中央银行这一金融中介机构包括在内，这里之所以要将中央银行产出单列出来，一方面是强调中央银行产出的重要性及核算方法，另一方面主要是，中央银行产出的界定以及归属问题与 FISIM 还有一定的交集，希望通过本节的论述，能够说明中央银行产出与 FISIM 的关系。

SNA（2008）将中央银行的服务分为货币政策服务、金融中介服务和一些临界情形三大类。货币政策是指中央银行为影响物价总水平和经济体的流动性水平而采取的行动或措施。这些措施包括设定利率、通过各种工具决定经济体中的货币供应量水平等。可见货币政策服务是服务于整个社会的公共服务，这一部分中央银行的产出可以看作非市场产出部分。而央行所提供的的金融中介服务可以看作是未干涉利率的情况下所承担的个体化服务，因而被视为市场产出。央行这部分金融中介服务产出的测算与 FISIM 的测算方法完全一样。央行除了这两类金融服务以外，还有介于两者之间的一些临界情形，如监管服务。这类服务既可以看作市场服务，也可以看作非市场服务，最终取决于直接收费是否可以充分地弥补提供此类服务的成本。

从生产核算的角度，联合国国民账户工作组国际秘书处（ISWG-NA，1996）认为对于中央银行所提供的类似于商业银行的金融中介服务，可以采用 FISIM 产出测算方法；而对于中央银行提供的类似于政府服务的货币政策服务，则可以用成本法核算其产出。从使用的角度，中央银行的非市场产出可分摊给政府部门，作为政府部门的最终使用。而其市场产出则可以作为相应产业部门的中间投入或者最终使用在各使用部门间进行分配。中央银行各类型产出计算方法整理如表 2 - 1 所示。

表 2 – 1   中央银行产出计算方法

子部门	计算产出的方法
货币政策服务	该服务属于非市场产出，利用成本总额来估算 [中间消耗、雇员报酬、固定资本消耗和其他生产税（减去补贴）]
金融中介服务	该服务属于市场产出，也叫作"间接测算的金融中介服务"（FISIM），计算方法为： $$FISIM = (r_L - rr) \times Y_L + (rr - r_D) \times Y_D$$ 其中，r_L、r_D、rr、Y_L 和 Y_D 分别代表贷款利率、存款利率、参考利率、贷款平均存量和存款平均存量
临界情形（如监管服务）	该服务可能是市场产出，也可能是非市场产出，这取决于直接收取的费用是否足以覆盖提供这些服务的成本。市场产出是直接费用的价值。非市场产出是利用成本总额来估算的 [中间消耗、雇员报酬、固定资本消耗和其他生产税（减去补贴）]

从理论上讲，针对产出服务性质不同，中央银行的市场产出和非市场产出需采用不同的方法进行核算，这比单一的测算方法更加全面、准确。但该方法实际操作起来会有很多困难，并且各国金融体制不同，中央银行所从事的活动也不尽相同，从而在产出测算方法的选择上也有所不同。在美国，中央银行大部分产出都归为金融中介服务，因此可以采用 FISIM 的参考利率法进行测算。在欧盟国家或在加拿大，它们的银行主要发挥着实施货币政策、发行货币等职能，所以更多的是采用成本法核算中央银行产出。而中国人民银行作为中国的银行，除了行使货币当局的职能（具有政府部门的特征）外，也从事了相当多的市场活动。但目前中国人民银行的产出采用的是成本法进行测算，主要是受测算基础薄弱的限制，还无法开展市场产出的完整测算。各个国家根据自己的金融体制以及中央银行所从事主要活动的性质，对其产出进行归属，属于公共社会服务的货币政策服务部分，最好按照非市场产出方式（成本法）测算其产出。属于类似商业银行的金融中介业务，则最好分离出来，采用 FISIM 产出核算方法测算其产出。

三、FISIM 核算载体金融工具的界定

正如 SNA（2008）所述，FISIM 仅适用于金融机构的存贷款业务，并且只有当存贷款业务发生时才适用，所以 FISIM 的核算载体就界定为存款和贷款。

当然，金融机构不必同时提供吸收存款和发放贷款服务以产生 FISIM。金融零售机构和专门的租赁公司（如物业公司或飞机租赁公司）及其子公司就是一个只发放贷款但不吸收存款的金融机构。当一个企业通过融资租赁获得固定资产时，出租人和承租人之间就会产生一笔贷款。租约下的定期支付被视为支付利息和偿还本金。当出租人是金融机构时，像其他贷款一样，融资租赁条款下的应付利息相当于银行利息，并且应该拆分成 SNA 利息和金融服务费。即使当贷款被归为不良贷款时，利息和相关的服务费也将继续在 SNA 中记录。

归纳起来，贷款涉及的类型包括超额透支、分期贷款、分期付款、循环信贷、贸易融资贷款和抵押贷款。证券回购协议、融资租赁和黄金互换也可以看作贷款。即使这些贷款是金融机构利用的自有资金，但它们仍然应该被列入 FISIM 的计算之中。存款涉及的类型包括可转让存款和其他存款，其他存款通常包括储蓄存款、定期存款、不可转让存单、有限转让存单和隔夜或短期回购协议（如果它们被视为广义货币的一部分）。由储蓄和贷款协会、信用合作社或类似机构发行的股票或类似的存款证明，以及与金融衍生工具合约有关的应付现金保证金也包括在内。

通过对 FISIM 核算载体金融工具的界定，可以看出无论哪个金融机构部门只要能够提供存贷款服务，都会发生 FISIM 产出。然而，金融机构的贷款额与存款额完全匹配的情况是很少的，有些存款可能尚未贷出，而有些贷款可能来自银行的自有资金而非借入资金。但是，对于存款人来说，无论资金是否被贷出，它都会获得同等的利息和服

务；对于贷款人来说，资金无论是来自中介资金还是银行的自有资金，它都要支付相同的利率并得到相同的服务。基于这个原因，金融机构提供的所有存贷款服务都要虚拟为 FISIM，而不考虑其资金来源。本书将各金融公司子部门涉及 FISIM 产出予以整理（见表 2 – 2）。

表 2 – 2   **涉及 FISIM 产出的金融公司子部门**

子部门	计算产出的方法
中央银行（S121）	
金融中介服务	该服务属于市场产出，也叫作"间接测算的金融中介服务"（FISIM），计算方法为： $$FISIM = (r_L - rr) \times Y_L + (rr - r_D) \times Y_D$$ 其中，r_L、r_D、rr、Y_L 和 Y_D 分别代表贷款利率、存款利率、参考利率、贷款平均存量和存款平均存量
中央银行以外的存款性公司（S122）	
金融中介服务	产出包括以下全部内容： ①根据所提供的服务收取的直接费用； ②间接测算的金融中介服务（FISIM），计算公式为： $$(r_L - rr) \times Y_L + (rr - r_D) \times Y_D$$ 其中，r_L、r_D、rr、Y_L 和 Y_D 分别代表贷款利率、存款利率、参考利率、贷款平均存量和存款平均存量； ③外汇交易，根据买入价（或要价）与中间价的差异、中间价与卖出价（或报价）的差异来计算产出
保险公司和养老基金以外的其他金融中介服务（S125）	
从事贷款（包括金融租赁、分期付款、为个人或商业用途提供资金融通）的金融公司	产出包括以下全部内容： ①直接费用； ②隐性金融服务费用，计算公式为 $(r_L - rr) \times Y_L$，其中 r_L、rr、Y_L 分别代表了贷款利率、参考利率和贷款平均存量
提供下列服务的专业金融公司：公司合并和收购所需的短期融资；出口/进口融资；保理服务；风险投资公司和发展投资公司；通过发行抵押债券将实物资产作为担保物的抵押贷款	产出包括以下全部费用： ①直接费用； ②隐性金融服务费用，计算公式为 $(r_L - rr) \times Y_L$，其中 r_L、rr、Y_L 分别代表了贷款利率、参考利率和贷款平均存量

续表

子部门	计算产出的方法
专属金融机构和贷款人（S127）	
以自有资金或来源于单一赞助者的资金，向一定范围的客户提供排他性金融服务，并承担债务人违约金融风险的单位。包括贷款人、使用来自一家赞助者的基金从事贷款活动的公司以及主要从事放贷活动的典当行	产出包括以下全部内容： ①金融服务费用，计算公式为（$r_L - rr$）× Y_L，其中 r_L、rr、Y_L 分别代表了贷款利率、参考利率和贷款平均存量； ②直接费用

按照 FISIM 核算载体金融工具的界定，凡是涉及存贷款的金融机构均核算在内。中央银行以外的存款性公司（S122）是主要提供存贷款的金融机构，从而其大部分产出属于 FISIM 核算。中央银行（S121）只有金融中介服务涉及存贷款。保险公司和养老基金以外的其他金融中介服务（S125）虽然不提供存款，但也会涉及一些贷款业务，例如：从事贷款（包括金融租赁、分期付款、为个人或商业用途提供资金融通）的金融公司和提供下列服务的专业金融公司：公司合并和收购所需的短期融资；出口/进口融资；保理服务；风险投资公司和发展投资公司；通过发行抵押债券将实物资产作为担保物的抵押贷款。专属金融机构和贷款人（S127）也有一些以自有资金或单一赞助者的资金，向一些客户提供贷款服务并承担债务人违约风险的典当行。这些金融机构都或多或少的运用到了存款或贷款这两个金融工具。按照核算载体的归属，它们都需要采用 FISIM 核算产出。

四、FISIM 核算客体金融服务的界定与分类

FISIM 的测算对象应该是金融服务的一些具体服务内容，所以金融服务的概念、金融服务的内容构成、金融服务范围的界定与分类，对 FISIM 的测算至关重要。

（一）金融服务的概念

到目前为止，国内外都还没有一个关于金融服务明确的概念。主要源于理论界在"服务"以及"金融"两个概念的认识上存在分歧。金融服务的概念有的是从营销管理的角度定义的，有一些金融服务的定义体现在相关法律法规和经济统计中。例如，世贸组织于1994年签订的《服务贸易总协定》将金融服务定义为"由金融服务提供者所提供的任何金融性质的服务"。由于金融服务内涵模糊，世界各国对金融服务范围的理解也不完全相同，关于金融服务的统计口径存在着较大的差异，即使OECD国家对于金融服务的统计口径也不尽相同。金融服务的构成也存在着很大的差别。联合国统计局定义的"金融及相关服务"包括：金融中介服务、投资银行服务、非强制性的保险和养老基金服务以及为以上各项服务的金融辅助服务。美国《金融服务现代化法》规定金融服务包括银行、保险公司、证券公司、储蓄协会等机构提供的中介服务。

尽管金融服务的内涵存在模糊性，但可以从金融服务构成上做一个适当的归纳，金融服务主要包括：（1）传统的信贷服务。这是金融中介服务中的主要方式，也是金融机构最主要的盈利来源。（2）交易服务。这类服务类似于为支票账户使用者进行会计服务。（3）保险服务。这类服务是在客户发生某些意外情况后，而提供的一种减少或避免其经济损失的服务，这类服务可以通过某种金融工具转移或分散客户的风险。（4）证券服务。证券服务主要有发行服务（一级市场）和交易服务（二级市场），证券服务可以为企业或政府筹集资金，为证券发行和交易提供可靠的信息。（5）资产管理服务。这类服务主要包括管理风险、选择资产、监督宏观经济运行等投资管理或资产管理服务。（6）信息和咨询服务。这类服务一般包括金融信息、投资建议和价值评估三个层次的金融资讯，金融机构部门视具体情况而决定是否收费。

此外，金融服务的内涵与业务范围都不是一成不变的，随着国内和国际竞争的加剧，金融服务业正处于飞速发展的时代。客户需求和金融监管的变化，特别是金融创新的飞速发展，不断改变和拓展金融服务产品的类型，金融服务产品的种类已远胜从前。我们也应该持动态的观点，用发展的眼光来看待金融服务内涵和金融服务范围的发展变化。世界各国不断改变和调整产业分类标准，从另一个侧面反映了金融服务业在产业构成上是动态变化的。

（二）　金融服务的分类

与 SNA（1993）相比，SNA（2008）对金融服务的定义更加清晰，金融服务包括监管服务、提供流动性、承销和交易、承担风险和便利服务。从而将金融风险管理和流动性转换等中介以外的金融服务也包含在内。从生产者的角度金融机构可以分为三类，同样提供对应的三种金融服务，即金融中介服务、金融辅助服务和其他金融服务。

金融中介服务是将借入者的要求与贷出者的需求相匹配的活动。从事金融中介活动的金融机构准备了多套备选条件，在这些条件下客户可以借入或贷出。这些条件中考虑了回报率的变动——通常高回报的投资可以期望较好的回报率，但其确定性却不如低回报的投资，或者意味着要放弃资金使用权的时间更长。现今资金拆借的方式很多，也很广泛。因此金融机构的行为之一就是设置金融工具，鼓励有储蓄的客户在工具所陈述的条件下把钱借给金融机构，由此金融机构可以将同一资金以具有不同条件的另一套工具出借给他人。金融中介服务主要指金融机构为获取金融资产而承担金融负债的行为，还涉及金融风险管理和流动性转换等活动。金融机构获得资金的方式包括存款、发行票据、债券或其他证券，也可以利用自有资金等通过垫款或借款给其他人。而获得金融资产主要是通过购买票据或其他债券的方式。

金融辅助服务主要指货币汇兑、金融租赁、银行结算、投资咨询、外汇交易、房地产购买、股票证券经纪及代缴税费等金融服务。

金融辅助服务通常直接收取服务费或佣金，可以此直接核算金融辅助服务产出。其他金融服务是指未包括在上述两类金融服务中的金融服务，如监管服务。

这里重点讨论金融中介服务，金融中介服务所含内容丰富，SNA（2008）将金融中介服务分为中央银行提供的金融服务、与保险和养老金计划相关的金融服务（包括非寿险、寿险年金、再保险、社会保险计划、标准化担保计划）、保险和养老金以外的金融服务。然而金融中介服务费可能是直接收取的，也可能是隐含的，一些金融资产的交易可能既包含直接收费也包含隐含费用。根据提供和收费途径不同，保险和养老金以外的金融服务又分为：（1）直接收费并提供相应金融服务；（2）与存贷款利息费用相关的金融服务；（3）与金融市场上金融资产和负债的获得与处置相关的金融服务。将这种分类以图的形式展现出来，如图 2-2 所示。

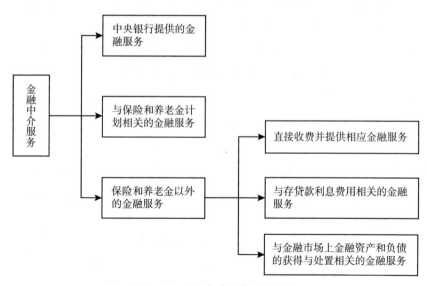

图 2-2　金融中介服务分类结构

直接收费并提供相应的金融服务，可能会由不同类别的金融机构提供，其内容也很丰富，包括抵押贷款、投资组合管理、税务咨询、不动产管理等收费服务。专业金融机构可能会向非金融公司提供股票发行或企业重组管理等收费服务。机构向接受信用卡作为对其提供货物和服务之支付手段的那些单位所收取的费用。

与存贷款利息费用相关的金融服务，银行在向顾客提供存贷款服务时，存贷双方都向银行支付服务费，这部分服务费用以存贷利差的形式隐含存在，存款单位获得的利率要低于贷款单位支付的利率，存贷利差中包含了银行向存款者和贷款者收取的隐含费用。SNA（1993）直接将这类服务称之为间接测算的金融中介服务。

与金融市场上金融资产和负债获得与处置相关的金融服务，这类金融服务主要包括三类：债务性证券（如票据和债券）、股票和投资基金、外汇购买（包括以外币计价的交易，如进出口支付以及外币实物纸币及铸币的获得）。金融机构给所销售的这些金融工具定价时就包含了服务费，购买价格（或要价）表现为这些金融工具的估计市场估值加上服务加价。销售时还需要征收另一项服务费，提供给卖方的价格（出价）表现为市值减去服务加价。买价和中间价之差以及中间价和卖价之差应作为金融服务的产出。

与保险和养老金计划相关的金融服务，包括以下五类活动：非寿险、寿险和年金、再保险、社会保险计划、标准化担保计划。所有这些计划都将导致资金的再分配，并记录在收入再分配账户或金融账户中。对于非寿险服务和标准化担保计划来说，大部分再分配活动发生在同一时期的不同单位之间。大量客户每人缴纳相对较少的保费或费用，而他们中的少数人将收到相对较多的赔偿或给付。对于寿险、年金和养老金计划来说，主要（并非完全）是对单个客户在不同时期的收入进行再分配。保险公司和养老基金在履行其管理资金的职责时，会涉及风险管理和流动性转换等金融活动。

通过对金融服务及其分类的界定，可以清晰地将 FISIM 的研究对象与 SNA（2008）中与存贷款利息费用相关的金融服务对应起来。

第二节　FISIM 核算范围的辨析与改进

有关 FISIM 核算范围的争论从未间断，本节主要从 FISIM 核算主体生产者的界定、核算载体金融工具的种类、核算客体金融服务的构成三个方面，对目前争议比较大的问题进行辨析，进一步明确 FISIM 的核算范围，从而提高 FISIM 的核算精度。

一、FISIM 核算范围的辨析

（一）FISIM 核算主体——金融中介机构的辨析

金融服务几乎只能由金融机构提供，因为提供这些服务通常会受到严格的监管，金融机构也很少提供其他服务。FISIM 的核算主体主要是中央银行以外的存款性公司，其以从事存贷款的金融中介活动为主营业务，具体包括商业银行、储蓄银行、信用合作银行、农村信用银行、邮政储蓄、信用社、汇划银行、接受存款或发行类似存款工具的其他金融机构。

虽然金融机构的定义和范围是明确的，但因实际情况的复杂性，金融机构的界定仍存在一些问题。例如，根据 SNA（1993）的说明，仅贷出自有资金的小规模放款活动，就不能视为金融中介活动。原因在于这种活动并没有使某一机构单位的资金流入到另一机构单位。从而将这些小规模贷款者归属于住户部门。然而 SNA（2008）却指出，金融机构不必同时提供吸收存款和发放贷款的服务，零售商的金融辅助机构就是一个只发放贷款但不吸收存款的金融机构。

实际上，SNA（2008）推荐的 FISIM 总产出核算方法并未从"中介"的角度核算金融中介服务的产出价值，而是将金融中介服务视为存款服务和贷款服务的总和，并分别核算存款服务和贷款服务的产出价值，然后加总得到。从这个角度上讲，凡是主要从事存款（或贷款）活动的机构部门均应视为 FISIM 的生产者，也就是说，FISIM 的核算主体不仅包括同时吸收存款和发放贷款活动的金融中介机构，还应包括仅发放贷款不吸收存款或仅吸收存款不发放贷款的机构部门，例如，SNA（2008）列举的小规模贷款者和零售商的金融辅助机构就是仅发放贷款不吸收存款的生产单位。就贷出自有资金的小规模贷款者而言，它们是很重要的资金提供者。因为这类小规模贷款者，虽然没有资金的借入过程，但这些机构利用自有资金向客户提供资金，并因此承担风险，即使其自身不从事金融中介活动，但自有资金的贷出过程也为贷款者提供了类似的服务，从而广义金融服务的概念下，应将这些小规模贷款者视为 FISIM 的生产主体。

实践操作中，还应注意以下几方面的内容：第一，金融性附属公司的界定。只有当金融附属公以独立账户为其他单位提供金融中介服务时，这些金融附属公司才被认定为金融机构。第二，只向一个企业或一个集团提供金融服务的机构，如果具有一整套完整的会计核算，且能独立取得资产和负债，也视为金融机构。第三，以上所提到的金融机构不一定是常住单位，金融机构的客户也不限于常住单位，因此可能发生金融服务的进出口。第四，需要对非金融企业从事金融活的性质加以界定，例如，生产企业为了促销产品，直接向消费者提供商业信贷或其他金融服务，如果非金融企业从事这类金融活动仍属于生产企业的次级活动，并没有设置独立的机构单位，则该企业就是非金融机构。

综上所述，我们应该从 FISIM 本质（存贷款活动）而非金融中介活动来定义 FISIM 的核算主体。随着金融市场演变和金融监管模式的变化，金融机构的覆盖范围有所扩大，建议重新界定金融机构的范畴，以改善金融服务产出的核算结果。

（二）FISIM 核算载体——金融工具①的辨析

有关 FISIM 核算载体的主要争论体现在是包括所有的生息资产和计息负债，还是只包括存贷款。SNA（1993）对此并没有明确说明，因而各国在具体实践中选用了不同的金融工具。欧盟国家在 1998～2002 年，采用各种方法对 FISIM 进行试算，最终决定计算和分摊 FISIM 时只考虑存款和贷款，而与债券或股票无关；美国 FISIM 总量的测算针对所有生息资产和负债，具体包括存款、联邦资金、贷款、公司债券、国债、租赁和回购协议及其他生息资产和负债等。

最广泛的 FISIM 定义几乎包括银行净利息收入的全部，从而将隐含收费的贷款服务归属于所有的生息资产，将隐含收费的借款服务归属于所有存款和其他计息负债。该观点主要出发点是 FISIM 核算并非只与传统的存贷款业务有关，还包括了债券、股票等所有提供隐含服务的金融工具。

这种处理将导致大部分银行部门净利息收入归属于 FISIM。但是剩下的被解释为 SNA 利息应该仍然是正的。SNA 利息是财产收入成分，作为债券利息，是银行从出借自有资金获得的（资金是由股东提供，不是存款者或其他债权人提供）。自有资金＝资产－负债，一些代数显示银行的净利息收入与广义 FISIM 的差额等于参考利率乘上用以借出去的自有资金的数额。即 SNA 利息＝自有资金×参考利率。从而银行的总利息收入可以解释为三部分的和：银行净利息收入＝贷款 FISIM＋存款 FISIM＋SNA 利息（财产收入）。因此使用 FISIM 的广泛定义，国民核算账户将把参考利率与自有资金的乘积记录为银行财产收入，银行净利息剩余部分全部归属于隐含收费的金融中介服务产出。

然而，目前 FISIM 定义中争议最小的方案就是将 FISIM 核算的银行资产仅仅限制为贷款，负债仅仅限制为存款。理论上，尽管隐含收

---

① 在 SNA 中，"工具"这一术语用来指资产负债表中的各个资产或负债项目。

费的金融服务可能也包括股票或债券，但从国民经济核算的角度，应该排除不属于贷款的资产和不是存款的负债，将 FISIM 的核算载体仅仅限定为存贷款。

理由之一：若将存贷款以外的债券、股票等金融工具也作为 FISIM 的核算载体，会给国民经济核算带来诸多困难。例如，该如何处理股票的持有损益？债券到期收益的计算采用什么原则（债权人原则还是债务人原则）？经合组织与欧盟统计署也指出，由于无法区分存贷款以外的隐含收费金融服务，金融服务也不能在各使用部门间分摊。所以，在实践中 FISIM 应仅限定于存贷款业务，且只产生于金融机构的生产活动中。

理由之二：银行无法决定债券和其他金融工具的利率，因为这些利率往往是市场化的，也就无法保证持有债券获得的收益率一定小于选取的参考利率，因此，如果对这些金融工具采用参考利率计算其服务产出，将有可能得到一个负的产出。但是，金融中介服务费是金融机构在开展吸收存款和发放贷款的生产活动时产生的服务费，它不可能为负数。所以将 FISIM 的计算限定于存贷款还是有必要的。

理由之三：之所以将测算 FISIM 的金融工具仅仅限制在存贷款上，是因为只有开展存贷款活动时，顾客与银行之间才有直接的接触与联系。相比起来，银行发行或购买债券，一般情况下，银行与债权人或债务人都没有直接联系，从这个意义上讲，债权人或债务人从二手市场上获得这些债券时，银行没有参与其中，从而可视为银行没有提供服务，往往直接融资都是这样的。一般认为，要求银行直接为顾客提供服务活动被看作 FISIM 的来源——这一做法是合理的。

这里需要特别说明的是，在资产负债表的资产方，银行以贷款证券化的方式给贷款者提供资金，类似于普通贷款服务。在负债方，银行提供给顾客的回购协议①类似于普通的存款服务，回购协议是商业银行需要的资金来源。并且贷款证券化和存款回购协议都涉及银行和客户之间的互动，从而归属于存贷款。贷款证券化包括银行对贷款者的一些隐含收费服务，回购协议支付的利率也暗含了比存款更低价值的隐含服务。反而像存款证明书（CDS），虽然带有存款的字样，但其是通过股票经纪人来筹集资金的，与银行没有直接联系，也没有提供流动性服务，所以不能作为存款的等价物。总之要求顾客和银行间有直接互动。

事实上，FISIM 核算的载体仅限定为存贷款的做法被 SNA（2008）所推荐，SNA（2008）将间接收费的金融中介服务分为两类，一类是与存贷款利息费用相关的金融服务，即目前所认定的 FISIM，其核算载体只包含存款和贷款两种金融工具；另一类是与金融市场上金融资产和负债的获得与处置相关的金融服务，债务性证券——如票据和债券、股票和投资基金等就归属于这类服务。

（三）FISIM 核算客体——金融服务的辨析

SNA（2008）4.98 段指出金融服务的生产是"金融中介""金融风险管理""流动性转换"或辅助金融活动的结果。但是风险管理和流动性转换能否作为 FISIM 所含服务的构成引起普遍争议。

1. FISIM 的服务内容包含风险管理吗

从某种意义上讲，金融业是一个以"经营"风险为主要商业活动的产业，金融机构通过为别人承担或者管理风险而获得利润。金融风险产生于未来时期利率的不确定性，它反过来影响到不同类型经济利益的相对表现。由于贷款者存在不履行债务的可能性，所以对银行来说风险是客观存在的，对不同贷款者采用不同的利率就反映了这种

---

① 企业、政府和机构不能通过存款保险提供充足的保护，这些部门通常通过回购协议将它们的资金放在银行，这些顾客也选择将他们的资金放在回购协议里，以获得比可投保存款略高的利息率。回购协议是商业银行需要的资金来源。

风险的存在。

目前，SNA（2008）的理论公式计算出来的服务费并不是纯粹服务价值，它还包含了一部分风险收益（杨缅昆和朱小斌，1999）。FISIM 核算采用的参考利率主要是单一的银行间拆借利率，具有短期、无风险的性质，而且没有区分金融工具的种类和期限结构，从而导致 FISIM 总产出中包含期限溢价和信用违约风险溢价，这意味着承认流动性转换和风险管理服务的生产性，并将其视为金融中介服务产出的一部分。

将风险管理看作金融服务的生产活动，主要是从银行的独特地位出发的。银行在克服不对称信息以及监测贷款者方面具有独特的优势，往往其他融资方式不能替代银行贷款。主要表现在与陷入困境的贷款者抵押和清算，银行花费较少；与债券等其他融资方式相比，如果这些贷款由银行发起并持有，银行可以减轻他们持有贷款的风险。大多数贷款包括风险管理、监测和咨询，而不像债券市场仅仅是被动提供融资，相对于其他可选择的债券而言，如果对贷款者来说贷款是必不可少的，那么 FISIM 总产出包含风险溢价就是合理的。

但是，SNA（2008）这种对风险管理的处理方法（FISIM 所含服务包含风险管理），遭到普遍质疑，沃尔夫冈·艾希曼（2011）指出，如果 FISIM 包括风险溢价，就必须承认风险活动的价值，而承担风险的结果可能是积极的也可能是负面的或是 0，一旦是负面的，就会否定风险活动的生产价值（风险活动的生产价值被定义为≥0），这是不可能的。赫尔曼·史密斯（2011）以金融危机为例，金融危机带来高利率导致金融中介机构产出的明显增加，这些似乎与增长的服务并不相关。不应该将银行承担更多的风险视为生产更多的服务。此外，承担风险不使用劳动、中间投入，或者固定资本，而是金融资本这个不同的投入，应该区别对待。

不得不承认将风险溢价包含在 FISIM 产出中，在概念和实践层面都存在缺陷，具体表现为国民核算账户内部的各种不一致性：

首先，依据经济学理论，利息是资金持有人向使用人索取的补偿，包括对机会成本的补偿和对风险的补偿（即风险溢价），由此获得的收入为财产性收入，也就是说风险溢价为财产性收入。在国民经济核算体系中，将财产收入作为再分配范畴，而非生产范畴。如果将从事存贷款服务获得的风险溢价作为 FISIM 总产出，那么会出现"风险溢价"属性矛盾的情况——某些情况属于生产范畴而有些情况属于非生产范畴，导致国民经济核算的内部不一致性。

其次，对于货物生产单位而言，除进行生产经营活动外，也要面对不断变化的内外部环境，进行风险管理活动来避免损失，但并没有将这种风险管理活动获得的隐性收入作为总产出，也就是承认风险管理活动是一种非生产性活动。例如，报告期内某货物生产企业生产的质量、数量均相同的两批货物，可能由于风险管理活动参与程度的不同，导致两批产品获得的经营收入出现较大的差异，但所对应的产出并不会因风险管理活动的参与而改变。如果将从事存贷款服务而进行的风险管理活动视为生产性活动，那么同样会导致国民经济核算内部的不一致性。

再次，保险公司同银行一样，也要承担和管理风险，获得违约风险补偿（风险溢价），FISIM 和非人寿保险核算对风险管理活动的对待方式应该相同。一旦 FISIM 产出中包含了风险溢价，那么非人寿保险产出就等于总保费收入，而不需要扣除预期损失，这样一来则违背了 SNA 中非人寿保险服务的核算方式①。另外，FISIM 所涉及的这种风险收益与保险业把个别风险分摊给每一个投保者一样，它是由每一个贷款企业共同承担的，不是生产性活动，而是一种财富的再分配过程，因此这部分利息不应计入金融业的总产出，类似于非人寿保险的处理，FISIM 产出应该排除信贷违约风险。

最后，目前国民经济核算体系中，贷款的资金成本选用的是无风

---

① 非人寿保险产出等于总保费收入（实收保费与追加保费之和）扣除调整后已生索赔（代表预期损失）。

险利率，所以 FISIM 产出包括风险溢价，但发行债券时，需要支付给债券持有者的资金成本却涵盖了市场整体的系统风险，从而账户内部出现了不一致。

图 2 - 3 生动展示了这种不一致性：考虑某公司可以选择从银行借款也可以选择发行债券来筹集资金，他需要给债券持有者支付 r^M 的利率，给银行支付 r^A 的利率。在 SNA 中任何的利息支付都视为收入转移，而服务支出将被看作对中介服务的购买，借款公司的增加值从而依赖于 r^A 中有多少被看作利息支付，有多少是服务支出。在目前 SNA 的核算框架下，如果公司从银行借款，利息支出是 r^F，而如果公司发行债券，利息支出就是 r^M。从而导致银行保留所有贷款时，产出将是 Y_A 加上风险溢价，而一旦银行证券化所有贷款，产出仅是 Y_A 这一部分，这种处理使得公司选择银行贷款或债券不同的融资方

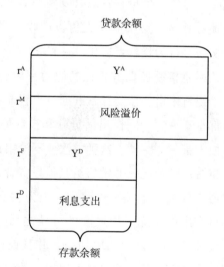

图 2 - 3　存款 FISIM、贷款 FISIM 与风险溢价关系

注：r^A 为贷款利率的平均水平，r^M 为和贷款具有同样系统风险的市场有价证券的预期投资回报率，r^F 为无风险利率，r^D 为存款利率的平均水平，Y^A 为贷款服务的名义产出，Y^D 为存款服务的名义产出。

资料来源：Antonio Colangelo and Robert Inklaar，"Bank Output Measurement In The Euro Area：A Modified Approach"，Review of Income and Wealth，Series 58，Number 1，March 2012。

式，支出的利息不同，借款公司的产出将依赖资金来源而改变。当融资来自银行而不是股本或债券时，企业增加值变小。对于顾客来说，银行提供这两种金融服务应该是无差异的，所以银行的产出也应该没有差异，对贷款和债券应做同样的处理。

SNA 内部出现的这种不一致性，究其原因，主要是因为对于贷款，代表纯资产收益率的参考利率 r^F 是无风险的，而对于债券，采用的资产收益率（资金机会成本）却是 r^M（r^M 是和贷款具有同样系统风险的市场有价证券的预期投资回报率），本应该相同的资产收益率，在两个金融工具的处理上却出现了不一致。为了避免这种不一致性，本书建议估算风险金融工具的资金成本，应该使用具有相同风险的债券的投资回报率，即经过风险调整后资金的机会成本，但是不能附加任何服务因素。这样处理是基于一个假设：银行贷款是其他融资方式的近似替代品。考虑一个贷款者他有以利率 r^A 偿还贷款的选择，但是他选择投资债券代替，这个需要支付资产收益率 r^M。现在以 r^M 作为参考利率，从而银行为贷款者提供 $r^A - r^M$ 这个范围的金融服务，同样对于存款者，愿意接受比债券更低的收益率以交换 $r^M - r^D$ 范围的存款服务。对于银行来讲，接受存款和通过出售债券获得资金是一样的，服务成本都是 $r^M - r^D$。同样出借贷款和投资债券也是一样的，提供信贷服务的成本都是 $r^A - r^M$。这种方法，不论银行在资产负债表中选择贷款还是将资产转换成债券销售给其他投资者，银行产出是不变的。这个建议似乎在概念上是一种改进，因为它能加强 SNA 的内部一致性。从银行产出中排除承担风险的补偿之后，融资方式（债券或银行贷款）已不再影响公司的增加值，并且银行产出也不再改变，从 FISIM 产出中剔除风险溢价不是解决不一致性唯一的方法，但是对 SNA 攻击最小的方法。

从 FISIM 中剔除风险溢价，意味着参考利率应该与存贷款的风险特征相匹配，而不是目前统计部门使用的单一的低风险参考利率。在其他不变的情况下，这一做法将会降低现有核算体系中 FISIM 产出。

起初，从 FISIM 中消除违约风险被认为是一种可能的前进方向，但是，后来风险调整倾向于针对所有的风险种类——汇率风险、违约风险、期限风险。FISIM 工作组①成员国普遍认为风险溢价应该从 FISIM 中排除。

2. FISIM 的服务内容包括流动性转换吗

所谓流动性转换是银行为客户随时获取现金提供方便，为支付能力提供保障，以满足客户的资金流动性偏好。家庭和企业一般都渴望安全性和便利性，所以当他们是债权人时喜欢短期，当他们是债务人时更喜欢长期，将短期存款转变成长期贷款是金融中介服务的固有功能。

流动性转换与风险管理所产生的溢价成分往往很难区分，如果从 FISIM 产出中排除风险溢价的提议被接受，就为 FISIM 的服务内容是否包含流动性转换的争论提供了空间。流动性转换和期限结构的差异是否要体现在 FISIM 中？有关这个问题因参考利率选择的不同，也形成了两种对立的观点：

一种观点认为应该在 FISIM 中包含流动性转换因素，该观点主要是从金融中介机构投入的角度考虑的，短期存款客户通过即时或持久资产获得安全和便利性，他们愿意接受低的活期利率去获得安全性与便利性，提供这类流动性转换服务，银行必须投入劳动和资本来管理资产负债表中的流动资产和负债，因而把流动性转换看作生产性活动。并采用与金融工具的期限结构并不匹配的参考利率，从而 FISIM 产出的测算会受到金融工具期限结构的影响。

另一种观点则建议从 FISIM 中排除流动性转换因素，推荐使用与存贷款的期限结构相匹配的参考利率。出于以下几方面考虑，我认为这种观点相对更加合理：

第一，期限溢价反映了对未来利率的假设，作为长期投资的一种

---

① 有关 FISIM 的讨论成立了两个工作组，分别是联合国统计司国民经济核算工作组秘书处成立的国际 FISIM 工作组与欧盟统计局成立的欧洲 FISIM 工作组。

补偿，包括价格不确定性所增加的风险，通常长期债券的收益率高于短期债券，由于持有时间较长，受利率、通货膨胀率等因素影响而贬值的风险较大，所以长期债券就要通过付出较高的利息来对风险进行补偿。而在国民经济核算体系中，一般不认为承担风险是一种生产性服务，包括金融中介机构发行或持有证券时所承担的利率风险，都不是生产服务，其性质是财产收入。

第二，如果承担利率风险被认为是一种生产性服务，将有必要探索一种方法将其在消费实体（如储户和贷款者）之间进行分摊，这个目前操作难度较大。

第三，实践中使用单一短期的参考利率（银行间拆借利率）是存在问题的，例如 FISIM 数据的波动性与负值的发生；另外，在其他条件相同的情况下，如果银行不改变存款者和贷款者的期限和条件，并且自身也不需要额外的资金，那么区分 FISIM 中银行提供给存款者和贷款者的服务变化将无意义；并且，对于银行所有的客户，如果银行的实际生产成本保持不变，为什么银行间贷款利率的变化意味着 FISIM 存款者和贷款者不同的价格波动（A. Colangelo & R. Mink，2010）？这些问题的存在进一步支持从 FISIM 中剔除期限溢价。

第四，采用单一短期的参考利率，将流动性转换包括在 FISIM 中，类似于前面提到的风险管理，同样会产生企业的价值依据不同的融资方式而改变的问题，就公司债券和贷款两种融资方式而言，期限溢价对于债券是利息，但是对于贷款就是 FISIM，从而造成 SNA 内部的不一致性。

从 FISIM 中排除期限溢价的一种具体操作方法是以多个参考利率取代单一参考利率，使参考利率与期限结构相匹配，即测算存款 FISIM 和贷款 FISIM 所使用的参考利率不同，存款参考利率和贷款参考利率之间的差额即为期限溢价，并且不同类型存款（或贷款）所使用的参考利率也不相同，但从平均意义上讲测算贷款 FISIM 时所使用的参考利率高于测算存款 FISIM 的参考利率，最终将流动性转换服务从 FISIM 中排除。有研究①表明日本使用两种不同的参考利率分别计算存贷款的 FISIM，从而将期限溢价从 FISIM 中剔除，比采用单一参考利率的测算结果大约减少了 20%。

总体来讲，FISIM 工作组还没能完全解决 FISIM 的服务内容是否包括流动性转换的问题，本书一个初步的结论是应该采用与期限相匹配的参考利率，将流动性转换从 FISIM 中排除，即使采用单一参考利率，也要考虑存贷款不同的期限结构，可以对长期和短期存贷款的利率进行加权平均。总体上讲，以多参考利率替代单一参考利率仍是一个不错的选择，加权平均参考利率仅是目前核算条件下一种过渡性的方法。

3. FISIM 产出是否应扣除利用自有资金所获得的利息收入

SNA（1968）与 SNA（1993）均强调测算 FISIM 总产出时应扣除金融中介机构利用自有资金所获得的财产收入，这个处理方法引起了广泛争议。实际上利用自有资金贷款获得的利息收入包含了部分金融机构的生产活动成果，如果全部扣除，则会低估金融中介机构总产出。

其实，利用自有资金贷款获得的利息收入可以分为存款利息和贷款利息两部分。对于存款，金融中介机构相当于为自己提供了一种虚拟的存款服务，在自有资金尚未贷出时，要对这笔资金进行有效的管理，但这种活动的性质与家庭自我服务相同，不具有市场性或社会性，因此不能计入金融中介机构总产出。就贷款服务而言，无论资金原始所有者是谁，金融中介机构都会为贷款者提供一定的服务，最终实现资金在所有者与需求者之间的流动。金融中介机构为贷款者提供的服务包括信用评估和资金管理等，这些活动具有市场性和社会性，所以利用自有资金贷款不可避免的包含了生产性服务收费的成分，贷款利率高于参考利率的那一部分就属于贷款服务费，与参考利率相对

① Satoru Hagino and Katsurako Sonoda（2010）"Treatment of risk in the estimation of FISIM". IFC Bulletin No. 33.

应的那部分是纯财产收入。由此可见，利用自有资金贷款获得的利息收入是一种混合收入。不能将利用自有资金贷款获得的利息收入从 FISIM 产出中全部扣除，只能扣除与参考利率相对应的那部分纯财产收入，而剩余的利息收入应作为金融中介机构的产出。然而，通过核算公式的进一步分解可以发现，核算公式中已经扣除了利用自有资金贷款获得的财产收入：

$$\begin{aligned}
\text{FISIM 贷款服务费} &= \text{贷款额} \times (\text{贷款利率} - \text{参考利率}) \\
&= \text{贷款额（不包含自有资金）} \\
&\quad \times (\text{贷款利率} - \text{参考利率}) \\
&\quad + \text{自有资金贷款额} \times (\text{贷款利率} - \text{参考利率}) \\
&= \text{贷款额（不包含自有资金）} \\
&\quad \times (\text{贷款利率} - \text{参考利率}) \\
&\quad + \text{自有资金贷款额} \times \text{贷款利率} \\
&\quad - \text{自有资金贷款额} \times \text{参考利率} \qquad (2-1)
\end{aligned}$$

式（2-1）中"贷款额（不包含自有资金）×（贷款利率 - 参考利率)"毫无疑问是贷款服务费。"自有资金贷款额×贷款利率"是利用自有资金贷款获得的全部利息收入，这是一种混合收入，其中"自有资金贷款额×参考利率"是利用自有资金贷款获得利息收入中对应的纯财产收入。由此可以看出，在整个贷款服务费的测算公式中已经加入了利用自有资金贷款获得的生产性收入，并且也扣除了利用自有资金贷款获得的财产收入，所以在 FISIM 的测算公式中无须再扣除利用自有资金贷款获得的利息收入。

正如 SNA（2008）6.164 段所讲，对于存款者来说，无论资金是否被贷出，它都会获得同等的利息和服务；对于贷款者来说，无论资金是来源于中介资金还是银行的自有资金，它都要支付相同的利率并得到相同的服务。基于这个原因，金融机构提供的所有存贷款服务都要虚拟为收取了间接服务费，而不考虑其资金来源。

二、FISIM 核算范围的改进

本书首先从 FISIM 的核算主体金融机构入手，重点介绍金融机构的概念与分类，通过金融机构的层层分类说明，对比这些金融机构所含的基层单位、它们的金融工具类型、它们承担资产负债的情况，逐渐缩小范围。由金融机构到金融中介机构，再到中央银行以外的存款性公司，最终锁定 FISIM 的核算主体。最终得出结论：FISIM 的核算主体主要是中央银行以外的存款性公司，其以从事存贷款的金融中介活动为主营业务，具体包括商业银行、邮政储蓄、储蓄银行、农村信用银行、汇划银行、接受存款或发行存款的其他金融机构。同样，为了界定清楚 FISIM 的核算客体，也是先从金融服务的概念与分类入手，在金融服务概念不是很清晰的情况下，主要界定其所包含的服务内容。从金融服务到保险和养老金以外的金融服务，再到与存贷款利息费用相关的金融服务，最终将 FISIM 的核算客体与 SNA（2008）中的与存贷款利息费用相关的金融服务对等起来。

总之，随着金融市场的不断发展，金融创新的不断出现，金融机构的范围也要适时拓展，具体改进内容如下：

（1）就 FISIM 核算主体而言，应该从服务本质来定义金融机构，而与是否是金融中介活动没有关系，现实生活中由于金融活动的复杂性和差异性，对金融机构的界定需要视具体情况加以判断和处理。对金融机构界定也应该与时俱进，适应时代前进的步伐。

（2）从理论上讲，FISIM 的核算载体可能包括债券和股票等金融工具，但从国民经济核算可操作性的角度，只能限于存贷款。但这里所采用的是广义概念的存贷款，还包括类似普通贷款的贷款证券化和类似于普通存款的回购协议。而票据和债券、股票和投资基金等则归属于金融市场上与金融资产和负债的获得与处置相关的金融服务，区别于只与存贷款利息相关的金融服务 FISIM，需进行单独核算。

（3）就 FISIM 核算客体所涵盖的服务内容而言，首先，金融机构提供的所有存贷款服务都要收取间接服务费，而不考虑其资金来源，当然也要包括利用自有资金进行的贷款服务。其次，从账户内部的一致性来看，应该排除风险管理和流动性转换，SNA（2008）广泛遵循 SNA（1993）的方法，但是也打开了考虑存贷款期限结构和违约风险的可能性，并建议参考利率不含任何服务成分且能反映存贷款风险和期限结构。总体来讲，FISIM 工作组还没能完全解决 FISIM 的服务内容是否包括流动性转换的问题，本书一个初步的结论是参考利率应该与存贷款的风险特征、期限结构相匹配，而不是目前统计部门使用的单一的、低风险的参考利率。即使采用单一参考利率，也要考虑存贷款不同的期限结构，可以对长期和短期存贷款的利率进行加权平均，从而将流动性转换和风险溢价从 FISIM 中排除。

（4）就中央银行产出的归属，建议各个国家根据自己的金融体制以及中央银行所从事的主要活动的性质，对其产出进行归属，如果中央银行从事一些商业银行的业务，则必须将这些业务分离出来，采用间接测算金融中介服务产出的方法或参考利率方法计算其服务产出，对于货币政策服务等非市场服务则可以参照非市场服务产出的计算方法，例如成本法。

FISIM 核算范围的这几个议题是紧密相关的，将仅贷出自有资金的小规模贷款者纳入 FISIM 的生产主体，与 FISIM 产出应该包含利用自有资金获得的利息收入是一致的；将 FISIM 的核算主体界定为中央银行以外的存款性公司，而不包含货币市场基金（MMF）、非 MMF 投资基金、保险公司和养老基金（ICPF）以外的其他金融中介机构，与将 FISIM 核算载体仅仅限定为存贷款是保持一致的。从而使 FISIM 核算范围从核算主体、载体、客体三方面达到统一。希望以上议题的辨析能进一步明确 FISIM 的核算范围，从而提高 FISIM 的核算精度。

第三章 FISIM 生产核算的
改进与拓展

测量市场生产者的服务价值，正常来说是国民经济核算中最简单的问题，这些服务的收费往往就是他们的产出价值。然而银行[①]与一般的服务业不同，不是简单地以收取服务费来维持生产经营，因此，就不能以营业收入作为银行的产出。在商业银行的情况下，一些产出没有明确的价格，隐含价格以利率差的形式存在，是贷款收取利率或存款支付利率的一部分。顾客以支付高价的贷款利率，收取较低的存款利率获得银行服务。当储户接受一个比无风险利率低的回报率，他必须接受同样价值的交易服务作为回报，尽管一个真实的无风险投资在实践中可能是不可获得的，相比金融市场上的其他投资者，贷款者往往支付较高的利率给银行，就是因为贷款者从银行获得了同样价值的服务。间接测算的金融中介服务产出的核算思路应该是如何从存贷款利息收支差中分离出本来应该直接收取的金融中介服务费，它才是金融中介隐含收费服务产出的本质反映。

---

① 银行这个术语常常用作中央银行和其他存款吸收公司的同义词——虽然严格来说并不准。银行从所有其他部门吸收存款，并对所有其他部门进行贷款。银行子部门之间可能也有大量的借入和贷出，但其经济意义与涉及其他部门的银行中介活动的经济意义不同。

第一节　FISIM 生产核算的演进历程

受理论与实践多种因素的驱动，FISIM 的概念也随着 SNA 版本的更新而不断演变。由最初的"虚拟服务费用"逐渐演变为"间接测算的金融中介服务"。FISIM 核算主体由"中央银行以外的其他存款企业与其他金融中介机构"演变为"其他金融机构与专属金融机构和贷款者"。FISIM 产出核算范围从"具有风险承担和期限重组特征的金融中介活动"到"细分的金融中介活动"。伴随着 FISIM 基本范畴的不断变化，FISIM 产出核算方法也经历了漫长的演化与改进过程。

一、用利息收支差法测算虚拟的 FISIM 产出

在国民经济核算领域，如何测算隐含金融中介服务产出一直存在争议。早期有使用经营成本法、投入成本法和利息收入法等。曾经很长一段时间，金融中介服务产出的核算方法都以使用经营成本法为基础，该方法认为金融机构的收入来源主要是获取存款与贷款的利息差，而不是向客户直接收取费用。然而，从历史上看，由于不同时期的核算理论对"财产收入"赋予不同的性质，FISIM 生产核算在理论和方法上也在不断演化。随着社会经济的发展、学术界的讨论，FISIM 核算方法逐渐完善。

银行利息收支的性质直接决定着金融中介服务活动是否具有生产性，从而对 FISIM 核算产生重要影响。最初，以 SNA（1953）和 SNA（1968）为代表，认为利息净收入不是生产性收入，而是属于再分配性质的财产收入，因此，用利息收支差测算得到的金融中介服务产出只能是"虚拟的产出"。所以 SNA（1953）和 SNA（1968）分别将隐含收费的金融中介服务费用称之为"虚拟服务费用"或"估算

的服务费用"。

如前文所述，按照传统的理解，银行所提供的存贷款金融中介服务就没有产出，从而导致金融中介服务总产出为负值的异常现象。意识到这个问题之后，SNA（1953）用银行的投资收益减去支付给储户的存款利息的差额作为金融中介"虚拟服务费"，SNA（1968）曾建议将净利息收入作为从事金融中介服务的"估算的服务费用"计入金融业的总产出，从而使其增加值和营业盈余均为正值。这种虚拟方法固然可以解决增加值为负数的问题，而且也能保证按不同方法计算的金融部门的增加值数额相等，但却引发了新的问题，由于利息收入不是生产性收入，因此所计算的结果并不是金融部门的实际产出，而是虚拟产出，也就是说，当将国民经济各部门的增加值汇总为 GDP 时，必须将虚拟服务费用从金融总产出中扣除，以避免 GDP 的高估，但这样处理的结果不仅导致 GDP 不等于全社会各部门的增加值之和，违反了国民经济核算的一致性原则，而且在进行国民经济产业结构分析时，会遇到国民经济各部门比重之和不等于 1 的问题。另外，如果利息收支纯粹是财产收入，那么，同一档次的存款和贷款的利率应该相同，而现实生活中贷款利率显著高于存款利率的情况又做何解释？

金融中介服务间接收费的性质，不仅模糊了初次分配的财产收入与生产性服务收入之间的界限，也无法解释存贷款利率的差异，所以 SNA 需要另辟蹊径，给出更加合理的解释。

二、用利息收支差法测算真实的 FISIM 产出

相比 SNA 以前的版本，SNA（1993）第一次正式提出了间接测算金融中介服务产出的概念，取代了"虚拟服务费用"和"估算的服务费用"，从此肯定了隐含收费的金融中介服务的生产性与真实性，不再是虚拟的或者估算的。SNA（1993）指出间接测算的金融中介服务产出等于这些机构应收的财产总收入与它们应付的总利息之

差，而且要扣除金融机构利用自有资金投资所获取的财产收入。从核算公式形式来讲，SNA（1993）与 SNA（1968）并无明显差异，基本上都是采用净利息收入扣除自有资金所获得的财产收入，但是为了弥补 SNA 理论和方法的缺陷，SNA（1993）提出了一种新的金融核算理论，重新解释了 SNA（1968）提出的金融产出的核算公式，论证了金融部门的利息收支差，不再是虚拟服务产出，而是实际产出。进一步肯定了没有直接收费的以信贷为主的金融中介活动的生产性。同时认为金融中介机构的利息收支受到金融服务费用、金融风险等因素的影响，并不是纯粹的财产收入，而是财产收入与服务收入的混合体。

　　事实上，与其他金融中介服务一样，金融信贷活动也要收费，只不过这种服务费用隐含在存贷款利息中。具体地说，当资金所有者把资金存入金融部门，由于将金融资产的使用权转移给金融部门而获得一笔财产收入，与此同时，资金所有者又必须为金融部门提供的存款服务支付一笔服务费，同样，金融机构将资金贷给企业或个人时，不仅要求贷款者支付财产收入，而且要求贷款者为其提供的贷款服务支付费用。所以存款者从金融中介机构中所获得的利息收入实际上要少于存款的真正财产收入，因为这个财产收入扣除了应该支付给金融机构的存款服务费用。贷款者支付给金融机构的利息实际包含了贷款利息和贷款服务费用两部分。

　　根据 SNA（1968）和 SNA（1993）推荐的 FISIM 核算公式①，在不考虑自有资金的情况下，可以采用利息收支差法测算 FISIM 产出，但净利息收入也是服务收入与财产收入的混合体。在现实经济活动中，只有当金融中介机构的全部借入资金额与全部贷出资金额在总量上相等时，金融中介服务产出才能以利息收支差表示，否则当贷款额大于存款额，净利息收入中会含有一部分财产收入，从而高估 FISIM

---

　　① FISIM = 应收的财产总收入 - 应付的总利息 - 用自有资金投资所获取的财产收入。

产出。反之，当存款额大于贷款额，则金融产出中又被多扣除了一部分财产收入，导致 FISIM 产出的低估。这两种情况下，金融中介服务价值都没有得到准确反映，所以用净利息收入测算金融部门产出，一定要建立在存贷款数额相等基础之上，然而这一假定在现实生活中往往很难达到。利息收支差法的核算局限一方面表现在表现在存贷资金相等的假定上，另一方面还表现在无法实现 FISIM 的使用分摊核算，即无法核算出不同部门使用的 FISIM 价值。

以 SNA（1993）为代表的 FISIM 核算方法承认了 FISIM 产出的真实性，意识到财产收入是服务费用与财产收入的混合体，采用利息收支差核算 FISIM 产出，为核算基础薄弱的国家提供了简单且较为合理的 FISIM 产出核算途径。但是采用利息收支差法测算 FISIM 产出，一是无法保证 FISIM 产出估计值的计算精度，二是采用利息收支差法对 FISIM 产出进行分摊更是困难重重。SNA（1993）提出了使用参考利率分摊 FISIM 的思路，从此理论界对金融产出核算的争论平息了很多。

三、用基本参考利率法测算 FISIM 产出

随着 SNA（1993）引入参考利率的概念，并将其应用到间接测算的金融中介服务产出的分摊中，SNA（2008）首次明确将参考利率的思想用于 FISIM 产出总量的计算，可以说 SNA（2008）在 FISIM 核算方面取得了巨大的进步。至此，使 FISIM 的产出和分摊在总量上达到平衡，对于 FISIM 总值，SNA（2008）指出金融中介服务的价格暗含于银行利差收入中。贷出资金的单位获得的利率要低于借款单位支付的利率，存贷利差中包含了银行向存款者和贷款者收取的隐含费用。从这一基本思路出发，可以引出"参考利率"的概念。贷款者向银行支付的利率与参考利率的差额，加上参考利率和实际付给存款者的利率之间的差额，即为间接测算的金融中介服务（FISIM）

费用[1]。借款利率低于参考利率的部分是 FISIM 存款服务费率，贷款利率超过参考利率的部分是 FISIM 贷款服务费率。本质上讲，这种方法是先向存款者和贷款者界定统一的参考利率。然后按照提供的服务明确向存款者和借款者收取费用的一种替代。以存贷款服务为例，如果用 rr 表示参考利率，用 r_L、r_D 分别表示贷款利率和存款利率，用 y_A 和 y_D 分别表示贷款余额和存款余额。则存款的金融服务费用等于 $(rr-r_D)y_D$，贷款金融服务费用等于 $(r_L-rr)y_L$，金融机构的 FISIM 总产出就是以上两项的加总。

FISIM 的参考利率测算方法对贷款和存款进行分别核算，从而完全避免了利息收支差法的核算局限，一方面，参考利率法打破了利息收支差法要求存贷资金相等的核算前提，允许未被贷出的存款资金存在。另一方面，参考利率差法可以更好地实施 FISIM 的使用核算，对不同部门 FISIM 的使用量核算趋于准确。

综上所述，通过 SNA 不断地修订更新，FISIM 产出核算方法已由 SNA（1953）和 SNA（1968）提出的"利息收支差法"演化为 SNA（2008）推荐的"基本参考利率法"，FISIM 生产核算的成长也经历了三个历史性的发展阶段，每个阶段的 FISIM 产出核算方法都有其特定的经济意义，在当时的年代有其合理性。当然，也存在一些问题，但是随着社会经济的发展变迁，人类认识的不断深入，FISIM 顺应社会经济的发展在不断地纠错、否定中成长。真可谓伴随着国民经济核算体系的不断完善，FISIM 产出核算方法不断进步，思路逐渐清晰，但是依然存在缺陷，依然有很大的改进空间。

第二节　FISIM 生产核算现状与关键问题所在

FISIM 生产核算演化至今，对于采用参考利率计算 FISIM 产出的

---

[1]　参见 SNA（2008）6.163 段。

做法基本上是没有争议的，无论从生产还是使用的角度来看，采用参考利率测算 FISIM 产出都是目前最好的做法。而问题在于如何确定合理的参考利率。

一、目前确定参考利率的各种观点

由于选择参考利率没有统一的标准，各国一般根据本国国情和数据的可获得性来选择适合本国的参考利率。各个国家在执行 SNA 时，参考利率的选择也有不同的指导说明。日本以金融机构间借贷利率作为参考利率进行 FISIM 核算。欧盟则以银行间同业拆借利率作为参考利率核算 FISIM 的产出与使用，该参考利率的标的物是银行间短期存贷款，从而不能反映其他金融资产的到期结构。荷兰统计局在进行 FISIM 核算时，所使用的参考利率是单一参考利率，它是各种市场利率的加权平均，具体包括以下几种利率：对短期贷款采用 3 个月的欧元区银行同业拆借利率，对长期贷款采用最新 10 年期政府债券利率，对短期存款采用欧元区活期存款利率，对欧元形式的长期存款采用 3 个月的欧元区银行同业拆借利率，而其他货币形式的长期存款采用 3 个月的欧元区银行同业拆借利率和 3 个月欧元对美元存款利率的平均值。所采用的权数是各种贷款和存款的平均余额，并且只考虑银行的资产和负债的余额，该余额是指银行向其他银行借款或银行持有其他银行的存款，其来源是部门账户。美国从使用成本的角度选择参考利率，具体选择美国国债和联邦机构证券的单位利率作为参考利率，世界银行、国际货币基金组织、联合国统计司和欧盟统计局等国际组织认为可采用银行间同业拆借利率与债券收益率的简单平均数作为参考利率。

综合起来，目前有三种比较主要的观点：（1）以银行间拆借利率为代表的，SNA（1993）所推荐的参考利率，该利率为一般期限较短的无风险利率。（2）长、短期两种参考利率，对存款考虑采用无风险、短期的参考利率，对贷款则采用有风险、期限较长的参考利率（Basu，Colangew，Inklaar，2001；Wang，Basu，Fernald，2008）。（3）比较折中的观点，以存款和贷款利率的加权平均数作为参考利率。下面对各种参考利率计算方法进行简单介绍。

（一）SNA 建议的参考利率

为了对 FISIM 进行合理的测算，SNA 提出了参考利率的概念，SNA（1993）第一次用参考利率搭建了 FISIM 分配的一般框架，SNA（2008）进一步将参考利率应用到 FISIM 的总量测算中。金融中介服务的间接收费方式主要是通过对贷款者收取比参考利率高的利率，对存款者支付比参考利率低的利率来实现的。根据 SNA（2008）提供的 FISIM 核算框架，可以给出 FISIM 产出的核算公式为：

$$FISIM = 存款金融中介服务费收入 + 贷款金融中介服务费收入$$
$$= 存款总额 \times（参考利率 - 存款利率）+ 贷款总额$$
$$\times（贷款利率 - 参考利率） \tag{3-1}$$

从此，FISIM 产出核算的重点就演化为参考利率的确定问题。在一定意义上，FISIM 的测算与使用分摊都取决于参考利率的取值。在生产方面，参考利率的引入，避免了使用存贷利息收支差核算 FISIM 产出时，要求金融单位存贷款总额大体相等的限制。在分摊方面，使生产与使用达到平衡。整体上，参考利率是为间接测算的金融中介服务应用而生的，是 FISIM 核算的关键与难点所在。

SNA（1993）指出参考利率是一种尽最大限度剔除风险成本和不含任何中介服务的利率，代表借入资金的纯成本。建议各国可以采用不同的参考利率，在金融市场发育较成熟、组织较规范的条件下，可采用银行间拆借利率，或者中央银行贷款利率作为参考利率的近似值。

2008（SNA）为了指导各国的核算实践，对参考利率的选择和确定又予以进一步说明：用于计算 SNA 利息的参考利率介于银行的存贷款利率之间。然而，由于存贷款额不一定相等，因此参考利率不能使用存款利率和贷款利率的简单平均数。参考利率不包含服务成分，可以将金融资产和金融负债的风险及期限结构体现出来，并且需要为各个币种的存贷款确定不同的参考利率，银行间拆借利率或许就是一个比较合适的参考利率。

（二）欧盟参考利率的选择

欧盟参考利率的确定比较有代表性，最早成立了专家小组对 ESA（1995）体系进行修订完善，围绕着参考利率的确定，于 1998 年制定公布了 448/98 规章。该规章是采用 1995~2001 年的数据，在各成员国进行试算的基础上形成的，2002 年 10 月 23 日正式使用。

448/98 规章详细说明了两种参考利率的选择：各个国家用于分摊国内存贷款 FISIM 的参考利率和用于 FISIM 进出口的国外参考利率。不区分金融工具的类型和期限结构，两种利率都代表平均利率，反映国内金融中介机构之间的借贷活动和国内与国外金融机构之间的借贷活动，国内参考利率与国外参考利率显然是不相等的，根据 448/98 规章，有 4 种方法用于确定国内参考利率。

方法一：参考利率等于本国常住单位同业拆息贷款应收利息除以本国常住单位同业拆借贷款存量。由此方法计算所得结果与 SNA 建议的银行间的拆借利率保持一致，其以跨行交易为基础，通过金融机构的平衡表计算。该方法计算比较直接，并且用户也容易理解。但是该方法也有明显的缺点：第一，银行间拆借利率往往期限较短，而 FISIM 产出还包含大量的长期存贷款服务费，对于长期存贷款采用该参考利率难免会出现误差；第二，这种利率在理论上不含中介服务费用，但事实并非如此。金融中介机构之间除了存贷款业务往来，还有其他类型的业务往来，这类业务破坏了此利率原有的性质。

方法二：参考利率可以用以下公式表达：

$$参考利率 = \frac{常住单位同业贷款利息收入 + 金融中介机构发行的非股票证券利息}{常住单位同业贷款余额 + 金融中介机构发行的非股票证券余额} \quad (3-2)$$

公式（3-2）计算的实际是银行间同业拆借利率与非股票证券利率的加权平均。这种方法克服了方法 1 的缺陷，与方法 1 的区别在于包括了证券的利率，可以适用于期限更广的交易。这里需要选择无风险证券以防止风险因素扭曲了所选择的利率。可以选择国债利率的合成指数或者金融中介机构发行的非股票证券利率来计算参考利率，这两个利率基本上都不含风险因素。

方法三：对长短期存贷款使用两种不同的参考利率。对短期存贷款直接采用方法 1 来确定参考利率；对于长期存贷款，可以采用金融机构发行的长期非股票证券利率的加权平均值来确定参考利率。这种方法避免了 SNA 建议的短期参考利率的缺陷，但该方法实际中使用较少，主要是划分存贷款的长短期比较困难。

方法四：参考利率可选择金融中介机构之间存贷款利率的加权平均值，或者在金融机构的基础上再加上金融中介机构与其他部门之间往来的存贷款求加权平均利率。该方法的优点在于降低了利率中所包含的非系统性风险，因为在加权平均的过程中可以降低利率的波动性。该方法的主要缺点是计算求得的参考利率往往不具有实际经济含义，并且对数据需求量很大。

（三）葡萄牙参考利率的选择

作为欧洲 FISIM 工作组的成员之一，葡萄牙银行建议对短期和长期存贷款 FISIM 分别计算，短期的金融资产负债采用欧元银行同业拆借利率（euribor），长期则采用利率互换的基准利率（isdafix①）作为参考利率。葡萄牙银行也积极采用 euribou 和 isdafix 的加权平均作为参考利率，使用存贷款存量数额作为权数，该方法还在检测阶段。

---

① isdafix 是一种关于利率互换的基准利率，每天通过屏幕显示的方式提供六种主要货币不同到期日的平均市场互换利率，是根据每天交易时或者收盘时的市场投票决定的，这也是国际金融界通用的指标。

加权平均参考利率 $= W_0 \times euribor + W_1 \times isdafix$

$$= \frac{\text{存贷款存量（期小于等于 1 年）}}{\text{存贷款总存量}} \times euribor$$

$$+ \frac{\text{存贷款存量（期大于 1 年）}}{\text{存贷款总存量}} \times isdafix$$

$$(3-3)$$

葡萄牙支持选择 isdafix 作为长期交易的参考利率，它类似于 euribor 或者伦敦银行同业拆借利率，这个利率很多货币都可得到，然而一些工作组的成员更喜欢使用政府债券和公司债券利率替代 isdafix。

葡萄牙的计算结果显示，使用长、短期两个参考利率与加权参考利率计算的存贷款 FISIM 产出基本上是一致的。然而，这两种方法将 FISIM 分配给用户部门时有细小差别，与欧洲银行现行的方法比较，这两种方法计算的贷款 FISIM 的价值平均起来较低，并有很小的波动，而存款 FISIM 的价值平均较高，这解决了 FISIM 持续为负值的问题。

二、目前各种参考利率存在的问题

尽管，采用参考利率核算 FISIM 总产出的方法在理论上具有非常明显的优点，是从金融服务的使用出发，对实际利率形式及本质较为透彻、合理地论证之后得到的。但是，参考利率的选择确实较难，不论是 SNA 推荐的参考利率还是各个国家实践摸索的参考利率还都不成熟，需要进一步改进。

（一）SNA 建议参考利率存在的问题

SNA 给出利用参考利率测算和分摊金融中介服务产出的方法，看似解决了金融中介服务产出的估算问题，但是 SNA 所建议的参考利率存在诸多问题。

　　第一，当某个国家金融市场相对比较完善时，SNA（1993）建议可以使用中央银行贷款利率或银行间同业拆借利率作为参考利率，对于多数国家而言，这两个利率会随着资金供求变化而变动。在有些国家，这两个利率并不是很好的参考利率，因为它们不仅经常变动，而且有时会低于存款利率。但 SNA（2008）指出参考利率应介于贷款利率和存款利率之间，否则存贷款服务费将会是负数。SNA（2008）则仅建议使用银行间同业拆借利率作为参考利率。实际上，银行间同业拆借利率往往含有中介服务费。

　　第二，FISIM 测量金融服务既有短期存贷款也有长期存贷款，但是银行间利率有很强的短期性，因此，有必要扩展参考利率范围（内部和外部的），更好地反映长期交易。

　　第三，从理论上说，参考利率不仅是零风险的，还要反映金融机构和各使用部门的资产负债情况，但银行间同业拆借利率不满足这两项要求。

　　第四，实践中，使用单一、短期参考利率证明也是存在问题的，很多国家使用银行间拆借利率作为参考利率，这个在经济危机期间使得 FISIM 发生了负值，并且数据出现较大波动。

（二）欧盟与葡萄牙参考利率存在的问题

　　欧盟与葡萄牙参考利率的选择各有特点，各有优劣，欧盟参考利率的确定方法是紧紧围绕 SNA 展开的，说明了国内、国外两种参考利率的选择，两种利率都要代表平均利率，反映国内金融中介机构之间的借贷活动和国内与国外金融机构之间的借贷活动。除了方法 3 简单地划分了长短期，基本上不区分金融工具的类型和具体的期限结构。

　　葡萄牙银行建议对短期和长期存贷款 FISIM 分别计算，分别使用 euribor 和 isdafix 作为参考利率，这两种参考利率在葡萄牙对长短期金融工具的利率具有很好的代表性。葡萄牙银行也积极采用 euribor 和 isdafix 的加权平均值作为参考利率，葡萄牙的计算结果显示，使用长、短期两个参考利率与加权参考利率计算的存贷款 FISIM 产出基本上是一致的。然而，这两种方法将 FISIM 分配给用户部门时有细小差别。无论采用长短期两种参考利率还是长期和短期参考利率的加权平均作为参考利率，目的都是通过参考利率简单地反映存贷款的期限结构，但是存在的困难就是长短期的划分。类似于欧盟参考利率的确定方法，葡萄牙参考利率的选择也没有对金融工具类型进行区分。

由于 SNA 所建议的参考利率并不完美，目前，关于如何确定参考利率国内外也尚无统一意见。随着对此问题的不断关注，联合国统计司和欧盟统计局分别建立了国际 FISIM 工作组和欧洲 FISIM 工作组，以进一步优化和改善目前的 FISIM 核算框架，两个工作组一致同意，有必要进一步研究 FISIM 中有关期限和违约风险的处理。鉴于此，与 SNA（1993）中"无风险的纯财产收益率"所描述的参考利率的概念有所不同，SNA（2008）强调参考利率应当不包含任何服务成分，并且能反映贷款和存款的风险与期限结构。该建议假设风险的不同程度由服务要素而非利息流量来反映，风险较高的客户应支付较高的服务费用。这个假设已经受到质疑。

第三节　FISIM 生产核算的改进与拓展
——参考利率的风险调整

根据国民经济核算体系 2008 ［SNA（2008）］的建议，目前间接测算的金融中介服务（FISIM）产出的测算和分配是基于存贷款利率与参考利率的比较，这里的参考利率反映了银行间活动的市场利率，具有短期、无风险的性质。然而，此核算框架尚存缺陷，致使 SNA 内部出现了不一致性，并导致 FISIM 负值的发生（Antonio Colangelo & Robert Inklaar，2012）。随着对此问题的不断关注，联合国统计司和欧盟统计局分别建立了国际 FISIM 工作组和欧洲 FISIM 工作组，以进一步优化和改善目前的 FISIM 核算框架。两个工作组一致同意，有必要进一步研究 FISIM 中有关期限和违约风险的处理。违约风险和期限的不同处理方式直接影响到参考利率的最终确定，是采用单一的无风险参考利率，还是与期限和风险相匹配的参考利率。

一、参考利率风险调整的实质与理论探讨

间接测算的金融中介服务（FISIM）是对金融中介机构提供的隐含收费服务产出的一种间接测算方法。提供金融服务的传统方式是通过金融中介机构，如银行，向拥有闲置资金并希望从中获取利息的单位吸收存款，并将这些存款借给那些资金不足以满足其需求的单位。双方都向银行支付服务费，贷出资金的单位获得的利率要低于借款单位支付的利率，即存贷利差中包含了银行向存款者和贷款者收取的隐含费用。从这一基本思路出发，可以引出参考利率的概念。在实践操作中，SNA（1993）推荐采用银行间同业拆借利率或中央银行贷款利率作为参考利率，即选择短期且无风险的利率作为参考利率。然而按照利率的风险与期限结构理论，存贷款利率中却包含有风险与期限溢价。如果按照 SNA（1993）的建议，参考利率采用无风险参考利率的话，FISIM 产出中就会包含风险和期限溢价。这不符合 FISIM 核算的初衷与本质，也会导致核算体系内部的核算漏洞与不一致性。

实际中，参考利率是一种资产收益率，假定金融工具收益包括风险溢价，以弥补持有者假定存在的各种风险，例如违约风险（对方不兑现基础合同条款）、市场风险（金融工具的价值在不同时间发生改变）和流动性风险（无能力交易金融工具），因此对任意给定的金融工具 i，其收益率 r_i 可以分解成：

$$r_i = \rho + \varphi_i \qquad (3-4)$$

其中，ρ 是无风险金融工具的收益率，φ_i 是该金融工具对应的风

险溢价，存款和贷款都有风险溢价，尽管存款者通常将风险溢价以存款保险的形式规避。

第一种观点认为 φ_i 很小，因为金融机构部门良好的监管和为存款者提供的略高于无风险利率的保险，使 φ_i 接近于 0。SNA（2008）认为银行间的同业拆借利率可能是参考利率一个合适的选择，就是对这一观点的支持。在这里存贷款采用单一的无风险的参考利率，目前国民经济核算体系测算 FISIM 贯彻实施的就是这一观点，从而产生的影响是，低参考利率分摊给贷款 FISIM 的份额比高参考利率要大，对于存款 FISIM 而言恰恰相反。

第二种观点认为 φ_i 并不为 0，类似于市场上可获得的具有风险的金融工具，资产收益率会因为风险的变化而变化。对存贷款的处理也是有区别的，通常设定一组参考利率，一个针对存款，其余针对每个独自的贷款资产，这些参考利率与金融机构资产负债表上的资产工具相匹配。这种观点认为存款基本上是没有什么风险的，仅需要从 FISIM 中完全排除贷款的风险溢价。这种方法的参考利率所产生的一个问题是，如何使存款者收到的实质保险是发行机构以很低成本提供的。事实上，这个假定成立，最近实际存款保险费率通过公共存款保险公司计入银行的已经相当低了，最近存款保险费的增加反映了系统风险上升，以前早期的定价政策是不承认这些保险资金的。这个隐含的溢价不会随着机构资产组合中贷款成分的不同而变化。

该观点产生的影响是从金融中介服务产出中排除所有风险溢价。就存款而言，与当前实施的方法类似，采用无风险的参考利率测算其产出。对贷款而言，则需要一个相对较高的参考利率，因此由该参考利率测算的贷款服务产出低于目前方法的测算结果。该观点进一步断定作为风险承担补偿的溢价成分不是名义金融服务产出的一部分，该判断是基于这样一个假定——发行贷款的金融机构除了创造贷款和偿还债务的服务以外，在提供信用方面比债券市场并没有特别的优势。然而，当贷款者没债券融资资格或者觉得债券融资成本高时，金融机构为借款交易提供了便利，所以通过贷款利率消除风险溢价，会从贷款利息中拿走太多，留给金融机构信贷服务的部分太少。至于存款，一个类似的问题要问支持第一种观点的人，如果市场上隐含的资金成本对于贷款者和债券发行者一样高，为什么储户愿意接受这么低的补偿？

所以，参考利率的风险调整主要是确定附加的风险收益率，一旦确定了附加的风险收益率，就可以选择与之对应的金融工具利率作为风险调整的参考利率。因此要实现 FISIM 服务产出中金融风险管理的清晰核算，就要解决选择何种金融工具的利率作为风险调整参考利率的问题，这是参考利率风险调整的本质问题。参考利率风险调整问题经过国际组织及多国统计学者的研究探讨，到目前已形成多种风险调整思路。

思路一：假设存款和贷款没有风险。当然这是一个理想的情况，在这种理想的情况下，存款和贷款面临的风险可以完全消除。因此，FISIM 的计算采用无风险参考利率即可，此时风险溢价不包括在 FISIM 中。

思路二：不考虑存款的风险，只考虑贷款风险。大多数情况下，金融机构部门信用保障程度较高，完全能够承担最终风险，从而可以忽略存款面临的风险，故存款的参考利率可选择无风险利率。而现实中，贷款利率往往存在风险，特别是贷款，经常会有不良贷款出现。这种情况下，如果还采用 SNA 建议的无风险的参考利率必然会将风险溢价包括在 FISIM 中，这显然是不合适的。参考利率的风险调整对于贷款而言，机会成本不同，自然要将贷款风险溢价包含在参考利率中。

在这种情况下，克里斯蒂娜·王（2003a，2003b）建议以国库券利率作为存款参考利率，不考虑风险调整。而将整个风险调整的贷款参考利率选定为企业债券利率，该参考利率在无风险利率的基础上考虑了贷款的风险，基本从贷款 FISIM 中完全剔除了风险溢价。多位学者也推荐以国债利率衡量存款参考利率，而贷款参考利率需要在国债利率的基础上加上贷款损失准备金率（Antonio Colangelo and Reimund Mink，2010；Satoru Hagino and Katsurako Sonoda，2010）。这种调整思路，相当于从贷款 FISIM 产出中排除了用于支付贷款损失准备金的风险溢价。

思路三：假定存款和贷款具有相同的风险水平。这种情况主要是考虑在一些特殊的时期，金融机构遭遇信用保障危机，此时风险就会向存贷款者或者其他机构部门转移。这样一来存款和贷款参考利率相同，且高于无风险利率。即存贷款面临的风险相同，选择相同的经风险调整的参考利率即可。此方法的实质是资金成本法，认为金融机构的风险由存款者、金融债券持有者等共同承担，所以存贷款参考利率就应该用负债方金融工具利率的平均风险溢价来衡量。

二、参考利率风险调整的实证检验

（一）参与检测的参考利率以及数据来源

结合中国的实际情况，针对以上三种情况，本书准备通过实证检测各种风险调整的参考利率在中国的使用情况。为了单纯的检验参考利率的风险调整情况，这里暂且不考虑期限的影响，所有的存贷款利率与参考利率都选择一年期限的利率，从而固定期限的变化。参与检测的参考利率如下：

1. 存贷款统一选择无风险参考利率

这种情况假定存贷款没有风险，存贷款均选择无风险参考利率。就中国的实际数据而言，我们选择一年期国债即期收益率作为无风险参考利率，数据来源于中债国债收益率网站。

2. 存款选择无风险参考利率，贷款选择风险调整的参考利率

针对只考虑贷款违约风险的情况，克里斯蒂娜·王（2003a，

2003b）推荐以国库券利率作为存款参考利率，而科朗杰罗和明克（Colangelo and Mink，2010）、哈吉诺和索诺达（Hagino and Sonoda，2010）建议采用国债利率衡量存款参考利率。自 1998 年起，中国的国库券停止发行，全都改成了记账式和凭证式国债，所以在这里我们统一采用一年期国债利率来衡量存款参考利率。数据同样采用的是中债一年期国债即期收益率。

　　而贷款参考利率需要在无风险参考利率的基础上考虑风险溢价，如果用 R_P 表示无风险参考利率，R_F 表示风险溢价率。那么经风险调整的贷款参考利率 R_L 就如下所示：

$$R_L = R_P + R_F \qquad (3-5)$$

　　在这里无风险参考利率（R_P）统一选择一年期国债利率，而风险溢价率（R_F）却有不同的选择，从而贷款参考利率有四种方案可供选择：

　　（1）经贷款损失准备金率调整的贷款参考利率。此时的风险溢价率 R_F 选取的是贷款损失准备金率，从而，贷款参考利率 = 国债利率 + 贷款损失准备金率。美国参考利率的风险调整就属于这种情况，美国国民收入和生产账户（2014）［NIPA（2014）］规定，FISIM 的价值应减去由于贷款违约风险造成的贷款损失准备金。即选择贷款损失准备金率近似替代贷款参考利率中的风险溢价部分。贷款损失准备金率是通过贷款损失准备除以贷款余额计算得到的，所有数据均来自中国银保监会。

　　（2）以企业债券利率作为贷款参考利率（Wang，2003a，2003b），此时企业债券利率本身就在无风险参考利率的基础上包含了风险溢价。具体数据选择中债企业债一年期即期收益率的季度数据。

　　（3）中国经不良贷款率调整的贷款参考利率。中国目前的参考利率采用的是账面价值参考利率，该参考利率计算公式如下：

参考利率 =（存款利率 + 贷款利率 − 风险费率）/2　　　（3-6）

该参考利率虽然考虑了风险因素，但却是在中点参考利率的基础上减去风险率。可以看出该参考利率还是在向 SNA（1993）靠拢，是在努力构造一个无风险参考利率，从而该参考利率不能剔除 FISIM 中的风险溢价。为了满足参考利率风险调整的要求，我们可以将公式（3 - 6）中风险率的部分作为参考利率的风险溢价，在此基础上加上无风险参考利率，即可满足参考利率的风险调整。即：

$$贷款参考利率 = 国债利率 + 风险溢价率$$
$$= 国债利率 + 不良贷款率 \times (1 + 贷款利率)$$

$$(3 - 7)$$

其中，不良贷款率的数据来自中国银保监会，贷款利率的数据来自中经网。

（4）欧盟经坏账核销调整的贷款参考利率。这里的风险溢价率是根据欧洲 FISIM 工作组给出的风险调整公式推导得出的，具体需要经过以下三个步骤：

第一步，采用加权指数平均值计算预期违约调整风险。目的是将给定部门的实际准备金和贷款冲销转换为表示预期违约风险的调整。首先，我们计算变量 R_q，计算公式为：

$$R_q = \frac{\frac{1}{4} \sum_{i=0}^{3} \text{Write-off}_{q-i}}{\frac{1}{4} \sum_{i=0}^{3} \text{Prov}_{q-i}} \times (0.4\text{Prov}_q + 0.3\text{Prov}_{q-1}$$
$$+ 0.2\text{Prov}_{q-2} + 0.1\text{Prov}_{q-3}) \qquad (3 - 8)$$

其中，R_q 是给定季度 q 的变量，Write-off_q 是第 q 季度的坏账冲销，Prov_q 是第 q 季度的拨备。

第二步，通过对变量 R_q 做两期的移动平均来计算给定季度 q 的风险调整额度。计算为：

$$\text{Risk\_adj.}_q = \frac{1}{2} \sum_{i=0}^{1} R_{q-i} \qquad (3 - 9)$$

第三步，计算风险溢价率：

$$R_{F4} = \frac{\text{Risk\_adj.}_q}{L} \qquad (3 - 10)$$

欧盟给出的风险调整公式，可以看作是第二种情况的一个特例，依然只考虑贷款风险，并给出了风险溢价部分的计算公式，我们可以通过风险溢价，进一步测算出它的风险调整参考利率。

计算过程中，坏账核销这个数据取自中国银保监会损失类贷款数据，而没有采用损失类贷款核销数据，尽管我们也向银监会申请公开了损失类贷款核销数据，但一方面我们国家的损失类贷款核销数据公布的年份较短（2014年以后才有季度数据，2010~2013年只有半年度数据，其他年份数据更无法获得），并且该数据特别小。另一方面损失类贷款是不良贷款的基本组成之一，不良贷款除了损失类贷款，还包括次级类贷款、可疑类贷款。而根据股份制商业银行评价体系：

$$贷款损失率 = （正类贷款 \times 1\% + 关注类贷款 \times 2\%$$
$$+ 次级类贷款 \times 20\% + 可疑类贷款 \times 40\%$$
$$+ 损失类贷款 \times 100\%）/ 贷款余额 \qquad (3-11)$$

由公式（3-11）可以看出，损失类贷款基本上是100%损失掉了，所以用损失类贷款替代损失类贷款核销数据也是情理之中，损失类贷款目前的数据也比较全，数据长度也符合我们研究的要求。

3. 存贷款均选择风险调整的参考利率

针对这种情况，存款和贷款面临的风险相同。此时最好的参考利率是负债方金融工具利率的平均风险溢价，然而，鉴于无法充分获得负债方所有金融工具的利率，无法对该利率进行实证检验。而李佩瑾2016年提出的风险转移调整思路，可以说是这种方法的一个变通。虽然对存贷款设定相同的参考利率，但分两种情况：一是对已经建立存款保险制度的国家，存贷款参考利率是用无风险参考利率（国债利率）加上存款保费率；二是对没有建立存款保险制度的国家，则采用金融债券平均利率作为存贷款的参考利率。

2015年5月1日中国《存款保险条例》正式执行，实行限额赔偿，标志着中国已经开始实行存款保险制度。由于年限较短，目前还没有保费率的相应数据，所以在这里采用金融债券的平均利率来作为存贷款参考利率的代表，金融债券的平均利率考虑了风险因素，具体数据选择 Wind 咨询银行间金融债一年期即期收益率的平均值。

（二）不同参考利率下 FISIM 的计算

针对第一、第三种情况，存贷款参考利率相同，所以 FISIM 的计算比较简单。采用 SNA 建议的单一参考利率公式计算 FISIM 即可，计算公式为：

$$FISIM = FISIM_D + FISIM_L$$
$$= D \times (R - r_D) + L \times (r_L - R) \qquad (3-12)$$

针对第二种情况，存款参考利率和贷款参考利率不同，FISIM 的计算采用（3-13）公式：

$$FISIM = FISIM_D + FISIM_L$$
$$= D \times (R_D - r_D) + L \times (r_L - R_L) \qquad (3-13)$$

其中，D 代表存款平均余额，L 代表贷款平均余额，R 是参考利率，r_D 是存款利率，r_L 是贷款利率，R_D 是存款参考利率，R_L 是贷款参考利率。

三、不同参考利率的实证检验与比较

（一）比较不同参考利率的水平值及其波动性

1. 存款参考利率的对比

图 3-1 展示了 2009 年 1 季度~2018 年 2 季度两种存款参考利率和人民币存款基准利率的基本走势，可以看出以银行间金融债利率作为参考利率相对较大；以国债利率作为无风险参考利率相对较小，两者的波动性相差不大。以国债利率表示的无风险参考利率和以银行间金融债利率表示的参考利率在大多数年份均大于人民币存款基准利率，在参考利率小于存款基准利率的年份就会产生存款 FISIM 负值。

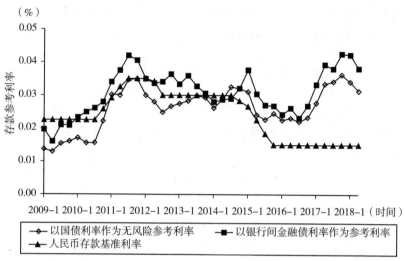

图 3 - 1　存款参考利率的对比

资料来源：作者根据中国债券信息网、中国银保监会、国泰安经济金融数据库、中国货币网和 Wind 咨询数据计算整理得到。

2. 贷款参考利率的对比

图 3 - 2 展示了 2009 年 1 季度～2018 年 2 季度六种贷款参考利率和人民币贷款基准利率的基本走势，可以看出经贷款损失准备金率调整的参考利率相对较大，其波动相对剧烈；以国债利率作为无风险参考利率是所有贷款参考利率中最小的，其波动性相对较小。采用欧盟经坏账核销调整的参考利率与以国债利率作为无风险参考利率两者最为接近，两者的波幅和走势几乎完全一样。除经贷款损失准备金率调整的参考利率外，其余五种贷款参考利率均小于人民币贷款基准利率，由于经贷款损失准备金率调整的参考利率在很多年份均大于人民币贷款基准利率，导致该参考利率下的贷款 FISIM 出现了大量负值。

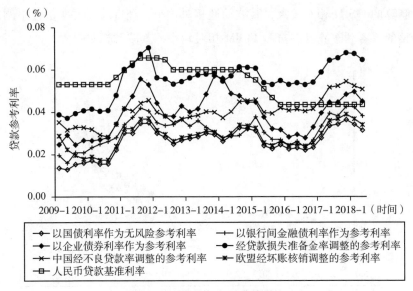

图 3－2　贷款参考利率的对比

资料来源：作者根据中国债券信息网、中国银保监会、国泰安经济金融数据库、中国货币网和 Wind 咨询数据计算整理得到。

（二）比较不同参考利率对 FISIM 产出造成的影响

1. 不同参考利率对存贷款 FISIM 各自产生的影响

图 3－3 给出了采用两种不同存款参考利率测算得到的我国存款 FISIM，可以看出这两种存款参考利率测算得到的 FISIM 走势基本相同。采用以国债利率作为无风险参考利率测算的 FISIM 相对较小。当然，此时以国债利率代表参考利率是无风险利率，其测算出来的存款 FISIM 理应是最小的。采用以银行间金融债利率作为参考利率相对较大，其波动性与采用以国债利率作为无风险参考利率测算的 FISIM 的波动性相差不大，二者的差异比较小。

图 3－4 给出了采用六种不同贷款参考利率测算得到的贷款 FISIM，可以看出这六种贷款参考利率测算得到的 FISIM 走势基本相同。采用欧盟经坏账核销调整的参考利率与以国债利率作为无风险参考利率测算得到的贷款 FISIM 最为相近。采用以国债利率作为无风险参考利率

测算的 FISIM 相对较大，其波动性相对较小；经贷款损失准备金率调整的参考利率测算的贷款 FISIM 相对较小，其波动相对较大。

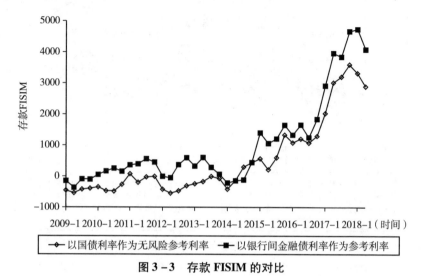

图 3 - 3　存款 FISIM 的对比

资料来源：作者根据中国债券信息网、中国银保监会、国泰安经济金融数据库、中国货币网和 Wind 咨询数据计算整理得到。

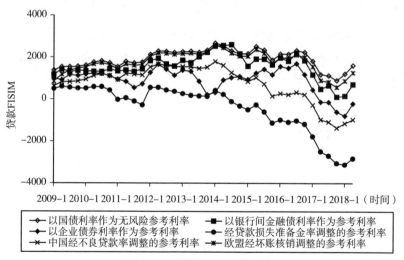

图 3 - 4　贷款 FISIM 的对比

资料来源：作者根据中国债券信息网、中国银保监会、国泰安经济金融数据库、中国货币网和 Wind 咨询数据计算整理得到。

从风险调整的程度来看，国债参考利率是无风险利率，从而将风险涵盖在了 FISIM 中，导致该参考利率下的贷款 FISIM 值最大。除此之外，其他几种参考利率都从不同程度在剔除 FISIM 中的风险，从图 3-4 可以看出，风险调整力度最大的是经贷款损失准备金率调整的参考利率测算的贷款 FISIM，以企业债券利率作为参考利率测算的 FISIM 的风险调整力度次之。中国经不良贷款率调整的参考利率测算的 FISIM 与以企业债券利率作为参考利率测算的 FISIM 在前些年份基本上交织出现，2015 年以后，中国经不良贷款率调整的参考利率测算的贷款 FISIM 值要更小一些。而银行间金融债券参考利率和欧盟经坏账核销调整的参考利率所测算的贷款 FISIM 风险调整力度较小，基本上与国债参考利率计算的贷款 FISIM 差异不大。

2. 不同参考利率对 FISIM 总量产生的影响

图 3-5 给出了采用六种不同参考利率测算得到的我国 FISIM 总值，可见这六种参考利率测算得到的 FISIM 走势基本相同。在整个风险调整的过程中，贷款 FISIM 起到的作用更大一些，哪个参考利率贷款风险调整力度大，哪个参考利率的 FISIM 总值调整也比较大。采用以国债利率作为无风险参考利率与以银行间金融债利率作为参考利率和欧盟经坏账核销调整的参考利率测算得到的 FISIM 较为相近。这也就意味着银行间金融债利率作为参考利率和欧盟经坏账核销调整的参考利率在风险调整方面力度比较小，与无风险参考利率相差无几。特别是银行间金融债券参考利率测算的 FISIM 一度在很多年份超过国债无风险参考利率，这从风险调整的角度来讲是不正常的。采用企业债券利率作为参考利率测算的 FISIM 波动性相对较剧烈；而采用经贷款损失准备金率调整的参考利率测算的 FISIM 是最小的，在若干年份其对风险的调整过大，以至于该参考利率计算的 FISIM 出现了较多的负值，而且对贷款损失准备金率的制定在不同的国家也存在差异，缺乏统一标准，可见该参考利率也不是一个理想的选择。而以企业债券利率作为参考利率和中国经不良贷款率调整的参考利率测算的 FISIM 在

前些年份基本上交织出现，2015 年以后拉开差距，体现出中国经不良贷款率调整的参考利率测算的 FISIM 稳定性更好。

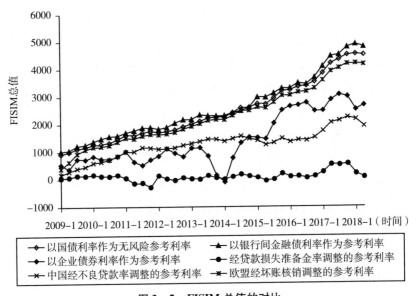

图 3 – 5　FISIM 总值的对比

资料来源：作者根据中国债券信息网、中国银保监会、国泰安经济金融数据库、中国货币网和 Wind 咨询数据计算整理得到。

（三）比较不同参考利率对 FISIM 负值造成的影响

就 FISIM 负值而言，采用两种存款参考利率测算得到的存款 FISIM 均出现了不同程度的负值（见图 3 – 3），尤其是采用以国债利率表示的无风险参考利率测算的 FISIM 出现了较多的存款 FISIM 负值。对于贷款 FISIM，银行间金融债利率表示的参考利率、国债无风险参考利率和欧盟经坏账核销调整的参考利率测算得到的贷款 FISIM 均为正值，而采用其他三种贷款参考利率测算的 FISIM 均出现了不同程度的负值，尤其是采用经贷款损失准备金率调整的参考利率测算的贷款 FISIM 出现了大量的负值。就图 3 – 5 所展示的 FISIM 总值来看，采用六种参考利率测算得到的 FISIM 中，除了采用欧盟经坏账核销调

整的参考利率测算得到的 FISIM 出现了负值，其他的参考利率测算得
到的 FISIM 均为正值。

第四节　FISIM 生产核算的改进与拓展
——参考利率的期限调整

　　测算 FISIM 产出的另一提议是用体现存贷款期限变化的一组参考
利率替代单一参考利率，尽管其目的仅仅是从 FISIM 产出中排除期限
溢价，换句话说，对于一个给定期限的贷款或存款，隐含收费服务产
出的测算将使用一个与债券或货币市场类似期限的参考利率。关键问
题是使用与期限匹配的参考利率合适吗？

一、参考利率期限调整思路研究

　　参考利率期限结构的关系，实际就是选择单个或多个参考利率的
问题。SNA（1993）理论上建议使用一个参考利率，它的主要特征是
零风险。但是由于存贷款的期限结构不同，而 SNA（2008）给定的
参考利率却没有期限的区分。从而将流动性转换服务包含在 FISIM
产出中。同样也引起了 SNA 内部出现不一致性，以及 FISIM 负值的
发生。
　　和参考利率的风险调整如出一辙，参考利率的期限调整是需要将
SNA 建议的短期无风险参考利率调整成与期限相匹配的多个参考利
率。要构建与期限相匹配的参考利率，关键是确定参考利率附加的期
限收益率。从而找到与期限溢价相对应的金融工具利率作为期限调整
的参考利率。按照这个思路，国内外也有很多学者对参考利率的期限
调整展开探索，迄今为止形成的比较有代表性的参考利率的期限调整
思路有以下几个：欧盟统计局为代表的长短期参考利率，即将一年以

内同一年以上存贷款参考利率的加权平均值作为期限调整的参考利率（Ravets，2011；ISWGNA，2013）；有学者将存贷款期限调整的参考利率分开讨论，经期限调整的贷款参考利率取的是贷款利率的加权平均值，经期限调整的存款参考利率采用的是存款利率的加权平均值（Colangelo and Mink，2010；Hagino and Sonoda，2010）；但也有学者只建议调整贷款参考利率，未对存款参考利率作期限调整（Wang and Basu，2006；Wang，2003a）。也有学者建议存贷款参考利率统一进行期限调整，选择与期限匹配的存款参考利率的加权平均值是一种常用做法。

使用与期限匹配的参考利率有很多概念和实际问题：

（1）通过存贷款的期限结构决定参考利率，有个前提假设，即信贷市场工具和银行工具在实际比较时有相同的期限，然而谈判成本的差异和用旧债券购买新债券的差异，使得这个假定经常被违背。

（2）对于银行产品到期结构有不同的含义。存贷款比证券市场工具有更高的更新概率。对于存款实质期限比合同期限要长，在金融危机中存款是相对稳定可靠的银行资金来源，银行提供额外的服务吸引存款，因为存款较长的期限结构为它们提供了长期稳定的资金来源。存贷款具有更改期限的灵活性，贷款往往更新定价间隔短，但允许贷款者多年偿还。

（3）在正常情况下，当期限延长时，利率变得更高（收益率曲线具有正的斜率），用一组期限相匹配的参考利率代替 SNA 中单一的参考利率，通常所产生的影响是减少了 FISIM 归属于长期贷款和短期存款的 FISIM 数额，例如，美国国民账户所采用的参考利率来自期限略长的有价证券，因此，若改为采用期限匹配的参考利率，则会减少其 FISIM 产出。

（4）与期限相匹配的参考利率可能会导致 FISIM 产出的波动性。因为如果剔除流动性转换，将使 FISIM 低的难以置信。从实践层面来讲，采用与期限相匹配的参考利率也会产生一些实际问题，搜集期限结构数据的负担更重，并且对应期限结构的平均利率往往不具有实际的经济含义。

这些问题的解决依赖于实践的检验，本书将 FISIM 工作组的经验与中国利率体系结合起来，检测以下五种参考利率在中国的适用性：①SNA 建议的参考利率，以银行间同业拆借利率为代表；②长短期双参考利率，不区分存贷款，对短期和长期存贷款选择两种参考利率；③加权参考利率，即以长短期参考利率的加权平均数作为参考利率；④中点参考利率，以存贷款利率的中点作为参考利率；⑤匹配参考利率，即对存贷款使用与期限匹配的参考利率。参考利率期限的选择均参照欧盟 FISIM 工作组所设计的利率期限，尽量在中国找到最接近最适合的参考利率进行检测。而存款利率与贷款利率均采用一年期基准利率，一方面所有贷款利息收入和银行存款利息支出数据暂未公开，无法获得平均期限的存款利率和贷款利率。另一方面，FISIM 计算过程中涉及的存贷款利率，只要能够保持一致，将不会对各参考利率 FISIM 之间的相对关系产生影响，进而不会影响参考利率的比较。

二、参考利率期限调整的实证检验

为了检测每种参考利率在经济波动期和平稳期的稳健性，所选样本数据区间为 2003 年 1 月到 2017 年 11 月，总数据长度为 179。正好跨度 2003～2007 年的中国经济平稳增长期和 2008～2017 年中国经济波动增长期。书中所有原始数据均来源于中国银保监会、中国人民银行与 Wind 咨询。涉及月度数据转化为季度数据时，均采用简单平均法对各种存贷款额和利率进行折算。另外，利用原始数据测算得到的 FISIM 是年度产出估计值，月度和季度产出估计值则是分别对年度产出估计值按月和按季求平均获得的。

（一）参与检测的参考利率以及数据来源

1. SNA 建议的参考利率

按照 SNA（1993）的做法，选择银行间同业拆借利率作为参考利率，不区分金融工具的种类和期限。中国银行间的拆借利率有两种，一是 Chibor（中国银行间同业拆借利率），二是 Shibor（上海银行间同业拆放利率）。但是，一方面银行间融资活动颇为清淡，Chibor 无法代表整个市场。另一方面，Shibor 于 2007 年才正式向外公布，样本期较短；且经常因大盘新股发行等原因而出现大幅度波动。因而这两种同业拆借利率并不适合作为参考利率。

而银行间交易所的回购利率在中国利率体系中是非常重要的短期利率，众多短期金融资产定价均以它作为参照，而且银行间债券回购市场已成为中国货币市场最为活跃的部分，债券回购交易量远远高于同业间的信用拆借量。特别是银行间国债质押式回购交易，其规模远大于银行间国债买断式回购交易。因而，本书选择银行间国债质押式回购利率（年平均利率）替代 SNA 建议的参考利率。各种银行间国债质押式回购利率数据均来源于中国人民银行公布的商业银行主要监管指标情况表。

2. 长短期双参考利率

不区分金融工具，将存款与贷款笼统的分为短期和长期，并分别选择一个与之相对应的参考利率。这样划分的目的是在参考利率的选择上体现期限的差别，但并没有匹配到每一种期限，仅仅是粗略地分为长期和短期。

FISIM 工作组提议使用货币市场利率（银行间拆借利率）针对短期业务，互换利率针对长期存贷款。但在中国不能简单地套用，一方面，中国银行间拆借利率还不成熟。另一方面，中国互换利率是从 2006[①] 年

---

① 2006 年的《中国人民银行关于开展人民币利率互换交易试点有关事宜的通知》。

开始试点，可获得的样本数据非常有限，并不能代表中国长期利率。结合中国的实际情况，本书以 3 个月期银行间国债质押式回购利率代表短期利率。以中国银行间债券市场中的 7 年银行间国债即期收益率代表长期利率（近些年，中国银行间国债市场已经远远超出交易所国债市场的规模，其中 7 年期银行间固定利率国债可以跨市场发行，流动性较好），各种银行间国债即期收益率均来源于 Wind 咨询。

3. 加权参考利率

即对长、短期双参考利率，以各自存贷款存量的比重作为权数，计算其加权平均值，即：

$$参考利率 = W_1 \times 长期参考利率 + W_2 \times 短期参考利率$$

$$= \frac{长期存款 + 长期贷款}{存款总额 + 贷款总额} \times 长期参考利率$$

$$+ \frac{短期存款 + 短期贷款}{存款总额 + 贷款总额} \times 短期参考利率 \qquad (3-14)$$

其中，W_1、W_2 为权数，短期参考利率即 3 个月期银行间质押式回购利率，长期参考利率是 7 年期银行间国债即期收益率。

4. 匹配参考利率

匹配参考利率不仅要体现存贷款的期限结构，还要考虑存款与贷款的差异。从而定义了四个参考利率：以 6 个月银行间质押式回购利率作为短期贷款的参考利率；以 3 个月银行间质押式回购利率作为短期存款的参考利率；长期贷款的参考利率使用 7 年期银行间国债即期收益；长期存款的参考利率使用 5 年期银行间国债即期收益率。

5. 中点参考利率

选取一年期人民币贷款基准利率与一年期人民币存款基准利率分别作为贷款利率和存款利率，然后以两者的简单均值作为参考利率。

（二）不同参考利率下 FISIM 产出的计算

以上参与检测的参考利率有三个是单一参考利率，即 SNA 建议的参考利率、加权参考利率与中点参考利率。单一参考利率所对应的

FISIM 产出，直接采用 SNA（2008）的核算方法。即：

$$\text{FISIM} = 存款服务费收入 + 贷款服务费收入$$
$$= 存款总额 \times（参考利率 - 存款利率）$$
$$+ 贷款总额 \times（贷款利率 - 参考利率） \qquad (3-15)$$

其中，存款与贷款总额采用央行发布的各个月份的本外币[①]存款总额与本外币贷款总额。

而对于长短期双参考利率与匹配参考利率，在计算 FISIM 时，均需要对存款总额与贷款总额按期限结构进行细分。采用长短期双参考利率计算 FISIM：

$$\text{FISIM} =（贷款利率 - 短期参考利率）\times 短期贷款额$$
$$+（贷款利率 - 长期参考利率）\times 长期贷款额$$
$$+（短期参考利率 - 存款利率）\times 短期存款额$$
$$+（长期参考利率 - 存款利率）\times 长期存款额 \qquad (3-16)$$

采用匹配参考利率计算 FISIM：

$$\text{FISIM} =（贷款利率 - 短期贷款参考利率）\times 短期贷款额$$
$$+（贷款利率 - 长期贷款参考利率）\times 长期贷款额$$
$$+（短期存款参考利率 - 存款利率）\times 短期存款额$$
$$+（长期存款参考利率 - 存款利率）\times 长期存款额$$
$$\qquad (3-17)$$

在式（3-16）与式（3-17）中，短期贷款数据取自中国人民银行发布的金融机构本外币信贷收支表中境内贷款的短期贷款，长期贷款数据取自境内贷款的中长期贷款。虽然这两项并未涵盖所有贷款额，但却占贷款总额的绝大部分，因此对本书分析目的影响较小。对于存款，中国现有公布的数据中并没有长短期的划分，但是各项存款中份额最大的就是企业存款和储蓄存款，本书采用这两种存款的定期数据之和作为长期存款的代表，采用这两种存款的活期数据之和作为

[①] 本外币 = 人民币 + 外汇 × 汇率，也就是说是人民币和外汇折合成人民币数据的合计数。

短期存款的代表，这样取舍主要是考虑数据的可获得性。

（三）不同参考利率的实证检验与比较

1. 比较不同参考利率的水平值及其波动性

图 3-6 展示了 2003 年 1 月 ~ 2017 年 11 月四种参考利率的变化趋势，从中可以看出存款一年期基准利率和贷款一年期基准利率所计算的中点参考利率在所有参考利率中相对较大。该参考利率波动性很小，只有在政府调整利率的一些拐点处出现波动，而且中国的存贷款基准利率都是由政府控制的，很长一段时间才会调整一次。SNA 建议的参考利率是所有参考利率中最小的，基本体现了短期低风险的性质，但其波动却比较剧烈。长短期双参考利率中的短期参考利率与SNA 建议的参考利率最为接近，而长期参考利率相对比较平稳。由长短期双参考利率所计算的加权参考利率，位于长、短期参考利率的中间，且波动相对较小，且在单一参考利率的基础上考虑了期限结构。然而，图 3-6 并没有涵盖匹配参考利率，因为匹配参考利率和长短

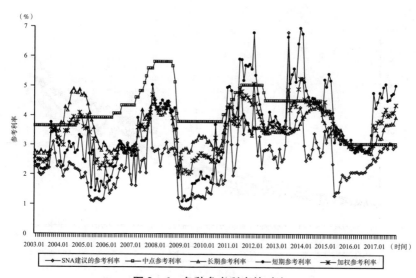

图 3-6　各种参考利率的对比

资料来源：作者根据中国银保监会、中国人民银行和 Wind 咨询数据计算整理得到。

期双参考利率的方法具有相似的结果，而且匹配参考利率涉及四种利率，如均显示在图中，则图形会变得非常杂乱，故而没有呈现在图中。

2. 比较不同参考利率对 FISIM 产出造成的影响

（1）不同参考利率对 FISIM 总量产生的影响。图 3 – 7 给出了采用五种不同参考利率测算得到的中国 FISIM 产出，可以看出每种参考利率测算的 FISIM 走势基本相同。采用中点参考利率测算的 FISIM 总值相对较大，波动性最弱，但基本呈直线增长态势，不符合我国名义总量产出指标所具有的指数增长趋势。而加权参考利率测算的 FISIM 则能呈现出该指数增长趋势，且大小适中，波动性也相对较小。采用匹配参考利率测算的 FISIM 相对较小，波动性略高，因为匹配参考利率不但将存贷款的参考利率分开考虑，而且将存贷款的期限也做了区分。采用 SNA 建议的参考利率得到的测算结果波动最大。2008 年以前，五种参考利率测算的 FISIM 交织出现，差异相对较小。但 2008 年以后测算结果的差异相对明显，尤其 2013 年以后更为显著。总体而言，长短期双参考利率、加权参考利率与中点参考利率的测算结果相对平稳。

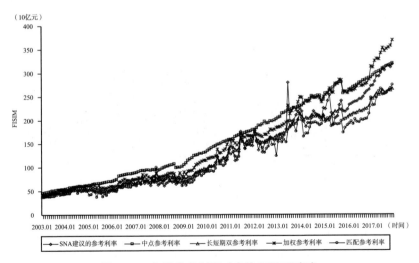

图 3 – 7　各种参考利率对应的 FISIM 产出

资料来源：作者根据中国银保监会、中国人民银行和 Wind 咨询数据计算整理得到。

（2）不同参考利率对存贷款 FISIM 各自产生的影响。各种参考利率的确定方法对存款 FISIM 与贷款 FISIM 产出的影响是否一致？对比图 3－8（贷款 FISIM）与图 3－9（存款 FISIM）可以看出：五种参考利率所计算的贷款 FISIM 均高于存款 FISIM，即贷款对银行产出的贡献高于存款。但不同参考利率所对应的贷款 FISIM 差异较大，SNA 建议的参考利率所计算的贷款 FISIM 值最大，其波动性也最大，而此参考利率计算的存款 FISIM 却最小。因为该利率非常接近存款利率，甚至低于存款利率，如果采用此参考利率，会将 FISIM 的绝大部分分摊给贷款。中点参考利率所计算的贷款 FISIM 最小，也最为平稳。中点参考利率相比 SNA 建议的参考利率会将部分 FISIM 从贷款转移给存款。而加权参考利率、长短期双参考率与匹配参考利率三种方法所计算的贷款 FISIM 非常接近，三条线交织出现。而对于存款 FISIM，长短期双参考利率与匹配参考利率所计算的结果基本一致。加权参考利率和中点参考利率计算的存款 FISIM 相对比较大，SNA 建议的参考利率所计算的存款 FISIM 波动最大，而且出现了大量的存款 FISIM 负值。

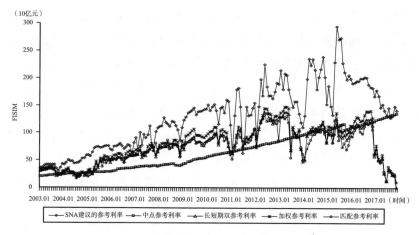

图 3－8　各种参考利率对应的贷款 FISIM 产出

资料来源：作者根据中国银保监会、中国人民银行和 Wind 咨询数据计算整理得到。

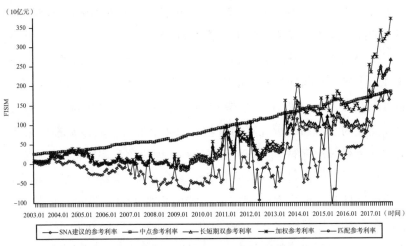

图 3 - 9　各种参考利率对应的存款 FISIM 产出

资料来源：作者根据中国银保监会、中国人民银行和 Wind 咨询数据计算整理得到。

3. 比较不同参考利率对 FISIM 负值造成的影响

理论上，FISIM 产出作为存款金融中介服务费与贷款金融中介服务费的和不能为负数。但实际中 FISIM 负值却是存在的，特别是在经济危机时期，一些方法计算的存款 FISIM 出现了负值。如图 3 - 7、图 3 - 8、图 3 - 9 所示，所有参考利率计算的 FISIM 与贷款 FISIM 均为正值。而存款 FISIM 除了中点参考利率没有出现负值，其他四种参考利率均出现了不同程度的负值，尤其是 SNA 建议的参考利率出现了大量的存款 FISIM 负值。FISIM 负值取决于存贷款利率与参考利率的差额。贷款利率大于所有的参考利率，在这种情况下，贷款 FISIM 基本没有负值的发生。而存款利率更复杂一些，SNA 建议的参考利率基本上都低于存款利率，只在个别年份高于存款利率，所以，此参考利率对应的存款 FISIM 大多数为负值。中点参考利率在所有时间段内均符合小于贷款利率且大于存款利率的条件，避免了 FISIM 负值的出现。

三、中国 FISIM 核算参考利率的选择与比较

中国 FISIM 核算，在《中国国民经济核算体系 2002》框架下，一直采用的是利息收支差法[①]，SNA（2008）出台以后，中国 FISIM 核算逐渐过渡到参考利率法。继第二次经济普查之后，2009 年中国采用参考利率法对 FISIM 进行了试算，2010 年起参考利率法被纳入非经济普查年度国内生产总值核算方法，进而被正式写入《中国国民经济核算体系 2016》。

鉴于确定参考利率的复杂性，各国对参考利率的选择尚无统一意见。世界银行、国际货币基金组织、联合国统计司等国际组织建议采用银行间同业拆借利率作为参考利率。葡萄牙实施长短期双参考利率，对存款考虑采用无风险、期限较短的参考利率，对贷款则采用有风险、期限较长的参考利率。荷兰统计局以不同期限存款与贷款利率的加权平均数作为参考利率。然而，由于目前很难在中国金融市场，找到与存、贷款期限相匹配的银行间借贷利率，同时为简便起见，中国实践中采用基于账面价值的利率来计算参考利率，具体公式如下：

$$贷款参考利率 = \frac{存款利率 + 贷款利率 - 风险溢价率}{2}$$

$$= \frac{存款利率 + 贷款利率 - 不良贷款率 \times (1 + 贷款利率)}{2}$$

$$(3-18)$$

本书以中国存贷款利率和不良贷款率的季度数据[②]计算中国账面价值参考利率以及该参考利率对应的 FISIM。并从参考利率水平值、

---

① FISIM = 利息收入 + 投资收益 + 租赁收益 + 金融机构往来收入 - 利息支出 - 金融机构往来支出。

② 所选取的样本区间为 2009 年 1 季度到 2017 年 3 季度，数据长度为 35 个季度，所选样本区间主要是基于以下两方面：一方面，不良贷款率受国有银行不良资产剥离的影响，2009 年前后统计口径发生了巨大的变化，且该指标无法获得月度数据；另一方面，国家统计局从 2009 年起才开始按照参考利率法试算 FISIM。

FISIM 总值、贷款 FISIM 与存款 FISIM 四个方面将其与前文 FISIM 工作组探讨的几种参考利率进行对比（如图 3 – 10 所示）。研究发现，中国账面价值参考利率相对比较平稳，走势类似于中点参考利率。该

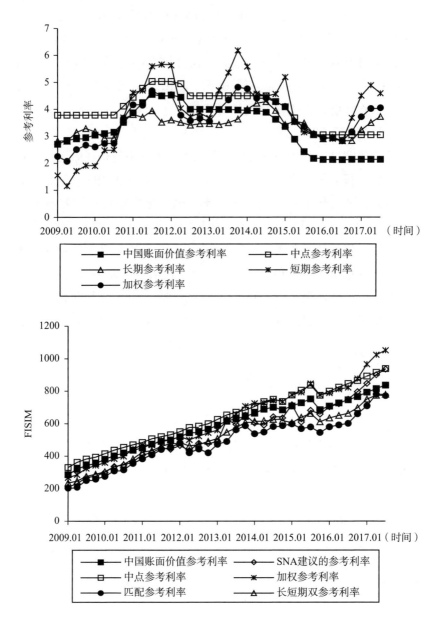

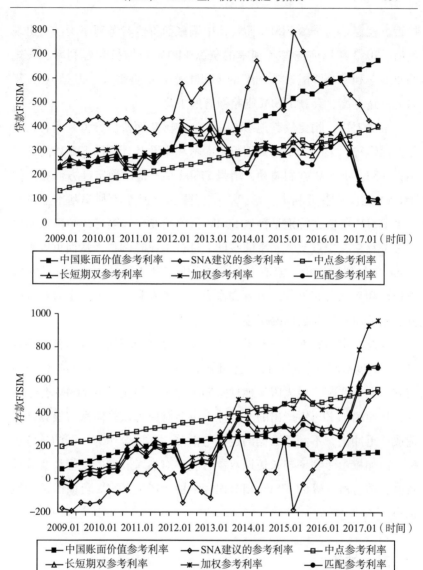

图3-10　中国参考利率与其他参考利率的对比

资料来源：作者根据中国银保监会、中国人民银行和 Wind 咨询数据计算整理得到。

参考利率所计算的 FISIM 小于中点参考利率的 FISIM，大于其他几种参考利率的 FISIM，2013 年以前与加权参考利率所计算的 FISIM 最为接近。就存款与贷款FISIM而言，中国账面价值参考利率均没有出现负值，2013年以前该参考利率的贷款FISIM与加权参考利率、长短期双参考利率、匹配参考利率的FISIM差异不是很大，但是2013年以后一路走高，存款FISIM则略微有所下降。

整体上讲，相比较其他参考利率，中国账面价值参考利率有以下几方面优势：第一，中国账面价值参考利率及其计算的FISIM波动性小，在防止FISIM剧烈波动，增强FISIM估计值的稳定性方面完全优于SNA建议的参考利率。第二，中国账面价值参考利率基本上没有发生FISIM负值，特别是存款FISIM负值的发生。第三，中国账面价值参考利率在中点参考利率的基础上进行了风险调整，从而可以剔除FISIM中的风险溢价。第四，中国账面价值参考利率具有较强的实践操作性和数据可获得性。第五，作为单一参考利率，加强了对现有核算体系FISIM核算数据的衔接。

但是，中国账面价值参考利率并没有考虑利率的期限结构，导致FISIM中包括部分期限溢价。就期限调整而言，匹配参考利率将期限与利率完全匹配，最大限度地剔除期限溢价，但会导致FISIM普遍减少，从而增加FISIM产出的波动性，也会对原有核算体系与核算结果造成严重冲击，不利于数据的过渡与衔接，不适合作为中国的参考利率。而加权参考利率与长短期双参考利率对参考利率的期限调整效果较好，两者所计算的FISIM相对比较平稳，产生FISIM负值的可能性也小。

四、结论

综上所述，通过中国数据的实证检验可以看出不同参考利率对FISIM核算造成的影响表现在以下几方面：

1. 不同参考利率的波动性不同

在所有参考利率中，SNA建议的参考利率波动性最大，从而导致该利率所计算的 FISIM 也具有很大的波动性。短期参考利率的波动性次之，但是采用长短期双参考利率计算的 FISIM 产出，还是相对平稳的。中点参考利率、中国账面价值参考利率与加权参考利率的波动性较小。当然，测量值的波动性应该与潜在的经济条件相联系，需要理解其在经济拐点附近合理的改变，而限制无法解释的波动性。

2. 不同参考利率考虑了不同的期限结构

参考利率的期限结构在一定程度上尝试从 FISIM 产出中剔除期限溢价。其中长短期双参考利率、加权参考利率与匹配参考利率都倾向于能够将期限溢价从 FISIM 产出中剔除。而 SNA 建议的参考利率、中点参考利率与中国账面价值参考利率则没有考虑期限，从而将期限溢价包含在了 FISIM 产出中。用一组期限相匹配的参考利率代替 SNA 中单一的参考利率，通常所产生的影响是减少了 FISIM 归属于长期贷款和短期存款的 FISIM 数额。

3. 不同参考利率对 FISIM 生产核算的影响不同

中点参考利率计算的 FISIM 值最大，匹配参考利率计算的 FISIM 值最小。加权参考利率和长短期双参考利率计算的 FISIM 比较接近，相对比较平稳。而 SNA 建议的参考利率所计算的 FISIM 波动大。中国账面价值参考利率略小于中点参考利率计算的 FISIM，而大于其他几种参考利率的 FISIM 值。2013 年以前与加权参考利率计算的 FISIM 非常接近。

4. 不同参考利率对 FISIM 负值的影响不同

就 FISIM 总量来看，所有参考利率均未出现 FISIM 负值。贷款 FISIM 与 FISIM 总量的情况类似，但是存款 FISIM 出现负值的情况却时有发生，长短期双参考利率、加权参考利率、匹配参考利率与 SNA 建议的参考利率均出现了存款 FISIM 负值，SNA 建议的参考利率出现存款 FISIM 负值的频率最高。中点参考利率与中国账面价值参考利率在所有情况下均未发生 FISIM 负值。综合来看，FISIM 负值的发生是可能的，并且反映了经济现实。要注意在什么情况下会产生这一结果，我们不需要一个避免 FISIM 负值发生的方法，而需要一个可以解释为什么发生负值的方法。

5. 不同参考利率对 FISIM 使用核算的影响不同

不同参考利率对存款与贷款 FISIM 各自的影响不同，从而不同部门对 FISIM 的使用也会受到影响。SNA 建议的参考利率更多的将 FISIM 分摊给贷款，对于贷款较少的居民部门，FISIM 的使用就会减少。而对于贷款较多的企业部门，FISIM 的使用就会增多。中点参考利率的影响正好相反，中点参考利率会将更多 FISIM 分摊给存款。中国账面价值参考利率与中点参考利率的情况相似，但是由于风险的调整，贷款 FISIM 转移到存款 FISIM 的数额相对较少。相比长短期双参考利率，加权参考利率也将 FISIM 的利润从贷款向存款转移，因为加权参考利率比短期参考利率高，从而降低贷款利差，增加存款利差。匹配参考利率与长短期双参考利率更多地考虑期限，也会对存贷款 FISIM 的分摊产生不同程度的影响。

6. 中国账面价值参考利率在稳定性、FISIM 负值、剔除风险方面都有着比较优势，但是却没有考虑参考利率的期限调整

中国参考利率的期限调整，我们首先推荐加权参考利率。一方面，加权参考利率在单一参考利率的基础上考虑了期限对参考利率以及 FISIM 产出的影响。既可以满足从 FISIM 中剔除期限溢价的要求，又可以成为单一参考利率到多参考利率的一个过渡。另一方面，从方法的复杂程度来看，采用加权参考利率，更具有吸引力。加权参考利率的计算来源于长短期双参考利率，两者的数据需求量相同，但是最终 FISIM 的计算采用单一加权参考利率却更加简单。所以中国账面价值参考利率可以结合加权参考利率的思路，在风险调整的同时，进一步对参考利率进行期限调整。当然最终参考利率的选择还要结合利率的现实经济意义，数据的可获得性、可靠性来确定。

第五节　FISIM 生产核算的改进与拓展——用资金成本法计算参考利率

IMF 提出用资金成本法来确定参考利率，该方法的基本思想是参考利率可以看作是银行客户和银行资金的机会成本，相对而言，该方法具有较强的经济理论基础。资金成本法需要分别针对存款和金融资产确定两个参考利率，其大小可以不等，但必须能够解释金融机构部门投资者的风险补偿。与金融资产相对应的参考利率的大小取决于资产负债表中所有负债（包括股权）的成本，并且要充分低于资产平均收益率，以致 FISIM 足够大，并能够覆盖全部生产成本，以保证金融中介机构的增加值为正。

资金成本法要求金融机构部门记录其账目时，满足以下三个方面的要求：第一，产值必须等于生产成本；第二，资金成本是其负债组合的平均成本（包括机构的风险溢价）；第三，股本回报取决于营业盈余。

一、资金成本法的基本思路

为了更加清晰地认识资金成本法的基本思路，需要从 FISIM 产出核算入手。FISIM 注重于金融中介机构的两个金融工具——作为负债的存款与作为资产的贷款，以近似测算金融中介服务产出。存款 FISIM 是用于测算存款者从金融中介机构获得金融中介服务的价值，即

$$S_D = (\hat{r}_D - r_D)D \qquad (3-19)$$

其中，D 是存款余额；$\hat{r}_D$ 是与存款相对应的参考利率，反映了存款的资金机会成本；r_D 是存款利率，是名义货币利率减去金融中介服务费率后存款者实际获取的利率，不包含服务因素。贷款 FISIM 是衡

量贷款发行机构的资金机会成本，包括其向贷款者收取的服务费，即

$$S_A = (r_A - rr)A \qquad (3-20)$$

其中，A 是贷款余额，r_A 是贷款利率，rr 为与金融资产相对应的参考利率，它可以解释为贷款发行机构的单位资金成本。该方法所定义的资金成本就是其负债组合的平均成本。如果存款是贷款发放机构唯一的资金来源，则其单位资金成本就是吸收存款产生的成本，即 $\hat{r}_D = rr$。除了其他事项外，存款的风险溢价将取决于贷款组合的风险。

为了说明这个问题，暂且不考虑，当存款不是贷款唯一的资金来源，或者存款根本就不是贷款的资金来源时，参考利率的确定。出于同样的原因，也暂且不考虑除了贷款以外的其他金融资产对 SNA（2008）测算 FISIM 产出的影响。

如果企业负债只有唯一的金融工具存款，那么就可以用存款活动所产生的全部成本来确定单位存款的机会成本 $\hat{r}_D$。对任意给定的金融工具 i，其收益率 r_i 可以分解成

$$r_i = \rho + \varphi_i \qquad (3-21)$$

其中，ρ 是无风险收益率，φ_i 表示该金融工具的风险溢价。那么对于存款而言，其收益率为 $\hat{r}_D = \rho + \varphi_D$，$\varphi_D$ 表示存款的风险溢价。一般有两种选择可以得到 $\hat{r}_D$：

第一，找到与存款相等价的金融工具，通常以债券融资作为存款的近似替代，以债券融资的收益率替代 $\hat{r}_D$。这种方法为了估计存款的全部成本，金融机构的资产负债表引入一种新负债——债券融资。这时，贷款的资金成本为债券成本与存款成本的加权平均，该成本与存款成本不同。例如，债券融资与存款融资有不同的期限特征，从而其收益也不相同。因此，需要设置两个参考利率分别对应于存款 FISIM 和贷款 FISIM。理论上讲这种选择比较简单直接，但实践上可能比较复杂，因为金融机构资产负债表的负债方可能缺乏相对规模的债券融资。从而使金融机构的债券与存款相匹配变得比较困难。

第二，将 φ_D 作为市场风险溢价的合成物，而这些风险溢价是为

资产组合的风险提供保障的，例如贷款违约风险。这种观点的支持者认为，预期贷款损失应该从贷款利率中减去，或者等价地转移到贷款参考利率之中。如果贷款的参考利率是资金成本，预期贷款损失就应该在机构风险溢价中成为资金成本的一部分。在一定程度上，这些损失影响机构投资者。因为贷款 FISIM 服务费率是贷款利率和参考利率（资金成本）之差，预期贷款损失一旦包含在资产的参考利率中，就不应该从贷款利率中再减去，如果从贷款利率中减去预期贷款损失利率，将会双重消除这部分预期贷款利率损失，并在资金成本方法下低估贷款 FISIM。

到目前为止，我们已经分类整理出对于不包括权益资金的存款性公司，存贷款的参考利率是如何决定的，但是这显然是不切合实际的，所有金融机构都操作权益资金，权益资金的所有者是剩余价值的索取者，所以参考利率的计算应该涵盖所有的资产与负债，当然也包括自有资金，自有资金的收益也被剩余价值决定。所以 FISIM 产出（假设没有其他服务收入）与生产这些服务的成本存在差异，这些服务成本包括货物服务的中间消耗、雇员补偿、生产税及非金融资产隐含资金，权益资金所有者在金融公司的股权价值是就是资本，一般理解为 SNA 中的权益和 SNA 中净值的总和，所有者要在其他成本费用支付后赚取剩余价值。权益资本报酬率作为剩余项，实际上是一个自由的参数。

假定负债的全部成本是已知的或可以估计的，追求剩余索赔的特征使资产参考利率的计算变得容易。金融机构将金融资金转换成金融产品的过程，扮演两个角色，一是作为资金转换的供应商，二是作为风险承担者。权益资金作为剩余价值的索取者要承担额外的风险，往往比债务性资本（债券持有人和存款者）要求更高的风险溢价。假定权益资金的有效投资期至少与债务性资本一样长，从而普通股将增加资金的平均成本，使之超出存款和债券融资的平均成本。这样存款参考利率（存款全成本）与贷款参考利率之间的差异扩大，并且使贷款 FISIM 减少，而存款 FISIM 不受影响。

在负债参考利率（按类型划分的所有资金成本）确定的基础之上，我们可以应用金融公司账户的两个事实决定资产（贷款）的参考利率。第一，产出必须包括存款、债券、所有者权益等所有成本。第二，资产（包括贷款）参考利率是该机构的平均资金成本，包括股权融资成本。

二、参考利率的数学推导

下面通过数学推导的形式将以上参考利率的确定过程给予阐释。首先定义符号，这里所有的符号代码均来自 SNA（2008）附录1——SNA 中的层级分类及相应编码，按惯例，我用 r 表示利率或者收益回报率，并用下标对应相关的资产负债，rr 作为机构的资金成本和资产参考利率（见表 3 – 1）。

表 3 –1　　　　　　　　　　　　符号的含义

概念	流量	负债	资产
产出（现价总产出）	P1		
价格（直接收费服务）	P（m 维向量）		
数量（直接收费服务）	Y（m 维向量）		
中间消耗	P2[①]		
劳动者报酬	D1		
其他生产税	D29		
固定资本消耗	P51c[②]		
非金融资产			AN
金融工具[③]（k 维向量）		AFL[④]	AFA[⑤]
存款		AF2DL[⑥]	AF2DA
债券		AF3L	AF3A

续表

概念	流量	负债	资产
贷款		AF4L	AF4A
股本		AF5CL[7]	AF51A[8]

注：①P2 是中间消耗，包括间接测算的金融中介服务消耗。②P51c 是固定资本消耗，按照 SNA 惯例该变量带有一个负号，因此如果运算中加上固定资本消耗，实际上这部分将被减掉。③金融工具，为了简单起见，我们限制了金融工具的范围，这里只有存款、债券、普通股、贷款，当然这些分析可以直接延伸到 SNA 资产负债表其他金融工具，保险、养老金、标准担保计划、金融衍生工具、员工股票期权、其他应收应付款。④AFL = AF2L + AF3L + AFCL。⑤AFA = AF2A + AF3A + AF51。⑥作为一个整体，存款在 SNA（2008）中没有代码，它是可转让存款（AF22）和其他存款（AF29）的总和，因此我追加字母 D 为存款的代码，L 为负债，A 为资产 AF2DL = AF22L + AF29L，AF2DA = AF22A + AF29A。⑦AF5CL 是股权资本，其值等于权益（AF51）加上净值（B90）。⑧B90 是负债。

　　有了这些前提准备，如果以收入 = 支出（包含金融收入和支出）来建立方程，就可以得到公式：

$$p'y + r'_{AFA}AFA = P2 + D1 + D29 - P51c + r'_{AFL}AFL \text{①} \qquad (3-22)$$

　　此方程的含义是金融机构的直接产出②加上金融资产利息收入等于中间消耗与劳动者报酬、生产税、生产性非金融资产折旧和利息负债的其他财务支出之和，包括由剩余部分决定的所有者权益③。其中 r'_{AFA} 代表金融资产利率向量的转置，r'_{AFL} 代表金融负债利率向量的转置。

　　进一步将公式（3-22）转换成产出 = 投入的形式，从公式（3-22）两边减去金融资产乘以金融资产的参考利率，两边再同时加上金融负债乘以负债的参考利率，经过简单移项就可以得到：

$$p'y + (\hat{r}_{AFL} - r_{AFL})'AFL + (r_{AFA} - \hat{r}_{AFA})'AFA = P2 + D1 + D29 -$$
$$P51c + (\hat{r}'_{AFL}AFL - \hat{r}'_{AFA}AFA) \qquad (3-23)$$

---

　　①　这里的 p′代表向量 p 的转置，以下类同。

　　②　直接产出的概念是相对金融机构部门间接产出部分而言的，除了间接测算的金融中介服务产出而言，金融机构部门还有一部分直接收费的直接产出。

　　③　在 SNA（2008）中约定 P51c 是负号，所以减去 P51c，就是在其他产品成本的基础上加上折旧。

式（3 - 23）左边是两个差额和直接服务费，其中 $\hat{r}_{AFA}$ 代表了金融资产的参考利率，$\hat{r}_{AFL}$ 代表了金融负债的参考利率。向量 $\hat{r}_{AFL} - r_{AFL}$ 的大多数元素可能是 0，意味着对于大多数负债，不提供以低利率的形式出现的实物服务回报，实际上例如债券融资 AF3L、自有资本 AFCL 在很多时候都为 0。如果除了存款负债以外，其他负债利差为 0，就与 SNA（2008）中 FISIM 涉及的负债只与存款有关相吻合。同样如果在 FISIM 的表达式中非贷款金融资产的资产服务的利差均为 0，则 FISIM 的金融资产范围也只包括贷款。

等式左边即为总产出 P1，具体包括直接产出 $p'y$、金融负债 FISIM 和金融资产 FISIM，等式右边即为总成本，总成本的组成包括中间消耗、雇员报酬、其他生产税、生产性非金融资产折旧和净金融资本（包括自有资本），从而公式（3 - 23）从成本的角度暗示了 SNA 中 FISIM 的测算原理。从资金成本法的定义出发，资产参考利率 rr 是资金平均成本，所以可得出：

$$\hat{r}'_{AFL}AFL = rr(\iota'AFL)$$

$$\hat{r}'_{AFA}AFA = rr(\iota'AFA) \qquad (3 - 24)$$

从而，对公式（3 - 23）进行推导，可以得出参考利率的计算公式：

$$rr = \frac{p'y + (\hat{r}_{AFL} - r_{AFL})'AFL + r'_{AFA}AFA - (P2 + D1 + D29 - P51c)}{\iota'AFL}$$

$$(3 - 25)$$

从这个公式可以看出，资产参考利率或者资金成本恰好涵盖了所有的生产成本（包括股权成本）。其值等于直接测算的产出加上负债 FISIM，加上金融资产利息，减去中间消耗、雇员报酬、生产税与折旧的总和，再除以总负债。

通过公式（3 - 25）可以得出以下几点结论：

（1）如果直接产出 $p'y$ 的值增加，相应的参考利率的值会变大，从而资产（包括贷款）的 FISIM 就会降低。

（2）如果负债 FISIM 产出的值增加，也同样会导致参考利率的值变大，并使资产 FISIM 产出降低。

（3）如果金融资产利息增加，会导致资产参考利率和资产 FISIM 都增加。因为 $r'_{AFA}AFA$ 增加一单位，rr 增加 $1/\iota'AFL$，从此方程中还可以看出，$rr(\iota'AFA)$ 的增加在 $0 \leqslant \iota'AFA/\iota'AFL \leqslant 1$ 之间，因此金融资产 FISIM 的增加在 $0 \leqslant 1 - \iota'AFA/\iota'AFL \leqslant 1$ 之间。

（4）如果除了金融资产，$p'y + (\hat{r}_{AFL} - r_{AFL})'AFL$ 与 （P2 + D1 + D29 − P51c） 的差额等于 0，金融资产参考利率 rr 是资产收益率的平均值，资产 FISIM 也相应的为 0。这个类似于 SNA（1953）对 FISIM 的处理，认为没有信贷服务，将所有的净利差分摊给存款服务。

将公式（3 - 23）进行简单的转化，可以得出参考利率的两种确定方式。公式（3 - 23）的左端是金融机构部门的直接产出与间接产出之和，所以可以用总产出 P1 表示，于是得到：

$$
\begin{aligned}
P1 &= P2 + D1 + D29 - P51c + (\hat{r}'_{AFL}AFL - \hat{r}'_{AFA}AFA) \\
&= P2 + D1 + D29 - P51c + rr(\iota'AFL - \iota'AFA) \\
&= P2 + D1 + D29 - P51c + rr \cdot AN
\end{aligned}
$$

$$
rr \equiv \frac{\hat{r}'_{AFL}AFL - \hat{r}'_{AFA}AFA}{\iota'AFL - \iota'AFA} = \frac{\hat{r}'_{AFL}AFL - \hat{r}'_{AFA}AFA}{AN} \tag{3-26}
$$

AN 是非金融资产的数额，生产性非金融资产具体指一些设备等，非生产性非金融资产主要指土地。要确定参考利率，除了 AN 以外，还需要每种金融资产与负债的资产收益率。股本收益独立于参考利率，可以预先确定；证券参考利率等于观察到的债券利率，也可以预先确定；存款参考利率高于观察到的存款利率，并由资产负债表中的负债方债券利率决定；贷款参考利率比观测到的贷款利率低，其合理替代是资金成本（平均负债参考利率，包括股本收益率），所以参考利率可以进一步表示为：

$$
rr_{AFA} \equiv \frac{\hat{r}'_{AFA}AFA}{\iota'AFA} = \frac{\hat{r}'_{AFL}AFL}{\iota'AFL} \tag{3-27}
$$

总之，计算总的 FISIM 时，对每个部门只需要一个参考利率，分摊存款 FISIM，存款参考利率可以参照资产负债表中有价证券的利率，它们之间是等价的。计算分摊贷款 FISIM，贷款参考利率就是资金的平均成本，这时资金成本就是负债参考利率的平均值。

理论上参考利率就可以看作银行客户与银行的资金机会成本。这个方法通过资产负债表上所有负债（包括股权）的成本来决定所有金融资产的参考利率，该方法通过三个约束条件最终完成对资金成本的计算。第一，产值必须等于生产成本；第二，资金成本是其负债组合的平均成本（包括机构的风险溢价）；第三，股本的回报是由剩余决定的。资金成本法提供两个参考利率，一个针对存款，一个针对金融资产。该方法无疑为参考利率的选择提供了一种新的思路，既可以针对所有的金融资产确定平均的参考利率，也可以针对单个的金融资产确定单个资产的参考利率。如果考虑期限结构，还可以通过负债的资金成本决定与分期限结构相匹配的资产的资金成本。

第六节　FISIM 生产核算的改进与拓展
——年平均参考利率法

一、年平均参考利率法的思想与原理

（一）年平均参考利率法提出的背景

银行可以提供固定利率的存贷款。这应当理解为：当参考利率变化的时候，SNA 利息水平和服务收费仍会随之发生变化。实际上，这意味着，平均借款期限上设置固定利率是为了贷款利率与参考利率之间的差额可以充分覆盖服务费用。

将定期存贷款视为银行与客户之间的一种票据与协议，银行按合同达成的价格为其客户提供服务，从而 FISIM 服务的价值在未来的波动中是不变的。此时，FISIM 生产核算不再局限于 SNA 提供的测算方法，而要采用年平均参考利率法，解决按市场价格还是协议价格测算定期存贷款 FISIM 产出的问题，以改善定期存贷款的 FISIM 测算值，从而减少 FISIM 负值的发生。

（二）年平均参考利率法的原理

该方法假定存贷款仅分为固定利率和可变利率两类。这意味着在实践中有许多依赖于时间的参考利率，可以将这些参考利率结合起来分别创造一个与存贷款相对应的单一参考利率。这种方法假设存在单一的参考利率，但存款和贷款相对应的参考利率各不相同。对于固定期限的存贷款存在一个固定期和固定利率，将参考利率自身固定于一个当新定期存贷款受到冲击时仍然适用的潜在的参考利率，而对于所有的可变利率存贷款而言，该方法与传统单一参考利率法相同。隐藏在该方法背后的理论是，将定期存贷款视为存在银行与客户之间的票据与协议，为提供固定费用的 FISIM 服务，试图获得定期存贷款的契约性。在这种情况下，银行承诺按合同达成的价格为其客户提供 FISIM 服务。换句话说，在这种潜在的依赖于时间的参考利率中，银行所提供的 FISIM 服务的价值在未来的波动中是不变的。

以两年期存款为例来做简单说明。具体数据如表 3 - 2 所示。第一列代表的是存款发生的年份；第二列是当年给定的存款参考利率；第三列是存款利率；第四列是每年新增的存款流量。

表 3 - 2 存款参考利率与存款流量

存款期限	存款参考利率（%）	存款利率（%）	每年新增存款流量（万元）
1 年期存款	9	7	30
2 年期存款	8	3	50

注：本表数据为作者自行设定数据。

按年平均参考利率法计算 FISIM，有以下几种情况。

方法一：

第一年：FISIM = 30 ×（9% − 7%）；第二年：FISIM = 30 ×（9% − 7%）+ 50 ×（8% − 3%）

这种方法已经通过协议规定好了未来各年的服务价格，并且各年保持在同一水平。该方法提倡每一年的流量都按当年发生时的参考利率与实际利率计算，规定了未来几年统一的服务价格，无疑这种方法计算的 FISIM 波动小，负值也少。

方法二：

第一年：FISIM = 30 ×（9% − 7%）；第二年：FISIM = 30 ×（8% − 3%）+ 50 ×（8% − 3%）

方法 2 其实是把每一年所有的存量用当年的参考利率、实际利率计算，隐含的是按照当年的市场服务价格来计算。所以对于第一年30 个单位的流量，到了第二年参考利率和存款利率都变成了第二年当时的利率。

方法三：

第一年：FISIM = 30 ×（9% − 7%）；第二年：FISIM = 30 ×（8% − 7%）+ 50 ×（8% − 3%）

方法三相当于只有参考利率在变，而存款实际利率在每一年是固定的。意味着每笔流量的服务价格中，存贷款利率是固定的，之后参考利率随着当年的情况在变。

二、年平均参考利率法的具体应用

应该注意的是年平均参考利率法不同于期限匹配法，以同期发布的 5 年期和 20 年期为例，在期限匹配法中存在两个不同的潜在参考利率，而在年平均参考利率法中 5 年期和 20 年期仅有一种参考利率。

这种方法假定：在理论上存在与合同达成时间密切相关的纯资金

成本，对于定期存贷款，这些合同决定了之后提供的 FISIM 服务的价值。该方法认为这些合同达成后，依据纯资金成本相对于年平均参考利率的变化，可以建立附加性的市场性的合同（非金融非生产资产）。

也就是说对于固定利率存贷款，依赖于时间的参考利率的变动可以导致提供给借款人和存款人的 FISIM 服务价格相反的变动。在其他相同条件下，对于定期存贷款，当期参考利率的上升（或下降）将导致提供给借款人的 FISIM 服务价格的下降（或上升），提供给存款人的 FISIM 服务价格的上升（或下降）。考虑到对于借款人与存款人而言非金融资产与劳动所产生的资本服务的价格的变动方向很可能相同的事实，很难解释存款人与贷款人的 FISIM 服务价格的不对称变动，除非允许营业盈余也可以反映对金融资产使用的补偿。

令 R^t 为时期 t 的当期参考利率，而且设 RD^t 和 RL^t 为时期 t 银行发布期限长度大于一年的存贷款利率，VD^y 和 VL^y 为这些存贷款在时期 y 的当前价值；对于可变利率存贷款包括期限长度小于等于一年的存贷款。设 BRD^t 和 BRL^t 分别为时期 t 这些存贷款利率，设 VD 和 VL 分别为这些存贷款在时期 t 的当前价值。则 t 时期贷款 FISIM 的总额如公式（3-28）所示。

$$\sum_{i=0}^{t} (RL^i - R^i) \times VL^{i,t} + (BRL^t - R^t) \times VL \qquad (3-28)$$

其中，$\sum_{i=0}^{t} (RL^i - R^i) \times VL^{i,t}$ 是针对所有期限超过一年的定期贷款，请注意 $RL^i \times VL^{i,t}$ 等于在时期 i 产生的贷款在时期 t 所收到的利息；而（$BRL^t - R^t$）× VL 是针对可变利率贷款包括期限长度小于等于一年的贷款。而 t 时期存款 FISIM 的总额如公式（3-29）所示。

$$\sum_{i=0}^{t} (R^i - RD^i) \times VD^{i,t} + (R^t - BRD^t) \times VD \qquad (3-29)$$

同样，$\sum_{i=0}^{t} (R^i - RD^i) \times VD^{i,t}$ 是针对所有期限超过一年的定期存款，$RD^i \times VD^{i,t}$ 等于在时期 i 产生的存款在时期 t 所收到的利息；（$R^t -$

BRD[1]）×VD 针对可变利率存款和期限长度小于等于一年的存款。

为了将这种方法展示清楚，下面我们分别通过表 3 – 3（存款 FISIM）和表 3 – 4（贷款 FISIM）给出这种方法的具体试算：表 3 – 3 第一列是年份；第二列是本年度新增存款的参考利率；第三列反映了每年新增的短期存款流量（假设每年价值为 150）；第四列反映了每年新增的 5 年期存款（假设各年价值为 50）；第五列和第六列分别反映了短期和 5 年期存款存量，假设 5 年期存款在整个持续期内的价值保持不变；第七列反映了支付给存款人的实际银行利息，这里假定短期存款利率低于参考利率 2 个百分点，5 年期存款利率低于参考利率 1.5 个百分点。有效银行利率反映了与总存款存量相对应的隐含参考利率，即：有效银行利率 = 第七列/（第五列 + 第六列）。以标准法的单一显性参考利率为基础计算得到的 FISIM 显示在第九列，以年平均参考利率计算的 FISIM 显示在第十列。

表 3 – 3 　　　　　　　　　　存款 FISIM 测算结果

年份	新增存款的参考利率（%）	流量（元）		存量（元）		存款利息（元）	有效的银行利率（%）	FISIM	
		新增短期存款	新增 5 年期存款	短期存款存量	5 年期存款存量			标准方法计算的 FISIM	年平均参考利率计算的 FISIM
1	6	150	50	150	250				
2	4	150	50	150	250				
3	5	150	50	150	250				
4	6	150	50	150	250				
5	4	150	50	150	250	7.25	1.8125	8.75	6.75
6	3	150	50	150	250	5.35	1.3375	6.65	6.75
7	2	150	50	150	250	3.75	0.9375	4.25	6.75
8	8	150	50	150	250	10.65	2.6625	21.35	6.75
9	9	150	50	150	250	12.55	3.1375	23.45	6.75

年份	新增存款的参考利率（％）	流量（元）		存量（元）		存款利息（元）	有效的银行利率（％）	FISIM	
		新增短期存款	新增5年期存款	短期存款存量	5年期存款存量			标准方法计算的FISIM	年平均参考利率计算的FISIM
10	4	150	50	150	250	7.55	1.8875	8.45	6.75
11	3	150	50	150	250	6.55	1.6375	5.45	6.75
12	2	150	50	150	250	5.55	1.3875	2.45	6.75
13	6	150	50	150	250	8.95	2.2375	15.05	6.75
14	7	150	50	150	250	9.35	2.3375	18.65	6.75
15	8	150	50	150	250	11.55	2.8875	20.45	6.75
16	4	150	50	150	250	7.85	1.9625	8.15	6.75
17	2	150	50	150	250	5.85	1.4625	2.15	6.75
18	3	150	50	150	250	5.95	1.4875	6.05	6.75
19	6	150	50	150	250	8.65	2.1625	15.35	6.75
20	4	150	50	150	250	5.45	1.3625	10.55	6.75
21	5	150	50	150	250	6.75	1.6875	13.25	6.75

注：表中数据为作者自行设定。

为了便于解释，总的存款在整个时期未发生变化，银行支付给存款人的利差也没有变化（假定短期存款的利差为2％，5年期存款的利差为1.5％，这与实际情况是相符的，实践中长期存款的存款利率高，从而参考利率与存款利率的差就小一些）。因此得到的直观结论是在整个时期内 FISIM 的总体水平未发生变化。正如表 3 - 3 所显示的那样，选择年平均参考利率的情况下，存款 FISIM 一直保持 6.75 不变。这与潜在的存款利差保持一致〔对短期利差2％和长期利差1.5％，以存量进行加权得到总的利差为（100×2％＋150×1.5％）/250＝1.7％〕。计算结果显示，标准法计算的 FISIM 估计值存在较大波动性。

我们可以用同样的方法来计算贷款 FISIM 的值，具体过程如表 3 - 4 所示。表格第一列依然是年份；第二列是本年度新增存贷款的参考利率；第三列反映了每年新增的短期贷款流量；第四列反映了每年新增的 5 年期的贷款；第五列和第六列反映了短期和 5 年期贷款存量。假设 5 年期贷款在整个持续期内的价值保持不变；第七列反映了支付给贷款人的实际银行利息。有效银行利率反映了与总贷款存量相对应的隐含参考利率，即：有效银行利率 = 第七列/（第五列 + 第六列）；第九列和第十列分别是以单一显性参考利率计算得到的 FISIM 和以年平均参考利率计算得到的 FISIM。在这里，每年新增五年期贷款额为 100（利差为 2%），新增短期贷款额为 30（利差为 1.5%）。如同存款情况一样，使用标准法得到的贷款 FISIM 估计值存在较大的波动性，甚至出现了负值。而使用年平均参考利率法得到的贷款 FISIM 估计值相对比较稳定。

表 3 - 4   贷款 FISIM 测算结果

年份	新增贷款的参考利率（%）	流量（元）		存量（元）		贷款利息（元）	有效的银行利率（%）	FISIM	
		新增短期贷款	新增 5 年期贷款	短期贷款存量	5 年期贷款存量			标准方法的 FISIM	年平均参考利率的 FISIM
1	6	100	30	100	150				
2	4	100	30	100	150				
3	5	100	30	100	150				
4	6	100	30	100	150				
5	4	100	30	100	150	16.75	6.7	6.75	4.5
6	3	100	30	100	150	15.05	6.02	7.55	4.5
7	2	100	30	100	150	13.75	5.5	8.75	4.5
8	8	100	30	100	150	17.95	7.18	-2.05	4.5
9	9	100	30	100	150	19.65	7.86	-2.85	4.5
10	4	100	30	100	150	17.15	6.86	7.15	4.5

续表

| 年份 | 新增贷款的参考利率（%） | 流量（元） | | 存量（元） | | 贷款利息（元） | 有效的银行利率（%） | FISIM | |
		新增短期贷款	新增5年期贷款	短期贷款存量	5年期贷款存量			标准方法的 FISIM	年平均参考利率的 FISIM
11	3	100	30	100	150	16.65	6.66	9.15	4.5
12	2	100	30	100	150	16.15	6.46	11.15	4.5
13	6	100	30	100	150	17.35	6.94	2.35	4.5
14	7	100	30	100	150	17.05	6.82	-0.45	4.5
15	8	100	30	100	150	19.15	7.66	-0.85	4.5
16	4	100	30	100	150	17.55	7.02	7.55	4.5
17	2	100	30	100	150	16.55	6.62	11.55	4.5
18	3	100	30	100	150	15.85	6.34	8.35	4.5
19	6	100	30	100	150	16.95	6.78	1.95	4.5
20	4	100	30	100	150	14.35	5.74	4.35	4.5
21	5	100	30	100	150	15.25	6.1	2.75	4.5

注：本表数据为作者自行设定数据。

综合表 3-3 和表 3-4 对 FISIM 产出的测算的结果可以看出，与实际支付或收到的有效利率相比，对于借款人来说年平均参考利率总是比较低，对于存款人来说总是比较高。相比标准参考利率法能有效地避免 FISIM 负值的发生。但对于 FISIM 为负的情况，年平均参考利率法也不是万能的。实践中短期存款所占的份额可能远高于定期存款，这意味着两种方法将更加接近一致。所以，当当期新增银行存款利率高于与新增存款相对应的年平均参考利率时，这种方法也可能导致 FISIM 负值的发生。在此种情况下，就需要做适当的处理，以调整年平均参考利率。与标准参考利率法相比，使用年平均参考利率法计算得到 FISIM 估计值经常会比较高或低。但可以证明从长期来看两者是相等的，凸显出这种方法的平化趋势。

第七节　FISIM 生产核算的改进与拓展
——FISIM 负值的处理

近年来的金融危机和 FISIM 官方估计值的不稳定经常导致 FISIM 负值的发生。在金融危机年份中风险调整程度与期限调整程度几乎为零的参考利率常常低于存款利率致使存款方 FISIM 产出核算结果出现负值。而 FISIM 负值的产出核算结果难以得到合理解释，问题出在哪里？

一、FISIM 负值发生的背景与原因

让我们重新回到 SNA（2008）6.163 段，存贷双方都向银行支付服务费用。贷出资金的单位获得的利率要低于借款单位支付的利率，存贷利差中包含了银行向存款人和借款人收取的隐含费用。SNA 中的参考利率是介于银行存贷款利率之间的。这说明参考利率必须高于银行给储户的利率（至少在总和上），低于银行给借款人的利率（至少在总和上）。如果满足这个条件，存款 FISIM 和贷款 FISIM 永远不会是负值，主要针对的是储户总的 FISIM 和借款人总的 FISIM。但这并不一定意味着 FISIM 负值不会出现在某些类别的存款人或贷款人中间（如机构部门、居民或非居民部门）。

许多国家计算 FISIM 使用的参考利率是短期银行间拆借利率。使用这种利率出现 FISIM 负值的情况，有两种表现。第一种表现：在高风险时期特别表现在最近的金融危机中，在这种情况下应该怀疑银行间拆借利率无风险的性质。此时，银行被迫向存款人提供高存款利率以增加流动性头寸。一旦向储户提供的利率超过参考利率，存款 FISIM 将出现负值。从银行的角度来看，很可能会增加贷款利率以作

为补偿。当然这是一种理想的情况，即使实践中不可能发生。如果我们假设这是正确的，FISIM 负值的出现是经济现实，这又该如何解释？在其他条件相同的情况下，对储户提供的 FISIM 服务的数量（对于一个给定的存款）是不变的，但负值的发生必然意味着价格是负的，类似于实践中赔本出售的零售商提供的低于成本的价格。一般来说，那些赔本销售的商品的受益人是相同的一些个体。此外银行可以在国际范围内提供贷款和吸收存款。所以储户和贷款者可能并不在同一个国家。除此之外对于消费者而言，在任意方面的支出即使是打折产品（利润率为负）其影响也是正的。但是 FISIM 负值对总体消费的影响是减少的。

第二种表现：银行通常在有限的时期内提供给储户一个有吸引力的存款。已达到通过贷款利润来收回所有存款的损失。即使存款利率恢复正常水平后，储户仍然会继续去银行储存。在这种情况下比负的 FISIM 可能更合理的解释是银行提供金融诱惑刺激人们储存，比如一个新的银行账户可以得到 100 美元。当然在金融危机期间，银行也会被迫寻求资金（储户）来支付自己短期的贷款以及增加它们的流动性，来维持自身资产负债之间的平衡。利润分配的类比通常并不理想，但是显性和隐形的服务费用通常是互补的。对一些特定的存款者和贷款者，如果这些隐含收费的费用大于明确收取的中介费，那么防止 FISIM 负值的发生并不困难。

现在考虑一个非常简单的假定。银行明确地向其借贷双方收取银行的中介费用（以 1% 的贷款/存款价值收取），为简单起见，假定储户和借款人具有相同的期限结构。并假设银行支付给储户的利率等于借款者支付给银行的利率，都等于临时的银行间拆借率（5%）。现在假设在接下来的一年时间银行间拆借率降至 3%，但银行没有发行新的贷款或存款。此时基于该参考利率计算的存款 FISIM 是负值，但对于贷款者其服务价值却是增加的。即对于储户中介服务的价格是负的，而对于贷款人价格则是正的。

就固定利率的贷款和存款而言，对于大多数国家采用的 FISIM 计算方法，临时参考利率的变动导致 FISIM 负值的产生，可以被视为存贷款市场价值的变化而不是 FISIM 价值的改变。对可变利率的贷款或存款在给定的时间点，贷款的利率低于参考利率或存款的银行利率高于参考利率，人们可能会认为这反映了金融银行向借款人和存款人提供的（非生产性）诱导。

二、FISIM 负值的处理与应对

尽管在实践中可能出现 FISIM 负值，但仍希望采用的计算方法通过设计尽量减少 FISIM 负值的发生。FISIM 工作组建议在参考利率的不稳定变动期间和流通市场开始失灵时，要特别小心地确定 FISIM 的估计值。这一时期可能会出现负的 FISIM 估计值，尤其是存款 FISIM。当 FISIM 负值发生时，应鼓励相应国家重新检查那一时期计算 FISIM 的参考利率的适用性。

特别是要尽量限制存款 FISIM 负值的发生。因为，金融中介机构在提供存款金融中介服务时应收取存款金融中介服务费；同理，金融中介机构在提供贷款金融中介服务时应收取贷款金融中介服务费。金融中介机构的 FISIM 产出为存款金融中介服务费与贷款金融中介服务费的和，不能为负数。然而 FISIM 工作组也注意到在短期内 FISIM 可能出现负值的情况，所以要注意在什么情况下会产生这一结果，一些成员国认为负的 FISIM 的发生是可能的，并且反映了经济现实，银行在金融危机之后，会吸收更多存款去增加它们的流动性状况，这些在存款方面的损失由贷款方面的利润补偿，但是负的 FISIM 不会持续时间太久。

通过前面的分析可以看出，出现 FISIM 负值的原因可能有两点：第一，持续的负值可能是由于使用了不合适的参考利率造成的。例如，编制机构可能选择了短期银行同业贷款利率作为参考利率。然而，此参考利率可能不符合贷款和存款的期限结构。因此，当向储户提供的利率高于参考利率时，便可能产生储户的 FISIM 为负值的情况。第二，即使选择了合适的参考利率，在流动性市场失灵、参考利率波幅较大期间，可以观察到 FISIM 为负的个别现象，尤其对储户和借款人而言。这可能发生在金融危机时期。因此，在这期间确定FISIM 应相当小心。鉴于此，当这种情况发生，编制机构在测算FISIM 时应对潜在的参考利率进行严格审查。

（一）针对参考利率使用不当的情况，FISIM 负值的处理主要是调整参考利率

根据国民经济核算体系 SNA（2008）的建议，计算 FISIM 可以采用银行间拆解利率，此参考利率反映了银行间活动的市场利率，具有短期、无风险的性质。致使 SNA 内部出现不一致性，并导致 FISIM负值的发生。前面所讨论的参考利率的风险调整、期限调整、资金成本法、年平均参考利率法实质上都是在寻求相对更优的参考利率，以减少 FISIM 负值的发生。

例如，在 FISIM 为负的年份，可以考虑使用存贷款利率的简单加权平均作为参考利率计算 FISIM，即前文讲到的中点参考利率。这种方法确保实际银行利率、SNA 利率和 FISIM 的一致性。但这并不总是一种万能方法，一旦遇到严重市场失灵，例如当银行间拆借利率高于实际银行贷款利率时（这种情况可能会发生在定期贷款比例较高的国家，这些定期贷款往往在潜在利率显著较低的时期发生），中点参考利率法也会产生 FISIM 负值。

（二）在流通市场失灵期间鼓励考虑替代方法计算 FISIM

在市场失灵时，银行可以提供金融引诱以吸引存款。这意味着被记录为银行利息的那部分实际上是一种货币转换。此时使用传统方法计算得到的 FISIM 为负值，反而应该按银行的存贷款利润假定

来计算 FISIM。

表3－5提供了一个这种方法如何运作的例子。其中，按标准方法计算的 FISIM 存款产出等于正常参考利率减去平均银行存款利息的差乘以存款额除以100。表中第12期和第13期反映了流动市场开始失灵导致存款利率比潜在参考利率高的年份。从而导致了 FISIM 负值，在这里利用前十年银行收取的实际边际利率来计算修正的存款 FISIM（在正常时期的参考利率和实际银行存款利率之间的差额）。此时，12期、13期的银行边缘存款利率是前十年实际银行存款利率的平均值。这一利率被应用到总的存款存量中以达到修正 FISIM 估计值的目的。然而请注意这却意味着银行支付的利息加 FISIM 不再等于基准参考利率和存款存量的乘积。这是因为含有一种从银行到存款人的流动转换（支付给存款人的较高利息高于流动性的正常利率）。银行支付的重估银行利息为参考利率和存款存量的乘积减去 FISIM，那么流动转换就等于银行支付的实际利息减去重估利息。请注意这仍会导致在13期银行利息支付为负值。如果发生这种情况这些国家最好要调整所使用的实际利率。

表3－5　　　　传统 FISIM 测算结果与修正测算结果的比较

年份	参考利率（%）	存量		存量		平均存款利率（%）	平均贷款利率（%）	标准方法计算的 FISIM	
		存款额	贷款额	存款利息	贷款利息			存款总产出	贷款总产出
1	6	100	95	4	7.79	4	8.2	2	2.09
2	4	125	120	1.875	6.48	1.5	5.4	3.125	1.68
3	5	120	115	3.36	8.165	2.8	7.1	2.64	2.415
4	6	110	100	5.06	8.3	4.6	8.3	1.54	2.3
5	4	90	120	2.16	7.32	2.4	6.1	1.44	2.52
6	3	80	125	0.88	6.375	1.1	5.1	1.52	2.625
7	2	120	130	0	4.81	0	3.7	2.4	2.21

年份	参考利率（%）	存量		存量		平均存款利率（%）	平均贷款利率（%）	标准方法计算的 FISIM	
		存款额	贷款额	存款利息	贷款利息			存款总产出	贷款总产出
8	8	140	95	8.26	9.595	5.9	10.1	2.94	1.995
9	9	140	90	9.52	9.99	6.8	11.1	3.08	1.89
10	4	125	120	2.875	7.32	2.3	6.1	2.125	2.52
11	3	120	125	0.96	5.625	0.8	4.5	2.64	1.875
12	2	125	130	5	5.33	4	4.1	−2.5	2.73
13	1	120	135	3.6	4.185	3	3.1	−2.4	2.835
14	3	120	120	0.84	6.12	0.7	5.1	2.76	2.52
15	7	130	105	6.11	5.145	4.7	4.9	2.99	−2.205
16	6	140	100	8.26	5.6	5.9	5.6	0.14	−0.4

年份	修正的存款 FISIM 产出				修正的贷款 FISIM 产出			
	银行边际利率（%）	存款 FISIM	重估的存款利息	存款流动转换	银行边际利率（%）	贷款 FISIM	重估的贷款利息	贷款流动转换
1	2				2.2			
2	2.5				1.4			
3	2.2				2.1			
4	1.4				2.3			
5	1.6				2.1			
6	1.9				2.1			
7	2				1.7			
8	2.1				2.1			
9	2.2				2.1			
10	1.7				2.1			
11	2.2				1.5			
12	1.98	2.475	0.025	4.975	2.1			
13	1.928	2.3136	−1.1136	4.7136	2.1			

续表

年份	修正的存款 FISIM 产出				修正的贷款 FISIM 产出			
	银行边际利率（%）	存款 FISIM	重估的存款利息	存款流动转换	银行边际利率（%）	贷款 FISIM	重估的贷款利息	贷款流动转换
14	2.3				2.1			
15	2.3				2	2.1	9.45	4.305
16	2.1				1.99	1.09	9.99	4.39

注：本表数据为作者自行设定。

采用修正方法重新估计的存款 FISIM 等于银行边际存款利率减去平均银行存款利率的差乘以存款额除以 100 后的商加上银行利息支出 [即：修正存款 FISIM =（边际利率 – 平均存款利率）× 存款额/100 + 存款利息]。重新估计的银行存款利息等于参考利率与存款额的乘积除以 100 后减去修正后的存款 FISIM 产出（即：重估存款利息 = 参考利率 × 存款额/100 – 修正的存款 FISIM 产出）。存款流动转换等于银行存款利息支出减去重估的银行存款利息。

表 3 – 5 在不稳定与异常时期如何将该方法应用于贷款 FISIM。按照标准方法计算的贷款 FISIM 等于平均银行贷款利率减去参考利率的差乘以贷款额除以 100。该表假定 15 期和 16 期存在银行刺激（例如贷款利率低于参考利率），此时则会出现贷款 FISIM 负值。和存款一样，同样采用银行边际利率来修正贷款 FISIM。第 15、16 期的银行边际贷款利率是前十年银行实际贷款利率的平均值。重估的贷款 FISIM 产出等于银行边际贷款利率减去银行平均贷款利率的差乘以贷款额除以 100 再加上银行贷款利息收入 [即：修正贷款 FISIM =（边际贷款利率 – 平均贷款利率）× 贷款额/100 + 贷款利息]。重估的银行贷款利息收入等于参考利率乘以贷款额的乘积除以 100 后加上修正后的 FISIM 贷款产出（即：重估贷款利息 = 参考利率 × 贷款额/100 + 修正的贷款 FISIM 产出）。贷款流动转换等于重新估计的银行贷款利息减去银行贷款利息收入。

第四章　FISIM 使用核算的改进与拓展

　　社会再生产流程以生产为起点，以使用（消费和投资）为终点，不断循环。要完成对金融服务产出的核算，既要将金融中介机构向存贷双方收取的服务费用记为金融中介服务产出，又要核算金融中介服务产出在各个部门的使用情况。

　　根据国民经济核算的平衡原则，生产核算与使用核算是对应的。一个部门的产出，必定是另一个部门的使用，金融服务使用核算，就是确定金融服务的使用去向以及各非金融部门使用金融服务的数额。金融服务使用核算的关键是使各个机构部门对金融服务的购买直接表现出来，然后根据使用这些服务的部门类型，记录为中间消耗、最终使用或者出口。某种意义上，金融服务使用核算比产出核算更有意义。

第一节　FISIM 使用分摊演化脉络

　　FISIM 的使用核算主要解决两个问题：第一，每个部门分摊的数额如何计算？这一部分应该紧紧围绕前文的生产核算进行，有生产才有使用，计算方法应该保持一致。第二，金融服务的使用去向，最终是作为中间消耗还是作为最终消费或出口？下面我们从这两点出发，对 FISIM 使用分摊数额的计算以及分摊去向的演化脉络进行归纳总结。

一、FISIM 使用分摊额计算方法的演进

不同的 FISIM 产出测算方法对应的 FISIM 分摊数额也不同。从理论上讲，非金融机构部门使用 FISIM 的数额，应该是其支付的存款和贷款服务费。通过 FISIM 使用核算能够使金融中介服务的使用更加清楚，也可以更清楚地反映 FISIM 产出对各机构部门增加值的影响。

（一）使用利息收支差额分摊 FISIM 产出

SNA 在很长一段时间内，一直采用利息收支差法测算 FISIM 产出，从最初纠结于利息是否属于财产收入的虚拟产出到最终的实际产出均是如此。SNA（1953）就是将银行的投资收益与支付给储户的存款利息的差额作为 FISIM 的测算值。SNA（1968）表示 FISIM 的估算值应该是所有贷款利息收入与利用存款进行投资获得的收入之和，再减去所有存款的利息支出。并强调应扣除利用自有资金进行投资获得财产收入。SNA（1993）虽然对 FISIM 生产范围进一步明确，并沿用了利息收支差测算 FISIM 产出的做法，"以利息收入为主的财产收入扣除应付利息支出，同样需要扣除利用自有资金获得的投资收入"。

采用利息收支差额测算金融中介服务产出也是各国实践中常用的方法，是一种在 SNA（1968）和 SNA（1993）的基础上简化的计算方法，有一定的可行性。但是利息收支差法有一定的前提条件，在不考虑自有资金的前提下，要求存款与贷款总额相等。一旦违背该前提，利息收支差法测算的 FISIM 产出将出现偏差（规模将偏低），甚至出现 FISIM 负值（当存款存量明显高于贷款存量时）。

尽管利息收支差法能够核算出 FISIM 总产出，但无法核算出不同部门使用的 FISIM 价值，FISIM 分摊核算更无法实现。因为 FISIM 的使用部门实际接受的是全部利息收入或者利息支出，这里面既包括与平均利率水平（参考利率）对应的利息收入（支出），也包括金融机

构收取的高（低）于平均利率水平（参考利率）的服务费用，也就是 FISIM。根据生产和使用一致的原则，我们真正要分摊到机构部门作为产出和使用的是 FISIM。

中国新国民经济核算体系就以净利息收入作为各产业部门对金融中介服务的使用，例如居民对于 FISIM 的最终消费就是居民所得的净利息收入，这种分摊使 FISIM 使用与产出数额保持一致。但是，利息是服务收入与财产收入的混合体，就每个产业部门而言，其存款额与贷款额往往不相等，净利息收入并不全是各部门应该分摊的 FISIM 产出，也包括了部分财产性收支，所以该核算结果同样也不能准确反映产业部门所消耗的金融中介服务。

可以说，采用利息收支差额法测算 FISIM 产出，只会影响 FISIM 产出估计值的计算精度，对其他内容无影响，但是采用利息收支差额法对 FISIM 产出进行分摊时，则涉及各个部门的增加值，以及 GDP 核算的准确性问题，而且还关系到 FISIM 产出、中间消耗与最终使用的平衡问题。所以，利用利息收支差额法对金融中介服务产出进行近似测算，不仅在产出核算方面存在问题，而且也会对使用核算造成固有的无法解决的矛盾，从长远的角度来看，此种方法有待改进。

（二）采用指标法分摊 FISIM 产出

考虑到采用利息收支差法计算 FISIM 分摊额的局限性以及数据的可获得性，SNA（1993）还建议可采用一些指标来分摊 FISIM 产出。各用户使用的 FISIM 服务占金融中介机构的金融资产或负债总计的比重就是最常用的指标。具体分摊时，存款和贷款服务使用额可以分开，即依据各部门存款比重分摊存款服务使用额，依据各部门贷款比重分摊贷款服务使用额。也可以综合考虑存贷款使用额，即依据各部门的存贷款总额占全社会存贷款总额的比重来分摊，或者依据各部门的贷款额占全社会贷款余额的比重来分摊。

（三）使用参考利率法分摊 FISIM 产出

SNA（1993）提出可以采用参考利率分摊 FISIM 产出，具体贷款者分摊的服务费即为在贷款等项目上实际收取的利息和按参考利率收取的利息之差。对于存款者分摊的金融中介服务费应该是存款按参考利率支付的存款利息与实际支付的存款利息之差。SNA（2008）继续沿袭 SNA（1993）采用参考利率分摊 FISIM 产出的方法，即"依据实际支付和收取的利率与适当选取的参考利率之差"对 FISIM 产出进行分摊，这种分摊方法与 FISIM 产出测算方法在思路和内容构成上均保持一致，应该说是一种较为合理的分摊方法。FISIM 的使用者既可能是存款者也可能是贷款者，或者作为他们的中间消耗，或者作为最终消费支出，也可能是出口。

此分摊方法的优点就是可以使 FISIM 的产出和使用保持一致，并且将存款服务费与贷款服务费分开，可以明确地看出各个部门的使用情况。然而，利用参考利率法进行分摊需要拥有完备的核算资料，包括各部门存贷款与利息收支的构成，还需要恰当的参考利率。参考利率法可以"自下而上"计算，即根据参考利率、银行对每个机构部门的存贷款额和与之对应的实际利率直接计算得到每个机构部门使用的 FISIM，这就是该部门应该分摊到的 FISIM 产出。采用参考利率法的重点是需要搜集所有银行对每个机构部门和储户的实际利率和存贷款额等具体数据。参考利率法与利息收支差法相比，理论与实践层面均取得突破。理论上参考利率法对存贷款分别核算 FISIM 产值，允许未被贷出的存款资金存在。使用分摊的过程中，参考利率法对不同使用部门的 FISIM 分别进行核算，实现了生产与使用的统一。

二、FISIM 使用分摊去向演进

间接测算的金融中介服务（FISIM）可以在机构部门与产业部门

中分摊，同样可以在名义产业部门和名义机构部门中分摊。不同的机构部门对金融中介服务有着不同的用途与作用，应当将这些使用在各自生产账户的不同项目下记录。金融中介服务产出在机构部门或产业部门之间分摊就是要各部门对此服务的购买直接表现出来，并根据使用这些服务的机构部门类型，将这些服务分别归类为中间消耗、最终消费支出或出口。

从 SNA 的发展变化，我们也可以看出 FISIM 使用分摊去向的演变。SNA（1953）建议将当时的虚拟服务只分摊到住户和企业两个部门，具体的分配额度是按照不同的存款水平在企业内部不同的活动之间进行分摊。从而银行存款的统计资料及其分布将是虚拟服务费分摊的关键资料，也是分摊虚拟服务费的一个便利标准。SNA（1968）对 FISIM 的使用分摊不限于企业和住户部门，而是建议间接测算的服务费用以中间消耗的形式分摊到各个产业部门。理论上讲该分摊方法进步很多，但实践中要分摊给各个不同的产业部门难度非常大，从而将这部分估算的服务费用最后只能简化为某名义产业部门的中间消耗，在最终生产成果核算时一笔扣除。SNA（1993）在 FISIM 使用去向上，一方面保留了 SNA（1968）分摊方法，另外也提出了两种新的分摊方法。方法一，在经济总体的产业部门和机构部门中分摊 FISIM，具体分摊额可采用参考利率法计算。方法二，采用指标法分摊 FISIM 的价值，从而按照不同部门金融资产总额和负债总额占全部金融中介机构金融资产负债总和的比例进行分摊，将住户部门和政府部门分摊的 FISIM 记为最终消费，非金融企业部门对 FISIM 的使用记为中间消耗，国外部门使用的 FISIM 则记为出口。

在实际工作中，由于很难搜集到分摊 FISIM 需要的详细信息，各个国家的分摊方法和分摊部门也不相同。美国将 FISIM 产出分别分摊到了产业部门和住户部门，而日本和欧盟的一些国家只在产业部门中分摊，没有分摊到住户部门。目前中国将金融中介服务产出分别分摊到产业部门、居民消费和出口，今后拟采用参考利率法将 FISIM 产出分摊到产业部门、居民消费、政府消费和出口。澳大利亚在实施 SNA（1993）之前，FISIM 产出被全部分摊给贷款者，分摊到住户部门的 FISIM 产出作为私人最终消费支出，剩余部分摊给名义部门，作为其中间消耗。实施 SNA（1993）之后，采用利息收支差额将 FISIM 产出分摊到金融中介服务的各用户。

三、中国 FISIM 使用分摊演化进展

中国 FISIM 核算起步较晚，在 FISIM 使用分摊方面，中国经历了三个阶段：

第一阶段为 2004 年以前，虽然 FISIM 生产核算采纳了 SNA（1993）的建议，但使用核算却采用了一种变通的方法，一方面将居民储蓄利息作为最终使用，另一方面将各个产业部门利息收支差的净额以中间消耗计入各产业部门。

第二阶段为 2005 ~ 2008 年，FISIM 使用核算参照 SNA（1993）的原则，并结合中国的实际，采用了经过改进的指标法进行分摊。具体以各部门存贷款余额之和占金融机构部门全部存贷款余额之和的比例进行分摊。就使用去向来看，最终使用部门分摊的 FISIM 作为其最终使用，产业部门分摊的 FISIM 作为其中间消耗。

第三阶段为 2008 年经济普查以后，采用 SNA（2008）推荐的参考利率法进行 FISIM 生产核算，并将其在非金融机构部门和国外部门间进行分摊，分摊方法仍为指标分摊法。与第二阶段不同的是，此时所采用的指标是各个部门存贷款年平均余额在所有部门存贷款平均余额中的比重。

由此可见，虽然我国 FISIM 生产核算已基本采纳 SNA（2008）的建议，但使用核算并未采用参考利率法，而是依然使用相对容易实施的指标法，并且为了适应当前我国统计核算实践工作，并未严格按照联合国统计司的建议实施该方法。例如，我国并未将 FISIM 在消费

者、作为非法人企业所有人和作为住房所有人三者之间进行分摊，在目前购房贷款需求规模相对较大和大众创业万众创新的时代背景下，这种操作会带来较大的估算误差。

第二节　FISIM 的部门分摊及其对 GDP 的影响

FISIM 的产出和供给需要在用户部门之间进行合理的分摊，随着 SNA（2008）在世界各国的逐步推广，利息收支差法将逐渐退出历史舞台，被 SNA（2008）推荐的方法所替代，这一节将具体展示 FISIM 在使用者间的分摊方式以及 FISIM 分摊对 GDP 的影响。

一、FISIM 在机构部门之间的分摊

（一）机构部门划分

经济总体是由其全部的常驻机构单位所组成的，具有相似特征的机构单位构成了机构部门。SAN（2008）根据所有常驻机构单位所从事的经济活动的性质将其划分为五个互不重叠的机构部门：非金融公司部门、一般政府部门、住户部门、非营利机构部门和金融公司部门。另外，除了国内常驻机构单位以外，还要设立一个反映与国外经济联系的部门，即国外部门。中国国民经济核算体系（2016）基本采纳了 SNA（2008）的建议将机构部门划分为非金融企业部门、广义政府部门、金融机构部门、为住户服务的非营利机构部门、住户部门与国外部门。

（二）分摊方式

考虑到不同经济账户之间的协调，不仅需要将 FISIM 分摊到各个

常驻机构部门，同时也需要对 SNA 利息和银行利息进行相应的分摊。根据参考利率计算得到的"纯利息"称之为"SNA 利息"。在 SNA 中，金融机构应收贷款实际利息和应付存款实际利息被统称为"银行利息"。初次收入账户中列示的利息应为银行利息剔除 FISIM 后的纯利息即 SNA 利息，以贷款为例，借款人支付的银行利息分成两部分，即 SNA 利息（计入初次收入）和 FISIM（记为一项服务）。国际账户中投资收益下记录的利息也是 SNA 利息。

在 SNA（2008）的指导下，联合国统计司等提出两种可供选择的方法将 FISIM 和关联交易分摊到各个部门中。根据可获得数据的详细程度，方法之一称之为"自下而上"法（即参考利率法），假如能够获得各个机构部门（包括国外部门）存款余额、贷款余额、应收存款利息（或平均存款利率）和应付贷款利息（或平均贷款利率）等相关数据信息，可以利用这些数据直接计算 FISIM 和 SNA 利息，并分摊到各个部门，进而将这些交易汇总得到总估计值。然而，可获得的初始数据可能没有按部门进行分解，但也要至少保证存贷款余额或利息收支其中之一能够按部门分解，则可以采用第二种方法——"自上而下"法（也叫指标法），即利用既得数据计算 FISIM 总值、SNA 利息和银行存贷款利息，然后使用各项指标将 FISIM 分摊至各个用户部门，可选指标有存（贷）款余额和应付（应收）利息等。

鉴于，住户部门 FISIM 服务消费性质存在很大差异，最终导致对国内生产总值和国民收入影响不同，所需的住户部门银行存贷款余额、利息收支等初始数据也需要进一步细分。住户贷款（存量与利息）要进一步划分为：住房贷款、作为非法人企业所有人的贷款、作为消费者的其他住户贷款。住户存款（存量与利息）要进一步划分为作为非法人企业所有人的存款和作为消费者的其他存款，并根据可获得初始数据情况，选择一种分摊方式进行分摊即可。如果这些数据不可得，可以考虑使用其他方法估算。例如住户作为非法人企业所有人的存款数据不可得，则可以假定资产一定能够按比例增值或适用于非法人企业的最小营业额作为存款存量。

　　由于常住机构单位还有可能成为非常住存款公司的客户，从而涉及 FISIM 进口，然而货币当局公布的货币与金融统计数据可能无法获得这方面的信息。FISIM 进口总额、SNA 利息和银行利息可以直接从国际收支平衡表中获得。然而，如果国际收支平衡表没有报告这些项目的估计数，那么可能需要通过组合数据源来对它们进行相应的估算。也可以考虑使用国际清算银行（BIS）提供的世界各国间贷款与存款数据。用于估算 FISIM 进口、SNA 利息和银行利息的数据应与国际收支平衡表编制机构所使用的数据一致，以确保国民账户和国际收支平衡表的统一。直接从国际收支平衡表获得或通过估算得到所需数据后，仍然需要将 FISIM 进口总额、SNA 利息和银行利息分摊到各个常驻机构部门。如果仅能计算出 FISIM 进口总额，它仍需要通过各种假设将 FISIM 进口总额分摊到各个常驻机构部门。例如，增加值所占的份额将成为实践上相对较好的分配方式。

　　由于非常住金融机构提供的贷款和发行贷款收取的利息都是以外币计价的，可能会涉及多种货币，因此需要将这些数据换算为本币，以获得以本币计价的贷款和应收利息。计算 FISIM 还需要确定国外参考利率，对于在贷款和存款中占有较大比例的各货币，应分别使用对应的参考利率。为了尽量接近参考利率的定义和满足记录的国际对称性，应选用该货币母国金融市场的利率，且最好与该货币母国经济体统计数据编制者所采用的利率一样。

（三）FISIM 在机构部门之间分摊实例

　　下面通过实例来描述 SNA 所推荐的在机构部门之间分摊 FISIM 的方法。表 4 - 1 的第一部分给出了有关流量的实例数据。此例中间接测算的金融中介服务产出按照参考利率法进行计算。限于本书所定义的 FISIM 核算范围，这里 FISIM 的生产和使用仅限于存款和贷款，金融机构部门内部的存贷款交易作零处理。假设核算期银行业金融机构提供的贷款总额为 1000，存款总额为 900，市场贷款利率为 5%，市场存款利率为 2%，参考利率为 3%。各使用部门的存贷款情况及 FISIM 的分摊计算见表 4－1。

表4－1　　间接测算的金融中介服务产出在机构部门之间分摊

使用							来源					
合计	国外	住户	政府	金融公司	非金融公司		非金融公司	金融公司	政府	住户	国外	合计
存贷款存量与利息												
1000	100	600	200	0	100	存款		1000				1000
900				900		贷款	500		200	100	100	900
20				20		存款者实际收取的利息	2		4	12	2	20
45	5	5	10		25	贷款者实际支付的利息		45				45
30				30		按参考利率计算的存款利息	3		6	18	3	30
27	3	3	6		15	按参考利率计算的贷款利息	27					27
FISIM 的总供给												
10	1	6	2		1	存款者支付的服务费		10				10
18	2	2	4		10	贷款者支付的服务费	18					18
28	3	8	6		11	各部门 FISIM 使用量						
FISIM 的总使用												
						进口						
						总产出	28	6				34
3	3					出口						
17			6		11	中间消耗						

使用							来源					
合计	国外	住户	政府	金融公司	非金融公司		非金融公司	金融公司	政府	住户	国外	合计
14		8	6			最终消费						
34	3	8	12		11	合计		28	6			34

注：本表数据为作者自行设定。

　　将 FISIM 在机构部门之间分摊，分为两步：第一步是确定存款者和贷款者应支付给金融中介机构的 FISIM 产出数量，各部门存款者对金融机构支付的服务费 = 各部门存款额 × (参考利率 – 存款利率)；各部门的贷款者对金融机构支付的服务费 = 各部门贷款额 × (贷款利率 – 参考利率)。表 4 – 1 的第二部分显示了借款方和贷款方应该支付给金融机构的服务费。第二步是按机构部门类型分摊 FISIM 产出数量，相关交易流量按如下基本原则记录：FISIM 产出记录在金融机构部门的生产账户中，作为应收项。非金融部门、政府部门分摊的 FISIM 作为中间消耗记录在生产账户中，住户部门分摊的 FISIM 作为最终消费记录在收入使用账户中，国外分摊的 FISIM 形成出口记录在国外货物与服务账户中。表 4 – 1 的第三部分显示了按机构部门类型分摊 FISIM 产出的方法。

　　由表 4 – 1 可知，金融机构的 FISIM 总产出为 34，在各使用部门间进行分摊。出口到国外的总价值为 3，其中分摊给国外部门借款方的价值是 2，存款方的价值是 1。非金融公司部门对 FISIM 的支付价值是 11、政府的支付价值为 6，这两部分处理成中间消耗。住户对间接测算的金融中介服务的消费 (价值 8) 则被处理为最终消费支出。此例没有金融中介机构对间接测算的金融中介服务的消费。然而由于政府是非市场生产者，其产出是成本价值，则其中间消耗增加了它的产出的价值，也以同样的数量增加了其最终消费支出。因此政府部门分摊的 FISIM (价值 6)，既作为其产出、中间消耗，同时又作为最终消费支出。

（四）FISIM 在机构部门之间分摊对 GDP 和收入分配的影响

提供 FISIM 金融服务的金融机构单位不必为常住单位，金融机构单位的客户也不必是常住单位。所以，如同其他国民经济账户核算一样，FISIM 分摊也包括国外部门。分摊至国外部门的部分则被视为 FISIM 服务出口；分摊至常住机构单位的 FISIM 或为中间消耗或为最终消费，这取决于机构部门使用该服务的目的。其中，分摊到各机构部门作为其中间消耗的 FISIM 还需要进一步分解到相应的工业产业中，以便可以在相应的账户调整其增加值。不同的分配去向对 GDP 和国民收入影响不同。FISIM 分摊对 GDP 和国民收入的影响，必须考虑以下七种情况：

一是常住金融机构向作为消费者的住户提供 FISIM 服务，这部分 FISIM 作为住户的最终消费，自然会增加国内生产总值和国民收入。

二是常住金融中介机构向市场生产者提供 FISIM 服务，这部分 FISIM 将作为市场生产者的中间消耗。SNA 规定：住户"最终消费支出不包括住宅固定资产或贵重物品支出"，"如果一住户中存在由一个或多个成员拥有的非法人企业，为经营目的发生的所有支出均不列入住户消费支出"。所以，常住金融中介机构向作为住宅和非法人企业所有人的住户提供 FISIM 服务，这部分 FISIM 也要作为其中间消耗。常住金融中介机构的这部分 FISIM 产出被市场生产者（或作为住宅和非法人企业所有人的住户）的中间消耗所抵消。因此，对国内生产总值和国民收入没有影响。

三是常住金融机构向非市场生产者（一般政府和 NPISHs）提供 FISIM 服务，这部分 FISIM 作为非市场生产者的中间消费和住户的最终消费。在国内生产总值核算中，以非市场生产者的生产成本来计算其非市场产出，进而分摊给非市场生产者的 FISIM 作为中间消耗增加了其产出，同时也增加了最终消费。因此，GDP 和国民收入将会增加。

四是常住金融机构向非常住非金融机构提供 FISIM 服务，这部分 FISIM 视作其出口。被记录为 FISIM 的出口，自然增加了国内生产总值。但是，在国内生产总值向国民收入转换过程中，这一增加量被针对世界其他地区的利息收支差的减少所抵消。因此，FISIM 的出口不会影响国民收入。

五是非常住金融机构向作为消费者的住户提供 FISIM 服务，这部分 FISIM 作为住户的最终消费，视作 FISIM 进口，从而增加值保持不变，国民收入将会增加。

六是非常住金融机构向市场生产者（包括作为住宅和非法人企业所有人的住户）提供 FISIM 服务，这部分 FISIM 将作为市场生产者的中间消耗，视作 FISIM 进口，国内生产总值将会减少，减少量与此类 FISIM 进口相同。同样，在 GDP 向国民收入转换过程中，这一减少量被针对世界其他地区的利息收支差的增加所抵消。因此，这类 FISIM 进口不影响国民收入。

七是非常住金融机构向非市场生产者提供 FISIM 服务，这部分 FISIM 作为非市场生产者的中间消耗和家庭的最终消费，视作 FISIM 进口。非市场生产者进口 FISIM 相当于中间消费，这些生产者的产出增加了相同的数量。按照生产法核算 GDP 时，中间消耗的增加与产出的增加相匹配；而采用支出法核算 GDP 时，最终消费支出增加量与服务进口的增加量相抵消，而增加值保持不变。但是，在从 GDP 到国民收入的过渡中，针对世界其他地区的利息收支差将会增加。因此，国民收入将会增加。

另外，既不对银行间存贷款计算 FISIM，也不对常住金融机构与非常住金融机构间的存贷款计算 FISIM，所以无须进行相应分摊。

FISIM 分摊对 GDP 和国民收入的影响可以简单概括为：被分摊至部门 S. 13（一般政府）、部门 S. 14（作为消费者的住户）、部门 S. 15（NPISH）和部门 S. 2（国外部门）的由常住金融机构创造的 FISIM 将会导致国内生产总值的增加，其他部门的 FISIM 分摊不会导致国内生产总值变化。而部门 S. 11（非金融公司），部门 S. 14（作为住宅和非法人企业所有人），除 S. 121（中央银行）、S. 122（除中央银行以外的存款公司）和 S. 125（除保险公司和养老基金以外其他金融中介机构）以外的 S. 12（金融公司）的 FISIM 进口将会导致国内生产总值减少；其他部门的 FISIM 进口不会导致国内生产总值变化。被分摊给部门 S. 13（一般政府）、部门 S. 14（作为消费者的住户）和部门 S. 15（NPISH）的 FISIM 由常住和非常住金融机构创造的 FISIM 均导致国民收入的增加；而其他部门的 FISIM 的分摊与进口均不改变国民收入水平（见表 4 - 2）。

表 4 - 2　　　　　　　　FISIM 分摊对机构部门的影响

		中间使用					最终使用		总产出
		非金融企业	金融企业	一般政府	NPISHs	住户*	个人消费	出口	
中间投入	非金融企业								
	金融企业	+		+	+	+	+	+	
	一般政府								
	NPISHs								
	住户*								
增加值	劳动者报酬								
	生产税净额								
	固定资产折旧								
	营业盈余	-		+	+				
总投入				+	+				

注：* 表示作为住房和非法人企业所有人，+ 表示较 FISIM 未分摊前增加，- 表示较 FISIM 未分摊前减少。

二、FISIM 在产业部门之间的分摊

FISIM 在机构部门分摊再现了经济体中 FISIM 的总供给，包括常住金融机构 FISIM 总产出和 FISIM 进口，常住金融机构 FISIM 总产出又被分为贷款 FISIM 和存款 FISIM。还再现了 FISIM 向中间消耗、最终消耗和出口的分摊情况，作为中间消耗 FISIM 也需要分解至不同的产业部门，以便更为恰当地计算其增加值。FISIM 中间消耗的进一步分摊可以实现对供给使用表的调整，以正确再现生产与消费全过程，考察各产业对金融业的真实依赖关系。那么如何将 FISIM 中间消耗分摊到各个行业呢？

（一）产业部门分类

联合国制定了《所有经济活动的国际标准产业分类》（ISIC Rev. 4），该分类体系包括 21 个门类、88 个大类、238 个中类和 420 个小类。SNA（2008）依据 ISIC（Rev. 4）对生产活动进行分类，并按照该分类依据主要活动情况将企业归类并合并成产业。中国国家统计局依据 ISIC（Rev. 4），制定了适合我国国情的《国民经济行业分类》，并先后进行了 4 次修改，最新行业分类包括 20 个门类、其中大类 97 个、中类 473 个、小类 1380 个。

（二）分摊方法

用于计算分行业的 FISIM 和 SNA 利息的初始数据不太可能在行业层面被观测到。所以，无法采用"自下而上"的方法直接计算各行业的 FISIM 和 SNA 利息。当然，如果能够观测到就更好了。FISIM 在行业分摊往往采用"自上而下"的方法，通过使用诸如各行业的存贷款存量比例、总增加值或产出等指标，将常住金融机构创造的 FISIM 作为中间消耗的部分分摊给各行业，至于采用何种指标来进行

分摊需要进行评估，这将取决于可观测数据的类型和计算结果的可靠性。

由非常住金融机构提供的 FISIM 视为进口，但作为相应部门的中间消耗，这部分 FISIM 也需要被分配给各行业作为其中间消耗支出。获得关于非常住金融机构按行业分类的存贷款存量、应收贷款利息和应付存款利息的详细源数据，可能更为困难。因此，FISIM 进口中作为中间消耗的那部分，也需要通过前面所述的方法分摊给各个行业。

作为住宅所有人的住户在 SNA 中被视为住房服务的生产者，这些住户 FISIM 的中间消耗也需要分摊。对这些住户，住房贷款 FISIM 被计入房地产活动的中间消耗中。作为非法人企业所有人的住户作为所在行业的生产者，其 FISIM 的分摊额直接计入所在行业的中间消耗。

（三）FISIM 分摊对产业增加值的影响

当按产业部门编制生产账户（如供给和使用表）时，对那些生产市场性产出（或生产自给性产出但按市场产出估价）的产业部门来说，间接测算的金融中介服务的分摊增加了其中间消耗，但减少了增加值。具有非市场产出的产业部门，间接测算的金融中介服务的分摊既增加了中间消耗又增加了总产出，但并未引起增加值的变化。总产出的变化意味着总供给水平的变化，中间消耗的变化则意味着中间投入的变化而增加值的变化则意味着最终使用的变化。

从投入产出分析的角度讲，一方面，FISIM 产业部门分摊可以增加其他部门对金融行业的中间消耗，真实反映其他产业部门对金融行业的实际中间消耗水平，再现其他产业部门对金融行业的实际依赖关系，真正体现金融行业对其他产业部门的影响，及其在国民经济中的地位。另一方面，总产出、中间投入和增加值的变化则意味着投入产出效率的改变。

三、间接测算的金融中介服务产出在名义部门之间分摊

有时，间接测算的金融中介服务分摊给使用这些服务的机构部门可能不太恰当，或无法实现。在这种情况下，需要将间接测算的金融中介服务全部产出价值处理为名义部门的中间消耗，该部门的产出为0，增加值为负数，大小与中间消耗相当。在加总时，间接测算的金融中介服务的增加值恰好抵消名义部门的中间消耗，国内生产总值相对于估算的间接测算的金融中介服务的大小是不变的。然而，这种做法使金融机构部门的产出和增加值、生产账户和收入形成账户得到正确的衡量。

SNA（1968）就建议将 FISIM 产出分摊给一个名义部门，将 FISIM 产出全部作为该名义部门的中间投入，该名义部门的产出为零，增加值（和营业盈余）与 FISIM 产出大小相等，符号相反。将 FISIM 产出全部作为中间消耗，不会对 GDP 产生影响。但是，由于此分摊方法存在诸多弊病，SNA（2008）取消了这种处理方法，要求 FISIM 在各使用部门间进行系统分摊。

总之，这三种分摊去向实现了金融中介服务在不同类型用户之间的分摊，这个工作相当于把某些利息支出重新划分为服务支出，这对不同产业部门和机构部门的增加值、产出、中间消耗、最终消费、进口和出口的价值都有着重要的影响，还影响国内生产总值总量。

第三节　FISIM 进出口核算

FISIM 出口是 FISIM 使用去向一个很重要的方面，按照 SNA 惯例，这些与利息相关的间接收费服务只适用于金融机构提供的存贷款业务。这里所说的金融机构不一定是常住单位；金融机构的客户也不

限于常住单位，因此，可能发生这类金融服务的进出口。

一、FISIM 进出口的产出测算

如何核算 FISIM 的进出口额并使其与国际贸易保持一致，简单地说，出口到其他国家的 FISIM 应该等于其他国家进口的，反之亦然。无论货币单位的选择是否显示这些流动，涉及非常住金融中介机构应付利息和应收利息，间接测算的金融中介服务的价值是不能直接计算的，因为非常住单位所有交易的利息数据资料是得不到的。在涉及非常住金融机构时，会涉及不同币种的存款和贷款，此时就需要针对不同币种的存贷款选择不同的参考利率。计算国内货币 FISIM 产出时，可以使用单一参考利率，并且每个基础货币都应该有适当的参考利率。针对 FISIM 进出口，建议采用一组货币的若干参考利率去计算FISIM 的进出口，例如国内与国外的银行间同业拆借贷款利率与存款利率的加权平均。

因此，编制机构除了需要与国内 FISIM 产出计算相关的参考利率外，还需要选择可适用于国际贸易中 FISIM 产出计算的参考利率。而FISIM 出口的参考利率可以参照国内计算 FISIM 产出时所使用的参考利率。FISIM 进口的参考利率则可以根据 FISIM 提供国在计算其国内FISIM 产出时所使用的参考利率。这是为了确保国际贸易统计的全球一致性。2010 版的欧洲国民经济账户体系 ESA（european system of accounts）就规定了两种参考利率：一是用于国内 FISIM 生产与使用的各机构部门之间的内部参考利率；二是用于 FISIM 进出口的外部参考利率。内部参考利率主要是采用常驻机构部门之间的存贷款利息数据占存贷款额的比重来计算。而外部参考利率采用常驻金融机构与非常住金融机构之间的存贷款利息数据占两者之间的存贷款额的比例来计算。

二、FISIM 进出口的分摊核算

就分摊而言，如果间接测算的金融中介服务在机构部门之间分摊的话，则应独立地估算间接测算的金融中介服务进出口。鉴于 FISIM 进出口核算的难度与重要性，所以在使用核算里面单列出来。

间接测算的金融中介服务产出被分摊到经济中的产业部门和机构部门，那么其分摊方法也适用于非常住单位的借款方和贷款方。这些分摊额将作为间接测算的金融中介服务的出口出现在国外部门账户。同样，间接测算的金融中介服务的一部分将作为常住单位借款方和贷款方对非常住金融中介机构的应付款项显示。同理，这些服务也作为进口出现在国外账户中。

FISIM 进出口核算目前最大的问题是数据的协调问题，OECD 呈现了一份调查结果，荷兰、捷克共和国、新加坡、加拿大、韩国、日本均参加了调查，结果表明在一般情况下，现有数据计算的 FISIM 进出口值偏低，有人指出美国经济分析局（BEA）最近完成他们对调查的回应，并得到类似的结果。就数据而论，捷克共和国拥有最完善的计算 FISIM 进出口的数据，但是依然缺乏计算国际贸易中 FISIM 的基础数据，包括 FISIM 的分配数据，特别是行业数据。将 FISIM 在行业之间分摊时，如果存贷款的存量数据不可获得，可以使用增加值份额作为替代。

通常需要国际合作来协调 FISIM 的进出口信息，首先考察哪些信息是可获得的，在国家层面是否拥有双边（国内和国外）基础的机构部门利息流量数据。例如，A 国银行支付给 B 国储户（导致 FISIM 出口）的利息数据，B 国非金融机构贷款者向 A 国银行支付利息的数据（导致 FISIM 进口），同样的利息收益将反映 FISIM 的进出口。假设机构部门的信息是可获得的，但是没有存贷款结构信息、货币信息、合作方等，仅仅可能使用平均差额在本国估计出口和进口。如果在一个国家有详细可用的信息，就需要考虑其他国家能使用这些信息吗。尚不清楚各国如何获得与国外存款联系的 FISIM，以及直接支付给存款持有人海外账户的信息，可能需要构建以金融机构流量为基础的国际矩阵。

总之，FISIM 的进出口核算还有很大的研究空间，一方面，应将其与国际服务贸易统计相结合，在国际层面寻求更大的突破。另一方面需要积极完善、协调各个国家的双边基础数据的记录。

第四节　中国 FISIM 分摊的实践改革研究

各部门对金融中介服务的实际消耗量，不仅取决于金融机构部门为其提供存贷款金融服务的数量，还取决于金融机构向其收取的隐性存贷款金融服务价格，而参考利率同时考虑了这两个方面。所以，FISIM 使用核算的精确估算方式是"自下而上"法（参考利率法），尤其是在一个经济体内部，各部门各类存贷款的实际利率（银行）存在较大差异的情况下。但在初始数据不足的情况下，可以考虑采用指标法进行估算。

虽然我国 FISIM 生产核算已基本采纳 SNA（2008）的建议，但使用核算并未采用参考利率法，依然使用相对容易实施的指标法，并且为了适应当前我国的统计核算实践工作，我国并未严格按照联合国统计司的建议实施该方法。就目前来看，我国具有良好的实施参考利率法进行分摊的数据基础，完全可以考虑采用参考利率法实施 FISIM 分摊。本书将同时采用参考利率法和指标法对我国 FISIM 进行分摊，考察比较两种估计结果的差异，以研究两种方法的选取对 FISIM 分摊估算结果的影响，为我国 FISIM 使用核算改革提供实证依据。

一、中国 FISIM 在机构部门之间分摊的改进

指标法得以实施的核心工作是选取合适的分摊指标，联合国统计司建议指标之一是各机构部门的存贷款存量比例。从理论上讲，采用该指标的前提条件是，各机构部门或产业部门的存（贷）款结构和利率基本相同，否则将会存在一定的估算误差。事实上，在我国无论是存（贷）款结构还是存（贷）款利率，各机构部门或产业部门间的差异都很大。

（一）指标选取与数据说明

中国人民银行会公布中国货币与金融统计数据，其中《金融机构本外币信贷收支表》中含有按机构部门的存贷款余额数据，其机构部门的划分与我国国民经济核算体系有关机构部门的划分是基本一致的（见表 4 - 3），存款分为住户存款、非金融企业存款、政府存款、非银行业金融机构存款和境外存款，贷款分为住户贷款、非金融企业及机关团体贷款、非银行业金融机构贷款和境外贷款，为我国FISIM 使用提供相对比较完善的初始数据。

表 4 - 3　　金融机构本外币信贷收支表（关于存贷款余额部分）单位：亿元

来源方项目（Funds Sources）	运用方项目（Funds Uses）
各项存款	各项贷款
（一）境内存款	（一）境内贷款
1. 住户存款	1. 住户贷款
（1）活期存款	（1）短期贷款
（2）定期及其他存款	消费贷款
2. 非金融企业存款	经营贷款
（1）活期存款	（2）中长期贷款

续表

来源方项目（Funds Sources）	运用方项目（Funds Uses）
（2）定期及其他存款	消费贷款
3. 政府存款	经营贷款
（1）财政性存款	2. 非金融企业及机关团体贷款
（2）机关团体存款	（1）短期贷款
4. 非银行业金融机构存款	（2）中长期贷款
（二）境外存款	（3）票据融资
	（4）融资租赁
	（5）各项垫款
	3. 非银行业金融机构贷款
	（二）境外贷款

　　FISIM 的估算结果也取决于计算的频率，年度 FISIM 估计值可能会不同于季度 FISIM 估计值，而后者可能更精确一些，时效性也高。估算年度 FISIM 时必须使用各类存贷款年平均余额，如初始数据为年度数据，则存贷款年平均余额等于年初余额与年末余额的均值；如初始数据为月（季）度数据，则存贷款年平均余额等于 12 个月（4 个季度）的存贷款余额的均值；年初年末平均值估计准确性会低一些。为了便于分析，本书暂时使用的是年度数据而不是季度数据来计算 FISIM，采用的初始数据来源于 2007 年至 2018 年中国人民银行每月发布的《金融机构本外币信贷收支表》[或《金融机构本外币信贷收支表（按部门分类）》]，并利用该表数据推导出各部门各类存贷款年平均余额和变化量（见表 4-4），年平均余额利用 12 个月的均值估算，变化量则采用年末与年初的差额估算。

表 4 - 4　　　　　　2011～2018 年中国各部门各类存贷款

年平均余额和变化量　　　　　单位：万亿元

项目	2011 年	2012 年	2013 年	2014 年	2015 年	2016 年	2017 年	2018 年
一、存款平均存量	78.73	89.23	102.51	113.89	134.42	149.77	164.53	178.15
1. 境内存款	78.07	88.42	101.64	112.80	132.26	147.96	162.45	175.78
（1）住户存款	33.21	38.88	44.65	49.45	53.74	58.79	64.21	69.56
活期存款	12.95	14.76	17.01	18.18	19.19	22.20	24.64	26.07
定期及其他存款	20.26	24.11	27.65	31.27	34.55	36.58	39.58	43.49
（2）非金融企业存款	31.24	34.07	38.74	41.76	41.98	49.01	54.27	56.83
活期存款	13.64	13.43	14.23	13.94	15.26	19.75	22.99	23.57
定期及其他存款	16.08	18.69	22.14	24.83	26.72	29.26	31.26	33.26
其他存款	1.51	1.96	2.37	2.99	0.00	0.00	0.00	0.00
（3）政府存款	13.62	15.47	18.24	21.59	24.16	26.95	29.88	33.00
（4）非银行业金融机构存款	0.00	0.00	0.00	0.00	12.38	13.21	14.09	16.39
2. 境外存款	0.67	0.81	0.88	1.09	2.16	1.81	2.08	2.37
二、贷款平均存量	54.79	63.37	72.95	82.72	94.83	106.89	120.30	135.26
1. 境内贷款	53.76	62.15	71.49	81.02	92.33	103.92	116.85	131.60
（1）住户贷款	12.65	14.88	18.30	21.76	25.24	30.28	37.39	44.53
①消费性贷款	1.40	1.92	2.62	3.35	4.08	4.82	8.14	10.54
短期贷款	1.15	1.62	2.31	2.93	3.69	4.46	5.92	7.80
中长期贷款	0.25	0.30	0.31	0.42	0.39	0.36	2.22	2.74
②经营性贷款	4.42	5.29	6.46	7.50	8.06	8.25	8.71	9.66
短期贷款	2.86	3.38	4.11	4.72	4.92	4.77	4.63	4.85
中长期贷款	1.56	1.91	2.35	2.78	3.14	3.48	4.07	4.81
③住房贷款	6.83	7.67	9.23	10.92	13.09	17.20	20.54	24.33
（2）非金融企业及机关团体贷款	41.11	47.27	53.18	59.25	66.28	72.76	78.80	86.21
①短期贷款	15.88	19.31	22.91	25.41	26.65	27.61	28.91	29.76

项目	2011年	2012年	2013年	2014年	2015年	2016年	2017年	2018年
②中长期贷款	23.44	25.27	27.32	30.39	34.36	38.06	43.83	49.58
③票据融资贷款	1.40	2.11	2.14	2.37	3.83	5.36	4.07	4.55
④融资租赁和各项垫款	0.38	0.58	0.80	1.08	1.43	1.72	1.99	2.32
（3）非银行业金融机构贷款	0.00	0.00	0.00	0.00	0.82	0.88	0.67	0.86
2. 境外贷款	1.03	1.22	1.46	1.71	2.50	2.97	3.44	3.66

资料来源：作者根据中国人民银行公布《金融机构本外币信贷收支表》计算整理得到。

　　参考利率法的前提获得各部门各类存贷款的实际利率水平（或利息）和参考利率。目前还无法通过公开渠道获得我国这方面初始数据，但是，可以采用其他指标近似估算我国各部门各类存贷款实际利率或利息。例如，以各种存贷款的基准利率来代替，但基准利率变动相对较弱，不能及时有效反应市场价格的变化。本书采用主要商业银行各类存贷款年平均利率估算，即以各银行该类存贷款年平均余额占所有银行的比重为权数，对各银行该类存贷款的平均收益率进行加权平均，选取的主要商业银行为五大国有商业银行和除恒丰银行和浙商银行外的 10 家股份制商业银行，各银行各类存（贷）款年平均余额及其平均收益率均来源于 2011 年至 2018 年各商业银行年报。

　　国内参考利率采用单一参考利率，计算方法为内生性参考利率法，即常住金融机构全部贷款总利息收入除以贷款平均存量得到全部贷款的平均利率，常住金融机构全部存款总利息支出除以存款平均存量得到全部存款的平均利率，国内参考利率即为贷款平均利率与存款平均利率的简单平均值，具体数据和计算见表 4-5。为保持数据一致性，全部存贷款利息收支总额为利用主要商业银行各类存贷款年平均利率和各类存贷款平均存量估算得到，并非我国存贷款利息收支总额实际值，通过对比发现估算值低于实际值，意味着估算得到各部门各类存贷款平均利率低于实际水平，但这并不影响对我国 FISIM 使用核算改革研究的探讨。

表 4－5　　　　　2011～2018 年我国各部门各类存（贷）款
年平均利率与国内参考利率　　　　单位：%

项目	2011年	2012年	2013年	2014年	2015年	2016年	2017年	2018年
一、存款平均利率	1.84	2.24	2.19	2.33	2.19	1.75	1.66	1.75
1. 境内存款								
（1）住户存款								
活期存款	0.50	0.44	0.38	0.39	0.38	0.37	0.40	0.43
定期存款	2.70	3.35	3.28	3.35	3.21	2.64	2.47	2.55
（2）非金融企业存款								
活期存款	0.79	0.79	0.72	0.75	0.72	0.66	0.69	0.73
定期及其他存款	2.85	3.42	3.34	3.54	3.23	2.61	2.52	2.66
其他存款	1.72	2.07	2.02	2.16	2.05	1.62	1.54	1.62
（3）政府存款	1.72	2.07	2.02	2.16	2.05	1.62	1.54	1.62
（4）非银行业金融机构存款	1.67	2.02	2.00	2.17	2.05	1.60	1.54	1.63
2. 境外存款	1.72	2.07	2.02	2.16	2.05	1.62	1.54	1.62
二、贷款平均利率	6.12	6.52	6.09	6.19	5.56	4.51	4.45	4.73
1. 境内贷款								
（1）住户贷款								
①消费性贷款								
短期贷款	6.04	6.54	5.83	5.87	5.34	4.31	4.18	4.42
中长期贷款	5.90	6.46	6.28	6.34	5.90	4.74	4.51	4.62
②经营性贷款								
短期贷款	6.04	6.54	5.83	5.87	5.34	4.31	4.18	4.42
中长期贷款	5.90	6.46	6.28	6.34	5.90	4.74	4.51	4.62

续表

项目	2011年	2012年	2013年	2014年	2015年	2016年	2017年	2018年
③住户住房贷款	7.01	6.61	6.37	6.70	5.29	4.55	4.89	5.63
（2）非金融企业及机关团体贷款								
①短期贷款	6.04	6.54	5.83	5.87	5.34	4.31	4.18	4.42
②中长期贷款	5.90	6.46	6.28	6.34	5.90	4.74	4.51	4.62
③票据融资	7.11	6.69	5.83	6.02	4.98	3.69	3.98	4.36
④融资租赁和各项垫款	5.90	6.46	6.28	6.34	5.90	4.74	4.51	4.62
（3）非银行业金融机构贷款	6.08	6.64	6.22	6.29	5.76	4.67	4.45	4.50
2. 境外贷款	6.01	6.56	6.15	6.27	5.76	4.64	4.53	4.64
三、国内参考利率	3.98	4.38	4.14	4.26	3.88	3.13	3.05	3.24

资料来源：作者根据各商业银行年报数据计算整理得到。

（二）分摊结果

1. "自下而上"的方法

金融机构本外币信贷收支表中，关于存贷款类别的细分仍然存在四方面的问题：第一，最大的遗憾在于该表中没有单独列示非营利机构部门（NPISHs）的存贷款余额，而是将非营利机构部门的存款被合并到非金融企业存款，将其贷款合并入非金融企业及机关团体贷款；第二，没有单独列示一般政府部门贷款余额，而是将其合并到非金融企业及机关团体；第三，没有单独列示住户部门的住房贷款余额；第四，没有单独列示住户作为非法人企业所有人的存款——即住户经营性存款。这些给 FISIM 使用分摊核算带来小小的障碍，需要通过一定的假设才能得到相应的 FISIM。

虽然表中没有单独列示住户部门的住房贷款余额，但是中国人民银行发布的历年《金融机构贷款投向统计报告》会公布每个季度的个人购房贷款，其发布的《中国货币政策执行报告》中会公布每个季度的个人购房贷款加权平均利率。在我国，即使是作为非企业法人所有人本人，也很难将经营性存款有效地从其存款中区分出来，为了简便起见，我们假设没有作为非法人企业住户存款。

在国民经济行业分类中，公共管理、社会保障和社会组织（简称公共管理行业）包含中国共产党机关、国家机构、人民政协、民主党派、社会保障、群众团体、社会团体和其他成员组织等，所以，可以将其视为一般政府机构。假设为住户服务的非营利机构仅存在于教育业、卫生与社会工作活动相关行业（简称教育卫生行业）中，教育卫生行业的所有机构单位均满足非营利机构单位特征。中国人民银行编写的《中国金融年鉴》会公布按行业划分的金融机构贷款余额，分别以公共管理行业和教育卫生行业的贷款余额占所有行业贷款余额的比重为依据，分解非金融企业存款 FISIM 和非金融企业及机关团体贷款 FISIM，以获得相应行业的存贷款 FISIM。最终采用参考利率法对 2011 年至 2018 年我国各部门各类存贷款 FISIM 进行估算（结果见附表1），对该估算结果按部门进行汇总和分解，即可得到按照"自下而上"的方法计算的 2011 年至 2018 年我国 FISIM 总供给与使用估算结果（见表 4 - 6）。

表 4 - 6　　　　　　**2011 ~ 2018 年我国 FISIM 总供给与使用表（"自下而上"法）**　　　单位：亿元

项目	2011年	2012年	2013年	2014年	2015年	2016年	2017年	2018年
FISIM 总供给	28599	32685	34246	37928	38660	35421	39693	46656
国内存款 FISIM	16863	19112	20008	21970	22668	20669	22929	26521
住户部门	7109	8302	8793	9891	9027	7909	8839	10310
非金融企业部门	6521	7055	7152	7311	6552	6401	7117	7860
其中：NPISHs	99	89	78	78	73	70	77	80

续表

项目	2011年	2012年	2013年	2014年	2015年	2016年	2017年	2018年
一般政府部门	3082	3567	3877	4539	4424	4068	4525	5336
非银行业金融机构部门	0	0	0	0	2268	2018	2133	2632
国外部门	151	188	187	230	396	274	315	383
国内贷款 FISIM	11736	13573	14238	15958	15991	14751	16764	20135
住户部门	3245	3259	3708	4564	3813	4165	5876	8341
其中：住房所有人	2072	1717	2059	2667	1842	2450	3776	5809
作为非企业法人所有人	889	1128	1194	1338	1354	1128	1112	1234
非金融企业及机关团体部门	8281	10047	10236	11051	11556	10000	10286	11175
其中：机关团体	107	132	133	158	179	123	84	91
NPISHs	126	127	111	118	129	109	112	114
非银行业金融机构部门	0	0	0	0	154	136	94	108
国外部门	209	267	294	343	469	450	509	512
FISIM 总供给	28599	32685	34246	37928	38660	35421	39693	46656
中间消耗	20845	23514	24518	26906	28150	26202	29042	34154
非金融企业部门	14470	16754	17066	18008	17727	16100	17130	18750
一般政府部门	3189	3699	4010	4697	4603	4191	4608	5427
非银行业金融机构部门	0	0	0	0	2422	2154	2227	2740
住户部门 *	2961	2845	3253	4005	3195	3578	4888	7044
NPISHs	225	216	189	196	203	178	189	194
住户消费支出	7393	8716	9248	10449	9645	8496	9827	11607
FISIM 出口	361	454	480	573	865	723	824	895

注：＊表示住户作为住房和非企业法人所有人。
资料来源：作者根据各商业银行年报和中国人民银行网站数据计算整理得到。

2. "自上而下"的方法

很多时候，很难获得按部门分解的初始数据，只能获得一个经济体的存贷款余额和利息收支总额，在此情况下只能采用"自上而下"的方法——指标法，该方法与参考利率法相比差异如何？本书进一步采用此方法对 2011~2018 年我国 FISIM 总产出进行分摊（见表4-7），以再现两种估算结果差异性。为了使得两种估计结果具有可比性，存款 FISIM 总额和贷款 FISIM 总额直接利用参考利率法的估算结果，并依据各部门存贷款余额占所有存贷款余额的比重将 FISIM 分摊至各个机构部门。

表4-7　　2011~2018 年我国存贷款 FISIM 产出总额　　单位：亿元

项目	2011 年	2012 年	2013 年	2014 年	2015 年	2016 年	2017 年	2018 年
国内存款 FISIM	16863	19112	20008	21970	22668	20669	22929	26521
国内贷款 FISIM	11736	13573	14238	15958	15991	14751	16764	20135

资料来源：作者根据各商业银行年报和中国人民银行网站数据计算整理得到。

对于一般政府部门的贷款 FISIM、为住户服务的非金融机构部门的存款贷款 FISIM 和作为非法人企业所有人的住户部门的存款 FISIM，依然采用之前的处理方式从其他部门进行分解得到。最终，按照"自上而下"的方法计算的 2011 年至 2018 年我国 FISIM 总供给与使用估算结果见表4-8。

表4-8　　　　2011~2018 年我国 FISIM 总供给与
使用表（"自上而下"法）　　单位：亿元

项目	2011 年	2012 年	2013 年	2014 年	2015 年	2016 年	2017 年	2018 年
FISIM 总供给	28599	32685	34246	37928	38660	35421	39693	46656
国内存款 FISIM	16863	19112	20008	21970	22668	20669	22929	26521
住户部门	7112	8326	8715	9540	9062	8113	8948	10355
非金融企业部门	6691	7298	7561	8055	7080	6764	7562	8460

续表

项目	2011年	2012年	2013年	2014年	2015年	2016年	2017年	2018年
其中：NPISHs	102	92	82	86	79	73	82	86
一般政府部门	2917	3314	3560	4164	4074	3720	4164	4912
非银行业金融机构部门	0	0	0	0	2088	1823	1964	2440
境外部门	143	174	171	211	365	250	290	353
国内贷款 FISIM	11736	13573	14238	15958	15991	14751	16764	20135
住户部门	2709	3188	3573	4198	4257	4178	5210	6629
其中：住房所有人	1463	1643	1801	2106	2208	2374	2862	3622
作为非企业法人所有人	947	1132	1260	1447	1360	1139	1213	1438
非金融企业及机关团体部门	8805	10124	10380	11430	11176	10041	10981	12835
其中：机关团体	114	133	135	164	173	124	89	104
NPISHs	134	128	113	122	125	109	119	131
非银行业金融机构部门	0	0	0	0	138	122	93	127
国外部门	222	261	285	329	421	410	480	545
FISIM 总供给	28599	32685	34246	37928	38660	35421	39693	46656
中间消耗	20823	23511	24563	27203	28123	25982	28840	33835
非金融企业部门	15146	17068	17611	19114	17879	16499	18253	20974
一般政府部门	3031	3448	3695	4328	4247	3843	4253	5017
非银行业金融机构部门	0	0	0	0	2226	1945	2057	2568
住户部门 *	2410	2776	3061	3553	3568	3513	4075	5060
NPISHs	235	220	195	208	204	182	201	217
住户消费支出	7411	8738	9227	10185	9751	8779	10083	11924
FISIM 出口	365	435	457	540	786	660	770	897

注：* 表示住户作为住房和非企业法人所有人。

资料来源：作者根据各商业银行年报和中国人民银行网站数据计算整理得到。

3. 方法选择对 FISIM 的影响

不同分摊方法的估算结果可能会存在系统偏差，造成分摊结果与实际情况不符。正如将这两种方法应用在中国所表现出来的那样，与"自下而上"法相比，"自上而下"法估算结果会使得某些部门所分摊的 FISIM 增加，而使其他部门所分摊的 FISIM 减少，这种变化是可怕的，因为不同部门所分摊 FISIM 数量对国民经济生产、收入、分配、资产负债的影响是不同的。

如表 4-9 所示，就国内存款 FISIM 而言，与"自下而上"法相比，住户部门和非金融企业部门的历年分摊结果（"自上而下"法）会普遍增加，尤其是非金融企业部门，而一般政府部门、国外部门和非银行业金融机构部门的历年分摊结果会普遍减少。就国内贷款 FISIM 而言，其在不同部门间的变化恰恰相反。与"自下而上"法相比，住户部门和非金融企业部门的历年分摊结果（"自上而下"法）会普遍减少，尤其是非金融企业部门，而国外部门和非银行业金融机构部门的历年分摊结果会普遍增加。由于非营利机构部门存贷款 FISIM 和一般政府部门贷款 FISIM 是按比例从非金融企业部门分解得到，所以，其变化与非金融企业部门相同。然而实际情况如何却不得而知，造成上述系统性偏差原因何在？

表 4-9　　　　　　2011~2018 年我国 FISIM 分摊两种

方法估算结果相对差异　　　　单位：亿元

项目	2011年	2012年	2013年	2014年	2015年	2016年	2017年	2018年
FISIM 总供给								
国内存款 FISIM								
住户部门	0.05	0.29	-0.88	-3.55	0.38	2.58	1.24	0.43
非金融企业部门	2.61	3.43	5.73	10.18	8.05	5.67	6.26	7.65
其中：NPISHs	2.61	3.43	5.73	10.18	8.05	5.67	6.26	7.65

续表

项目	2011年	2012年	2013年	2014年	2015年	2016年	2017年	2018年
一般政府部门	-5.36	-7.09	-8.18	-8.25	-7.92	-8.57	-7.97	-7.93
非银行业金融机构部门					-7.96	-9.66	-7.94	-7.29
境外部门	-5.36	-7.09	-8.18	-8.25	-7.92	-8.57	-7.97	-7.93
国内贷款 FISIM								
住户部门	-16.51	-2.20	-3.66	-8.02	11.63	0.32	-11.33	-20.52
其中：住房所有人	-29.37	-4.29	-12.55	-21.03	19.88	-3.10	-24.20	-37.65
非企业法人所有人	6.52	0.35	5.56	8.11	0.45	0.96	9.06	16.46
非金融企业及机关团体部门	6.32	0.77	1.41	3.43	-3.29	0.41	6.76	14.85
其中：机关团体	6.32	0.77	1.41	3.43	-3.29	0.41	6.76	14.85
NPISHs	6.32	0.77	1.41	3.43	-3.29	0.41	6.76	14.85
非银行业金融机构部门					-10.24	-10.64	-0.51	18.40
国外部门	5.78	-2.07	-2.81	-3.96	-10.21	-8.81	-5.64	6.42

注：*表示住户作为住房和非企业法人所有人。
资料来源：作者根据各商业银行年报和中国人民银行网站数据计算整理得到。

进一步研究发现，在"自上而下"法 FISIM 分摊运算中，本书使用的住户部门和非金融企业部门的存款平均利率高于平均水平。在单一参考利率情况下，这意味着金融机构提供给这些部门的存款 FISIM 隐性服务价格要低于平均水平；而境外部门和非银行业金融机构部门的存款平均利率低于平均水平，这意味着金融机构提供给这些部门的存款 FISIM 隐性服务价格要高于平均水平。就贷款而言，本书使用的住户部门和非金融企业部门的贷款平均利率也高于平均水平，在单一参考利率情况下，这意味着金融机构提供给这些部门的贷款FISIM 隐性服务价格要高于平均水平；而国外部门和非银行业金融机构部门的贷款平均利率低于平均水平，这意味着金融机构提供给这些部门的贷款 FISIM 隐性服务价格要低于平均水平。

"自下而上"的方法是按照各机构部门实际使用的 FISIM 价值进行分摊的，而实际使用的 FISIM 价值是由金融机构提供给各部门的 FISIM 服务数量和隐性服务价格共同决定的。而本书中采用的"自上而下"的方法仅按照金融机构提供给各部门的 FISIM 数量进行分摊，没有考虑隐性服务价格，默认金融机构部门提供给各机构部门的隐性服务价格相同——平均水平。这就造成了，在采用"自上而下"法分摊时，实际隐性服务价格低的机构部门的服务价格被提高，其分摊的 FISIM 被高估；而实际隐性服务价格高的机构部门的服务价格被降低，其分摊的 FISIM 被低估，导致出现系统性偏差。

采用"自上而下"的方法进行分摊时，以各部门的存贷款余额为分摊指标，可以发现哪些机构部门所分摊的 FISIM 估算结果被高估或低估。但是，以其他指标进行分摊时，也可能会出现系统性偏差，但对各机构部门的影响方向就不得而知了。"自上而下"的方法是有假设前提的，这意味着在进行 FISIM 部门分摊时应该谨慎使用"自上而下"的方法。当金融机构提供给各机构部门的 FISIM 隐性服务价格大致相同的情况下，以存贷款余额作为分摊指标，其估算结果才会与真实情况大体一致；当采用其他指标时，则应该做到该指标在各机构部门的分布结构与 FISIM 价值相同。

（三）机构部门分摊对中国国民经济核算的直接影响

传统的分摊方法是 FISIM 产出分摊给一个名义部门，将 FISIM 产出全部作为该名义部门的中间投入，该名义部门的产出为零，增加值

（和营业盈余）与 FISIM 产出大小相等，符号相反。将 FISIM 产出全部作为中间消耗，不会对 GDP 产生影响。

1. 对中间消耗的影响

中间消耗在国民经济生产核算和投入产出核算中占有重要的地位，在生产法国内生产总值核算中，中间消耗是计算各部门增加值的基础指标，与增加值之间存在反向关系；在投入产出核算中，部门与部门之间的中间消耗反映了它们间的经济技术联系。"自上而下"的 FISIM 分摊估算结果再现了真实的其他部门对金融部门的中间消耗水平，传统的分摊方法将 FISIM 产出作为名义部门的中间消耗将会导致以下两个方面的问题：一方面降低了其他部门的中间消耗水平，人为提高了某些其他部门的增加值（或降低某些部门的总产出）；另一方面割裂了金融部门与其他部门之间的经济联系，人为降低了住户部门等对金融机构部门的依赖程度。

如表 4-10 所示，2018 年所有部门对 FISIM 的中间消耗为 33835 亿元，其中，非金融企业部门、非银行业金融机构部门和作为住房和非企业法人所有人的住户部门对其中间消耗分别为 20974 亿元、2568 亿元和 5060 亿元，也就意味着这些部门的增加值将会相应地减少。一般政府部门和 NPISHs 部门对 FISIM 的中间消耗分别为 5017 亿元和 217 亿元，则代表这些部门的总产出相应增加，但增加值不变。另外，非金融企业部门对 FISIM 的中间消耗远高于其他部门，说明与其他部门相比非金融企业部门对金融机构部门依赖程度更高。但 2011 年至 2018 年期间其所占的比重却在不断下降，而作为住房和非企业法人所有人的住户部门所占的比重却在逐步提高，这说明，在住户部门对住房需求和创新创业需求不断提高的背景下，作为住房和非企业法人所有人的住户部门对金融机构部门的依赖程度在逐步提高。

表 4 – 10   2011～2018 年其他部门对金融机构部门的
中间消耗总额与占比

	项目	2011年	2012年	2013年	2014年	2015年	2016年	2017年	2018年
金额（亿元）	总计	20823	23511	24563	27203	28123	25982	28840	33835
	非金融企业部门	15146	17068	17611	19114	17879	16499	18253	20974
	一般政府部门	3031	3448	3695	4328	4247	3843	4253	5017
	非银行业金融机构部门					2226	1945	2057	2568
	住户部门*	2410	2776	3061	3553	3568	3513	4075	5060
	NPISHs	235	220	195	208	204	182	201	217
占比（%）	非金融企业部门	72.74	72.60	71.70	70.26	63.57	63.50	63.29	61.99
	一般政府部门	14.56	14.67	15.04	15.91	15.10	14.79	14.75	14.83
	非银行业金融机构部门					7.92	7.49	7.13	7.59
	住户部门*	11.57	11.81	12.46	13.06	12.69	13.52	14.13	14.95
	NPISHs	1.13	0.94	0.79	0.76	0.73	0.70	0.70	0.64

注：* 表示住户作为住房和非企业法人所有人。
资料来源：作者根据各商业银行年报和中国人民银行网站数据计算整理得到。

2. 对增加值与国民收入的影响

从机构部门角度看，FISIM 的有效分摊将会增加机构部门的中间消耗。但从整个国民经济的角度来看，FISIM 的有效分摊还将会影响国内生产总值和国民总收入的变化。分摊至一般政府、NPISHs、作为消费者的住户和国外四个部门的 FISIM，会使得国内生产总值增加，所以，与传统的名义部门分摊方法相比，"自下而上"的分摊方法，将会使得 2018 年国内生产总值增加 18055 亿元（见表 4 – 11），主要来源是作为消费者的住户部门对金融机构部门 FISIM 服务的直接消费，达 11924 亿元。除 FISIM 出口外，其他三个部门的增加值也会提高，还会带来国民总收入的增加，达 17157 亿元。另外，通过进一

步分析表明：如采用"自上而下"的方法分摊 FISIM，将会导致国内
生产总值和国民总收入的增加量减少。

表 4-11　　　2011～2018 年我国存贷款 FISIM 分摊对国内
生产总值和国民总收入的影响　　　单位：亿元

项目	2011 年	2012 年	2013 年	2014 年	2015 年	2016 年	2017 年	2018 年
中间消耗								
一般政府部门	3031	3448	3695	4328	4247	3843	4253	5017
NPISHs	235	220	195	208	204	182	201	217
住户部门（作为消费者）	7411	8738	9227	10185	9751	8779	10083	11924
国外部门	365	435	457	540	786	660	770	897
国内生产总值变化量	11042	12841	13573	15261	14988	13465	15308	18055
国民收入变化量	10677	12406	13117	14720	14202	12804	14538	17157

资料来源：作者根据各商业银行年报和中国人民银行网站数据计算整理得到。

二、FISIM 作为中间消耗在国民经济行业之间分摊的改进

获得国民经济各行业的存贷款余额和利息等方面的信息，往往是
非常困难的。所以，FISIM 作为中间消耗在国民经济行业之间的分摊
往往更多的是采用指标法。联合国统计司建议指标之一是各产业部门
的增加值。从理论上讲，采用该指标的前提条件是国民经济各行业的
存贷款 FISIM 服务使用效率相同，从而使得增加值的行业结构与
FISIM 中间消耗的行业结构相同。本书将同时采用各行业增加值和贷
款余额两个指标对我国贷款 FISIM 进行分摊，考察比较两种估计结果
的差异，以研究指标的选取对 FISIM 分摊结果的影响，为我国 FISIM
使用核算改革提供实证依据。

（一）方法选择和数据说明

如果能够获得国民经济各行业的存贷款余额和应收应付利息，则可以采用"自下而上"的方法分摊 FISIM。目前只能获得我国国民经济各行业的贷款余额，无法获知各行业的贷款类型结构或利率水平，所以只能采用"自上而下"的方法进行分解。这里以联合国统计司建议的行业增加值作为分摊指标，鉴于能够获得各行业贷款余额，同时采用该指标分摊存贷款 FISIM，并以此估算结果作为评判标准考察分摊指标的选取对 FISIM 分摊估算结果的影响（虽然该估算结果存在系统性偏差，但从历史估算数据来看，估计误差均在10% 以内）。2011～2017 年我国行业增加值构成数据来源于《中国统计年鉴》，2011～2017 年我国各行业贷款余额构成数据来源于《中国金融年鉴》。

为了保持数据的前后一致性，在此，直接对机构部门分摊结果中作为中间消耗的存贷款 FISIM 总额（即非金融企业、一般政府、非银行业金融机构和 NPISHs 四个部门所分摊的 FISIM 总额）进行分摊，暂不考虑作为住房和非法人企业所有人的住户。

（二）分摊结果

就贷款而言，不考虑 FISIM 隐性服务价格，仅按行业贷款余额进行分摊一定会存在估算误差，其大小完全取决于各行业之间的贷款利率差异的大小，当各行业之间的贷款利率差异较大时，估算精度就会相对较差。我国的实际情况是，各行业之间的贷款利率确实存在一定差异，但是差异并不大，由此带来的各行业 FISIM 隐性服务价格差异更小一些。所以，虽然利用各行业贷款余额分摊 FISIM 估算结果有误差，但依然具有较大的可行性。由表 4 - 12 可以看出，制造业、房地产业、水利环境和公共设施管理业、批发和零售业、租赁和商务服务业、交通运输仓储和邮政业是使用贷款 FISIM 的重点行业。其中，

2017 年制造业所消耗的贷款 FISIM 最大，达 1913 亿元，但 2011 年至 2017 年间其变化趋势呈逐步下降的态势；而租赁和商务服务业分摊的贷款 FISIM 呈逐年上升的趋势。而其他行业对贷款 FISIM 的中间消耗相对较小。

通过对比分析发现，对 FISIM 中间消耗的进一步分摊时，按行业增加值与按行业贷款余额的分摊估算结果差异非常巨大，且毫无规律性（见表 4 - 12）。以农林牧渔业为例，2008 年，按贷款余额分摊，其 FISIM 分摊估算值为 160 亿元；而按行业增加值分摊，其 FISIM 分摊估算值为 818 亿元，成为 FISIM 中间消耗位居第四的行业，再如，科学研究和技术服务业按贷款余额分摊，2008 年其 FISIM 分摊估算值为 37 亿元，而按行业增加值分摊其 FISIM 分摊估算值为 205 亿元。

表 4 - 12　　　　2011 ~ 2017 年我国贷款 FISIM 按行业
增加值和贷款余额分摊结果　　　　单位：亿元

	项目	2011年	2012年	2013年	2014年	2015年	2016年	2017年
	贷款 FISIM（作为中间消耗）	8281	10047	10236	11051	11709	10137	10380
按贷款余额分摊	农林牧渔业	143	168	180	203	199	163	160
	采矿业	328	423	412	431	424	341	307
	制造业	2110	2613	2618	2644	2510	2029	1913
	电力、热力、燃气及水	746	828	769	810	824	716	759
	建筑业	337	460	488	546	555	475	504
	批发和零售业	1135	1283	1408	1481	1485	1217	1175
	交通运输、仓储和邮政业	43	1378	1398	1566	1642	1422	1465
	住宿和餐饮业	952	98	113	123	120	97	91
	信息传输、软件和信息	71	53	59	59	66	65	81
	金融业	32	54	62	75	550	523	456
	房地产业	720	836	875	1012	1057	884	936

续表

项目		2011年	2012年	2013年	2014年	2015年	2016年	2017年
按贷款余额分摊	租赁和商务服务业	553	658	712	847	971	1020	1258
	科学研究和技术服务业	19	25	30	34	35	33	37
	水利、环境和公共设施管理业	807	849	791	848	870	839	971
	居民服务、修理和其他服务业	50	43	39	41	38	31	29
	教育	66	59	56	61	59	50	46
	卫生和社会工作	39	50	53	63	68	60	60
	文化、体育和娱乐业	26	36	40	48	54	47	50
	公共管理、社会保障和社会组织	107	132	133	158	181	125	84
按增加值分摊	农林牧渔业	812	985	992	990	1022	855	818
	采矿业	447	469	440	404	326	250	266
	制造业	2618	3116	3081	3371	3455	2935	3042
	电力、热力、燃气及水	211	263	260	255	256	210	212
	建筑业	562	692	710	773	796	681	700
	批发和零售业	748	937	980	1076	1130	976	982
	交通运输、仓储和邮政业	373	447	453	491	520	453	470
	住宿和餐饮业	147	179	178	192	207	183	186
	信息传输、软件和信息	174	222	236	275	317	300	334
	金融业	525	662	717	804	988	837	827
	房地产业	482	588	626	655	712	660	682
	租赁和商务服务业	161	211	232	263	292	267	277
	科学研究和技术服务业	120	157	169	211	230	200	205
	水利、环境和公共设施管理业	36	48	53	60	66	58	60
	居民服务、修理和其他服务业	129	153	150	167	185	175	186
	教育	246	304	321	365	414	367	378
	卫生和社会工作	126	169	191	219	255	234	241

项目		2011年	2012年	2013年	2014年	2015年	2016年	2017年
按增加值分摊	文化、体育和娱乐业	54	66	67	74	84	75	84
	公共管理、社会保障和社会组织	309	378	378	405	454	420	430

资料来源：作者根据各商业银行年报和中国人民银行网站数据计算整理得到。

　　造成上述差异的主要原因在于，按行业增加值进行分摊的假设前提是，各国民经济行业的存贷款 FISIM 服务使用效率相同，从而使得增加值的行业结构与 FISIM 中间消耗的行业结构相同。而上述假设与实际情况存在较大差异，实际上不同行业具有不同的生产特征，有些行业是资本密集型产业，有些是劳动密集型产业，有些是资源密集型产业，有些是知识密集型产业。而恰恰是这一特征决定每个行业的单位增加值所消耗的 FISIM 并不相同，且差异较大。正是如此，劳动密集型的农林牧渔业和知识密集型的科学研究和技术服务业对资本需求相对较低，单位增加值所消耗的 FISIM 也会较低，如按行业增加值分摊贷款 FISIM，自然会高估其 FISIM 分摊估计值。

　　同样的道理也适用于存款 FISIM 分摊估算，但这并不意味着采用行业贷款余额分摊 FISIM 要比按行业增加值更准确，原因在于贷款余额行业结构并不一定与存款 FISIM 行业结构相同，可能两者之间并没有直接的联系。虽然行业贷款余额和增加值两种指标的分摊结果也存在较大差异（见附表 2），但至于哪种指标分摊估算结果更接近实际情况不得而知。所以，分摊结果在此不做进一步说明。

三、中国 FISIM 分摊实践总结

　　（1）我国具有相对较为完善的按机构部门划分的金融机构信贷收支统计数据资料，这为我国 FISIM 机构部门分摊奠定了良好的数据

基础，利用现有基础数据已基本可以实现 FISIM 机构部门的近似分摊，估算误差相对较小。

如果要想得到更为精确估算结果，国家统计局可以与中国人民银行加以合作，在现有金融机构信贷收支表的基础上，进一步细分出非营利机构部门（NPISHs）的存贷款、个人购房贷款、机关团体贷款和住户经营性存款。另外，根据已有研究成果可以基本判断，中国人民银行已掌握按机构部门划分的金融机构各类存贷款利息收支数据资料，并已于国家统计局共享此数据，只是未对外公开而已。相对而言，我国 FISIM 产业部门分摊所需的基础数据资料相对比较缺乏，仅有按行业划分的年末贷款余额，缺少按行业划分的存贷款利息收支数据（或存贷款平均利率），尤其是缺少按行业划分的年末存款余额。

（2）"自下而上"的方法是一种相对比较精确的分摊方法，在数据允许的条件下，尽量采用选择该方法进行 FISIM 机构部门（或产业部门）分摊，我国基本具备采用"自下而上"分摊方法的数据条件。在无法获得所需数据的情况下，也可以采用考虑采用"自上而下"的方法，在采用该方法时，指标的选取尤为重要，应谨慎选择，否则将会带来大相径庭的严重后果。

联合国统计司建议采用存贷款余额、增加值和总产出等指标进行分摊。采用存贷款余额作为分摊指标，其应用的前提条件是各机构部门（产业部门）的各类存贷款结构和平均利率大致相同。由于我国的实际情况并不满足该假设，所以，采用该方法对我国 FISIM 进行机构部门分摊时，会存在一定的估算误差，但估算误差相对较小，经验数据表明应该在 10% 以内。而采用除了存贷款余额以外的其他指标进行分摊时，前提要保证该指标的机构（产业）部门分布结构与 FISIM 中间消耗的机构（产业）部门结构大致相同。我国 FISIM 产业部门分摊估算结果表明，增加值并不是一个相对较好分摊指标，原因在于不同机构（产业）部门的资金投入产出效率存在较大差异，导致其单位增加值对资金的需求存在较大差异。

第五节　参考利率的选取对 FISIM 分摊的影响
　　　　　——以中国为例

一、不同参考利率下 FISIM 在机构部门之间分摊

（一）贷款 FISIM 的分摊

中国金融机构本外币信贷收支表，将贷款按照贷款去向，大致分为住户贷款、非金融企业及机关团体贷款、非银行业金融机构贷款与境外贷款（见表 4-13）。依据这四种贷款去向与国民经济核算的机构部门分类基本一致，住户贷款我们可以归为住户部门对金融服务的使用；非金融企业贷款可以归为非金融企业部门对 FISIM 的使用；境外贷款则归到国外部门，机关团体贷款在这里我们看作政府部门。

表 4-13　　　　　　　　**2017 年中国本外币贷款余额**　　　　单位：亿元

贷款去向	贷款余额
1. 住户贷款	373860
2. 非金融企业及机关团体贷款	787998
3. 非银行业金融机构贷款	6688
4. 境外贷款	34437

资料来源：中国人民银行网站。

表 4-13 显示了中国 2017 年分机构部门的贷款数据，根据该数据进一步采用中国账面价值参考利率，SNA 建议的参考利率、加权

参考利率与欧盟经坏账核销调整的参考利率，共同测算贷款 FISIM 在不同机构部门的分摊情况①。具体测算时按照贷款 FISIM 的计算公式测算各个机构部门对贷款 FISIM 的使用情况，如表 4 - 14 所示。

表 4 - 14　　　　　　　按不同参考利率下贷款 FISIM 在
各个机构部门的分摊　　　单位：亿元

机构部门	账面价值参考利率	SNA 建议的参考利率	加权参考利率	以国债利率作为无风险参考利率	欧盟经坏账核销调整的参考利率
住户部门	13845.90	11162.84	7059.36	9873.02	8903.90
非金融企业及政府部门	29183.50	23528.32	14879.28	20809.72	18767.07
金融机构部门（非银行业）	247.69	199.69	126.29	176.62	159.28
国外部门	1275.38	1028.24	650.26	909.43	820.16

资料来源：作者根据中国债券信息网、中国人民银行、中国银保监会、中国货币网、Wind 咨询和主要商业银行年报数据计算整理得到。

可以看出，不论哪种参考利率下，非金融企业及政府部门都是贷款 FISIM 使用最多的部门，这里面起决定性作用的主要是非金融企业，作为国民经济生产的主力军，需要大量的资金流动，从而贷款也是它们最常采用的筹资方式。而归为政府部门的机关团体贷款量比较少，统一归类到非金融企业部门及政府部门。住户部门对贷款 FISIM 的使用仅次于非金融企业，再下来是国外部门。而这里的金融机构部门是指非银行业的金融机构，包括证券、保险、信托等机构，这些金融机构的贷款量是非常少的，对 FISIM 的分摊量在各个参考利率下都非常小。

从不同的参考利率来看，账面价值参考利率测算的贷款 FISIM 最

①　之所以采用这四种参考利率测算，是想把第三章参考利率的风险调整和期限调整时，所选择的最优参考利率与 SNA 建议的参考利率与中国账面价值参考利率进行对比。

大，导致该参考利率下不同部门对 FISIM 的使用最大，其次是 SNA 建议的参考利率，国债利率与加权参考利率排在第三、第四。欧盟经坏账核销调整的参考利率计算的各个部门的 FISIM 的分摊额最小。

（二）存款 FISIM 的分摊

为了将存款 FISIM 在机构部门之间进行合理的分摊，首先就需要获得各个金融机构的存款数额，根据金融机构本外币信贷收支表 2017 年的数据，我国机构部门的存款数据如表 4 – 15 所示。

表 4 – 15　　　　　　**2017 年中国本外币存款额**　　　　　单位：亿元

存款部门分类	存款额
1. 住户存款	642119
（1）活期存款	246359
（2）定期及其他存款	395760
2. 非金融企业存款	542667
（1）活期存款	229948
（2）定期及其他存款	312718
3. 政府存款	298798
4. 非银行业金融机构存款	140914
5. 境外存款	20835

资料来源：中国人民银行。

根据该表 4 – 15 中的存款主体，可以将存款金融中介服务分摊到不同机构部门。住户部门的存款自然归属到住户部门对金融服务的使用。以此类推，从而获得金融机构部门（非银行业）、非金融企业部门、政府部门，以及国外部门对存款 FISIM 的使用。非营利机构的存款服务使用包括在了非金融企业里面。

具体分摊数额的计算是按照存款 FISIM 的计算公式，即 FISIM =

（参考利率－存款利率）×存款额。涉及的活期存款采用的是活期存款利率（0.35%），而定期存款类型较多（利率不一），这里统一选择一年期存款基准利率。而参考利率则是根据我们前面的分析分别选择了中国实践中的账面价值参考利率、SNA 建议的参考利率、经风险和期限调整的参考利率。分摊结果见表 4－16。

表 4－16 不同参考利率下存款 FISIM 在各个机构部门的分摊

单位：亿元

机构部门	账面价值参考利率	SNA 建议的参考利率	加权参考利率	以国债利率作为无风险参考利率	欧盟经坏账核销调整的参考利率
住户部门	5860.73	10468.99	17516.87	12684.30	14348.81
非金融企业	5203.08	9097.60	15053.88	10969.80	12376.50
政府部门	4845.01	6989.38	10268.97	8020.23	8794.78
非银行业金融机构部门	2284.92	3296.21	4842.87	3782.36	4147.64
国外部门	337.83	487.36	716.04	559.24	613.24

资料来源：作者根据中国债券信息网、中国人民银行、中国银保监会、中国货币网、Wind 咨询和主要商业银行年报数据计算整理得到。

通过表 4－16 可以看出，住户部门是存款服务使用最多的部门，这个与实际情况是相符的，因为住户是所有机构部门中的存款大户。其次是非金融企业、政府部门、非银行金融机构部门与国外部门。从参考利率的选择来看，加权参考利率所计算的存款 FISIM 在各个机构部门的分摊数额是最大的。账面价值参考利率所计算的存款 FISIM 分摊数额则最小。

二、不同参考利率下 FISIM 在产业部门之间分摊

鉴于目前只能获得贷款的分行业统计资料，这里我们以 2017 年

的中国分行业贷款为例，来展示一下各种参考利率在不同产业部门对 FISIM 的分摊结果。如表 4 - 17 所示：表格第一列是 2017 年中国金融机构分行业贷款统计的行业名称，第二列是各个行业的贷款平均余额数据。第三到第七列分别是五种不同的参考利率所计算的贷款 FISIM 数额，该数额既作为金融机构为各个行业提供的贷款 FISIM 产出，也作为各个行业对金融行业 FISIM 服务的使用分摊。具体分摊数额是按照贷款 FISIM 的计算公式测算的，即：贷款 FISIM =（贷款利率 - 参考利率）× 贷款余额。此时贷款利率采用的是中国 2017 年金融机构的人民币贷款加权平均利率。

表 4 -17　　　　2017 年不同参考利率下贷款 FISIM 在各产业部门的分摊　　　　单位：亿元

金融机构（含外资）贷款分行业统计	本外币余额	账面价值参考利率	SNA 建议的参考利率	加权参考利率	以国债利率作为无风险存款参考利率	欧盟经坏账核销调整的参考利率
A. 农、林、牧、渔业	12284.1	449.33	341.39	202.27	292.67	262.64
B. 采矿业	23559.6	861.77	654.75	387.93	561.31	503.72
C. 制造业	146939.5	5374.82	4083.63	2419.49	3500.83	3141.68
D. 电力、热力、燃气及水生产和供应	58309.55	2132.87	1620.49	960.12	1389.23	1246.70
E. 建筑业	38721.37	1416.37	1076.11	637.58	922.54	827.89
F. 批发和零售业	90252.91	3301.31	2508.24	1486.10	2150.28	1929.68
G. 交通运输、仓储和邮政业	112508.63	4115.39	3126.75	1852.56	2680.52	2405.52
H. 住宿和餐饮业	6975.71	255.16	193.86	114.86	166.20	149.15
I. 信息传输、软件和信息技术服务业	6238.33	228.19	173.37	102.72	148.63	133.38
J. 金融业	35049.21	1282.05	974.06	577.12	835.05	749.38
K. 房地产业	71872.48	2628.98	1997.42	1183.45	1712.36	1536.69
L. 租赁和商务服务业	96608.72	3533.80	2684.87	1590.75	2301.70	2065.57

续表

金融机构（含外资）贷款分行业统计	本外币余额	账面价值参考利率	SNA 建议的参考利率	加权参考利率	以国债利率作为无风险存款参考利率	欧盟经坏账核销调整的参考利率
M. 科学研究和技术服务业	2832.79	103.62	78.73	46.64	67.49	60.57
N. 水利、环境和公共设施管理业	74569.92	2727.65	2072.39	1227.86	1776.63	1594.36
O. 居民服务、修理和其他服务业	2247.18	82.20	62.45	37.00	53.54	48.05
P. 教育	3543.46	129.61	98.48	58.35	84.42	75.76
Q. 卫生和社会工作	4575	167.35	127.14	75.33	109.00	97.82
R. 文化、体育和娱乐业	3811.89	139.43	105.94	62.77	90.82	81.50
S. 公共管理、社会保障和社会组织	6491.2	237.44	180.40	106.88	154.65	138.79

资料来源：作者根据中国债券信息网、中国人民银行、中国银保监会、中国货币网、Wind 咨询和主要商业银行年报数据计算整理得到。

根据五种不同的参考利率将贷款 FISIM 在不同产业部门之间分摊，分摊结果如表 4 - 17 所示，各种参考利率对应的不同产业部门的贷款 FISIM 总产出变化趋势大体相同。从产业部门横向比较看，制造业对 FISIM 的使用分摊最多，交通运输、仓储和邮政业次之。科学研究和技术服务业，居民服务、修理和其他服务业等的贷款 FISIM 使用较少。纵观所有行业，采用账面价值参考利率测算得到的贷款 FISIM 是所有参考利率中最大的，采用加权参考利率测算得到的贷款 FISIM 在所有产业中均最小。

第五章　FISIM 物量核算的改进与拓展

第一节　FISIM 物量核算方法概述

宏观经济管理的基本目标是经济持续均衡增长、物价稳定、充分就业和国际收支平衡，而国民经济核算的任务是为宏观经济管理提供统计信息，起着信息反馈、咨询和监督的作用。因此，为了确保能够对通货膨胀和经济增长进行系统而详尽的分析，需要将货物服务流量的价值变化直接分解为两个组成部分，一个反映相关货物服务的价格变化，另一个反映其物量变化，进一步测量国民经济中各主要总量的价格和物量变化。物量测度和价格指标在国民经济核算中都非常重要，但使用者主要关注的是物量测度的增长率，而不是价格变化。因此，首先编制的是实际物量的国民经济账户和现价的国民经济账户，价格则是通过现价值与相应的物量值相除而推算出来的。

测量货物服务的价格和物量应在同一核算框架下进行，这样做的优点主要在于它可以对数值的一致性和整个指标集的可靠性进行检验，如果经济中每一个货物服务流量（包括用物量形式表示比用现价形式表示更难的非市场货物服务）都必须包括在内，那么这是非常重要的。另一个优点是，隐含价格和物量测度可以从某些重要的平衡项目得到。

一、不变价国内生产总值核算研究背景

(一) 不变价国内生产总值核算研究的必要性

按照现行价格计算的 GDP 中包含了物量和价格两个因素，然而纯粹的价格变化并不会真正地扩大经济规模，也不能使人民的生活水平提高。因此，分析经济增长，必须对价格和物量因素的变动分别进行分析。不变价 GDP 核算就是通过科学的方法，剔除掉由于单纯的价格上涨带来的经济发展的虚增量，反映经济的真实变动。从而使GDP 能够为经济运行的动态分析提供依据，根据 GDP 时间序列的变动特征研究经济的变化过程和规律。

中国在不变价核算方面，一些行业不变价增加值核算采用的价格指数与国内生产总值核算的要求存在差距，还有一些行业没有能够反映本行业价格变动趋势的价格指数，等等。服务业的物量核算就存在较大难度，其困难主要是由服务业自身固有的特征所决定的。与有形产品不同的是，大多数服务没有一个合理的测量其数量特征的物量单位，这就给服务的定价造成困难。进一步给服务物量指数和价格指数的编制带来困难。在金融服务行业中，甚至不可能得到产出的价格或者物量变化的满意估计，特别是 FISIM 的物量核算。这些问题都影响了不变价国内生产总值数据的精确程度，影响到不变价国内生产总值反映实际经济增长和产业结构变动的准确性。因此，完善中国不变价GDP 核算，实现不变价 GDP 核算方法与国际通行的方法接轨，成为中国 GDP 核算的重要任务。

(二) 不变价国内生产总值核算研究的基本原则

不变价 GDP 核算的主要目的是剔除现价 GDP 中的价格因素，合理地反映实际经济总量和实际经济增长率。中国的 GDP 核算建立的时间相对较短，统计基础还比较薄弱，按照国际上通行的核算准则，采用国际上先进的核算方法，结合中国统计具体实践，建立一个合理的、能够比较准确地描述中国经济状况的不变价 GDP 核算方法必须遵循一些基本原则：一是采用国际通行的核算方法；二是充分利用中国现有的统计基础。

采用国际通行的核算方法就是要严格按照国民经济核算体系核算 GDP。国民经济核算体系是描述一个国家或地区宏观经济全貌的一个基本框架，它由一套逻辑严密、协调一致而完整的国民经济账户、资产负债表和其他表式，以及根据一系列国际通用的概念、定义、分类、核算原则和科学核算方法组成。不变价 GDP 核算价格指数很重要，有了适应不变价 GDP 核算需要的价格指数，就为不变价 GDP 核算奠定了良好的基础。不变价 GDP 核算需要的价格指数要达到以下几点要求：第一，价格指数的编制要符合国际通行的规则。尽量引进链式环比价格指数，对于质量变化比较快的物品、尽量对价格指数进行质量调整，解决传统的定基价格指数无法准确地反映产品的更新换代，与真实的价格变动存在偏差的问题。第二，要选择国际通行的价格指数，中国现有的价格指数，包括居民消费价格指数、工业品出厂价格指数等，都是拉氏价格指数，或者改进后的拉氏价格指数。要选择国际通用的价格指数。第三，所有价格指数基年的选择要一致。这样才能使不变价 GDP 核算建立在统一基年的基础上。第四，对于没有建立价格指数的领域，如服务业生产价格指数，要尽早建立适应不变价 GDP 核算需要的价格指数。总之，中国的不变价 GDP 核算，一定要在国际准则的基本框架下，从中国的实际出发，充分运用中国现有的基础统计数据，建立符合中国实际情况的核算方法。

二、FISIM 物量核算方法

FISIM 产出作为金融业产出的重要组成部分，金融业甚至宏观经济运行状况的判断直接受到 FISIM 产出增长速度准确程度的影响。准确测算 FISIM 的价格和物量显得尤为重要，价格的急剧变化和利差的计算均可以改变存贷款 FISIM 的相对价值，从而影响 GDP。为了客观地反映 FISIM 产出状况的变化，需要考察 FISIM 物量的变动情况，而不是价值的变动，这就需要进行 FISIM 的物量核算。FISIM 物量核算的真正目的是全面准确地反映 FISIM 的实际增长及其结构的变化。

间接测算的金融中介服务如同大多数服务一样，没有一个合理的测量其数量特征的物量单位，从而无法确定价格。尽管存在市场交易，但由于 FISIM 服务费用是间接收取的，也无法直接观察其价格信息。这些都使得 FISIM 价格与物量核算面临较大困难，甚至不可能得到其物量变化的满意估计。本书对比分析理论与实践中各种 FISIM 物量核算方法，以探寻合理的 FISIM 物量核算方法。

（一）现价 FISIM 总产出核算

为了对 FISIM 物量核算有一个清楚的认识，有必要从 FISIM 名义总产出的测算方法入手。在 SNA（1993）中，现价 FISIM 核算采用利息收支差法，即应收财产收入和应付利息之差，SNA（2008）改进了 FISIM 的核算方法，建议采用参考利率法。引出"参考"利率的概念。贷款者向银行支付的利率与参考利率的差额，加上参考利率和实际付给存款者的利率之间的差额，即为间接测算的金融中介服务（FISIM）费率[1]。贷款利率高于参考利率的那部分可以视为金融机构向贷款者提供的单位贷款额的隐性服务费率（价格），借款利率低于参考利率的那部分可以视为金融机构向存款者提供的单位存款额的隐性服务费率。从而，FISIM 总产出就等于金融机构为贷款者提供贷款服务的间接收入和金融机构为存款者提供存款服务的间接收入，核算公式如下：

---

[1]　参考 SNA（2008）6.163 段。

$$现价 FISIM 总产出 = 现价贷款 FISIM 总产出 + 现价存款 FISIM 总产出$$
$$= 贷款存量 \times (贷款利率 - 参考利率)$$
$$+ 存款存量 \times (参考利率 - 存款利率) \quad (5-1)$$

现价 FISIM 总产出核算方法显示，现价 FISIM 总产出的价格因素体现在两方面：一是由参考利率和银行利率共同决定的金融中介服务价格，其代表了金融中介机构的利润水平（毛利率）；二是以存贷款价值为表现形式的服务数量，即 FISIM 服务价格和服务数量均包含价格因素。所以，存贷款利率与参考利率之间的相对变化以及国民经济总体物价水平的变化均为影响 FISIM 产出变动的价格因素。

（二）FISIM 物量核算方法

以现价计算的经济变量的变化是由价格和数量的变化共同造成的。这就意味着使用现价数据计算得到 FISIM 产出的变化可能还反映了价格的变化。因此若要核算 FISIM 的物量变化，需要将价格因素从 FISIM 现价产出中剔除，以核算剔除通货膨胀因素后的 FISIM 物量产出。

获得 FISIM 物量的理想方法是针对 FISIM 每项具体构成选择适当的价格指数来对 FISIM 各项构成进行缩减。然而这种方法未必可行，因为在实践中很难找到能够直接观测到的同时又真正能够代表 FISIM 产出的价格数据。因此需要考虑其他方法来实现 FISIM 的物量核算。

1. 产出指标法

产出指标法是为每类存贷款业务选择相应的产出指标，产出指标要能够有效反映每类存贷款活动的多少。产出指标可能包括银行账户数量、存贷款数量、支票数量、转账数量、新发放消费贷款数量、发行信用卡数量、新发放住房贷款数量等。根据每项活动成本构成或各项活动产出的 FISIM 价值赋予各产出指标一定的权重，进而得出存贷款的物量指标，以核算其物量。这也应适用于 FISIM 进口额的物量核算。

设存贷款交易活动类型共有 m 种，第 k 种存贷款交易活动所对应的产出指标为 T_k，第 k 种存贷款交易活动所对应的权重 w_k，t + 1 表示报告期，t 表示基期，则所有存贷款第 t + 1 期的 FISIM 物量增长率为：

$$V_{t+1} = \sum_{k=1}^{m} w_k \frac{T_{k(t+1)}}{T_{kt}} \qquad (5-2)$$

假设参考年为 t，可以通过链接得到以 t 年为参考年的链式 FISIM 物量，本年度链式物量就等于上年的年度链式物量乘以本年度 FISIM 物量的增长率。则所有存款第 t + 1 期和第 t + 2 期的链式 FISIM 物量为：

$$FISIM_{t+1}^{tl} = FISIM_t V_{t+1} \qquad (5-3)$$

$$FISIM_{t+2}^{tl} = FISIM_t V_{t+2} \qquad (5-4)$$

如果企业市场和消费者市场之间存在重要差异，那么应该分别对企业和消费者构造不同的物量指标。通过每种类型的贷款或存款 FISIM 物量加总，从而得出整个经济体 FISIM 物量。根据 SNA 中的建议，FISIM 总的物量应该是链式的。原则上，根据与存款公司活动的关系，产出指标法应尽可能体现出公司内部的经营活动。

然而，这种方法的一个问题在于它对数据的要求非常高，需要大量的基础数据，还需要区分每个数据的不同属性，但在实际统计中很难获得这些数据，另外用来构造这些指标的初始数据可能无法随时获得，以至于无法鉴别每种类型的贷款或存款相应活动产生的 FISIM。另一个问题是每种类型的贷款和存款业务往往涉及很多活动，例如，与一个单一的活期存款账户关联的服务可能包括支票结算、自动取款机服务、缴费、记账服务、保管等。因此，如果单一产出指标不适合于特定类型的贷款或存款，这些指标的权重将不再适用。反之，如果一个单一的指标能够代表一个存款公司与特定类型的贷款或存款相关联的所有活动，那么产出指标法就会有效。但如果这些指标不以相同的速度增长，同等的比重则可能会导致偏差。

2. 缩减法

缩减法将存贷款的基期利差运用到按基期价格缩减的存贷款存量中。由此产生的每种贷款和存款的物量整合起来得到 FISIM 链式物量值。

贷款的基期利差是贷款利率和参考利率之间的差异。存款的基期利差是参考利率和存款利率之间的差异。因为不同种类的贷款和存款的利率与参考利率之间的利差不一致，所以基期利差应该适用于每种类型的贷款和存款。因此，它们应被视为具有不同的价格。不能将基期利差用于总的存贷款存量中，因为这相当于使用一致的价格进行测度，而该测度会受到贷款或存款结构变化和利率结构变化的影响。

理想的贷款和存款存量缩减指数应该能够衡量实际价格的变化。然而，这在实践中是不可能的，所以用一般价格指数来进行平减似乎能够提供一种较好衡量货币变化的方法。可以使用的一般物价指数包括 GDP 平减指数、最终的国内需求平减物价指数和所有项目的 CPI 指数，前两个指数应排除 FISIM。

为简单起见，以存款为例，利用上年价格采用拉氏指数公式计算 FISIM 链式物量。设存款类型共有 m 种，第 i 种存款年平均存量用 q_i 表示，每类存款加权平均利率为 r_i，采用单一参考利率为 r，单一存款存量缩减指数为 I，报告期为 $t+1$，基期为 t，则按上年 t 价格计算的第 i 种存款 $t+1$ 期的非链式拉氏 FISIM 物量为：

$$\text{FISIM}^t_{i(t+1)} = \frac{q_{i(t+1)}}{I_{t+1}}(r_t - r_{it}) \tag{5-5}$$

将各种存款（或贷款）非链式拉氏 FISIM 物量加总，就可以得到存款（或贷款）非链式 FISIM 物量总额，为：

$$\text{FISIM}^t_{t+1} = \sum_{i=1}^{m} \text{FISIM}^t_{i(t+1)} = \sum_{i=1}^{m} \frac{q_{i(t+1)}}{I_{t+1}}(r_t - r_{it}) \tag{5-6}$$

将存贷款非链式 FISIM 物量总额加总就可以得到按上年价格计算的非链式 FISIM 物量总额。

按上年价格计算的第 i 种存款非链式拉氏 FISIM 物量的增长率为:

$$V_{i(t+1)} = \frac{FISIM^t_{i(t+1)}}{FISIM_{it}} = \frac{\frac{q_{i(t+1)}}{I_{t+1}}(r_t - r_{it})}{q_{it}(r_t - r_{it})} \quad (5-7)$$

按上年价格计算的链式拉氏 FISIM 物量的增长率为:

$$V_{t+1} = \frac{FISIM^t_{t+1}}{FISIM_t} = \frac{\sum_{i=1}^{m}\frac{q_{i(t+1)}}{I_{t+1}}(r_t - r_{it})}{\sum_{i=1}^{m} q_{it}(r_t - r_{it})} \quad (5-8)$$

假设参考年为 t, 可以通过链接, 得到以 t 年为参考年的链式拉氏 FISIM 物量, 本年度链式拉氏物量就等于上年的年度链式拉氏物量乘以本年非链式拉氏 FISIM 物量的增长率。则第 i 种存款第 t+1 期和第 t+2 期的链式拉氏 FISIM 物量核算公式分别为:

$$FISIM^{tl}_{i(t+1)} = FISIM_{it}V_{i(t+1)} = FISIM_{it}\frac{FISIM^t_{i(t+1)}}{FISIM_{it}} \quad (5-9)$$

$$FISIM^{tl}_{i(t+2)} = FISIM_{it}V_{i(t+2)} = FISIM_{it}\frac{FISIM^{t+1}_{i(t+2)}}{FISIM_{i(t+1)}} \quad (5-10)$$

所有存款第 t+1 期和第 t+2 期的链式拉氏 FISIM 物量为:

$$FISIM^{tl}_{t+1} = FISIM_t V_{t+1} = FISIM_t \frac{FISIM^t_{t+1}}{FISIM_t} \quad (5-11)$$

$$FISIM^{tl}_{t+2} = FISIM_t V_{t+2} = FISIM_t \frac{FISIM^{t+1}_{t+2}}{FISIM_{t+1}} \quad (5-12)$$

第 t+3 期及以后各期的所有存款链式拉氏 FISIM 物量则可以此类推。

需要注意的是, 链式的自然结果是丧失可加性, 所以, 除第 t 年和第 "t+1" 年, 其余年份的各类存贷款年度链式拉氏 FISIM 不可加。

原则上, 在非常住存款公司存贷款基期利差数据给定的情况下, 缩减法同样适用于 FISIM 进口额。如果此类信息不可用, 编制机构可以考虑使用从其他合作经济体获取 FISIM 价格指数。

3. 混合法

混合法综合了产出指标法和价格指数缩减法。如果对于某些类型的贷款或存款，编制机构能够找到恰当的指标，那就可以使用产出指标法。对于一些无法提供恰当指标的其他类型的贷款和存款，编制机构可以使用缩减法。

综上所述，FISIM 物量核算的方法主要有产出指标法、价格指数缩减法与混合法三种。理论上讲，三种方法都有其具体的使用场合和用途，并无优劣之分。但实践中，在核算数据可获得性方面，各部门或地区存在较大差异，不同部门或地区的物量核算所采用的方法也大不相同，价格指数缩减法是联合国推荐使用的方法。

第二节 FISIM 物量核算方法之比较

正如价格和物量核算手册（欧盟统计局，2001）指出的那样，"由于不可能定义潜在 FISIM 的物量产出，难以得到一种缩减 FISIM 的 A 类方法[①]"。所以可以考虑使用非市场货物和服务产出的物量估计方法。SNA（2008）指出实践中编制非市场货物和服务产出的物量估计值有三种方法：虚拟产出价格指数、产出指标方法和投入法。投入法是根据各产业物量投入的变化来估计不变价增加值的变化，是一种简单可行的物量核算方法。可以但由于其理论依据不充分，准确性也难以保证，将该方法应用到 FISIM 物量核算，还存在较大的争议，这主要是因为 FISIM 是一种营利性质的金融服务活动。

价格和物量核算手册（欧盟统计局，2001）建议采用两种同等重要的方法来计算间接测算的金融中介服务物量值。一是存量缩减法；二是产出指标法。2010 年联合国统计司国民经济核算工作组秘书处成立了国际 FISIM 工作组，对这两种 FISIM 物量测量方法进行了

---

① 价格和物量核算手册（2001）将价格与物量的测量方法分为三类：A：理论上尽可能接近理想的方法；B：当方法 A 不适用时，一种近似的替代选择；C：在 A、B 都不适用时，一种更加次之的其他可选择的方法。

更多深入的讨论。SNA（2008）建议用基期参考利率和银行利率去测算现价 FISIM 产出，并用总价格指数缩减现价产出以得到 FISIM 物量值，这实际是存量缩减法的雏形。美国经济分析局（BEA）也是存量缩减法的推崇者。随后，多位学者给出了存量缩减法的具体实施细节与指数选择，丹尼斯·菲克斯勒和马歇尔·莱因斯多尔夫（Dennis Fixler and Marshall Reinsdorf, 2006）分别用 Fisher 指数和国内购买力价格指数作为服务价格指数与存量缩减指数。马歇尔·莱因斯多夫（2011）则用单位价值替代服务价格指数，并给出了单位价值的计算方法。赫尔曼·史密斯（2011）选用基年参考利率和存贷款银行利率的差去缩减存贷款存量，在实践中此方法提供稳定的可预测结果。显然，存量缩减法的核算框架已基本达成共识，但是构造适当的缩减指数却比较困难。当存量缩减法没有合适的缩减因子用于缩减当期价值时，SNA（2008）建议用适当的指标外推基期价值得到 FISIM 物量指数——即产出指标法。荷兰统计局就产出指标法做了大量的理论与应用研究，美国的 BLS 法也是产出指标法。此外，马歇尔·莱因斯多夫（2011）和罗伯特·英克拉尔（Robert Inklaar, 2013）对产出指标法中指标的选取与权数问题也给出了不同见解。然而限于数据的可获得性，这些研究仅仅针对个别研究对象进行了简单试算，并没有在实践中推广。

综上所述，国际上存量缩减法和产出指标法还处在理论探讨阶段，实践应用较少，但却已经为 FISIM 物量核算指明了方向。然而，中国有关 FISIM 物量核算的文献非常少，实践中也只是在金融业不变价增加值核算中简单提及。鉴于中国 FISIM 物量核算的空缺，本书试图对比分析存量缩减法与产出指标法的核算框架与实践实施细节，以便为中国 FISIM 物量核算提供借鉴。

一、基于理论层面的 FISIM 物量核算方法之比较

（一）存量缩减法

"获得宏观经济总量物量估计的理想方式是在一个非常详细的水平上严格地使用适当的价格指数去缩减每个成分"[①]。FISIM 存量缩减法可以视为价格指数缩减法在 FISIM 物量核算中的应用与拓展，其核算基础是名义 FISIM 核算方法。

FISIM 生产核算将间接测算的金融中介服务细分为贷款（A）金融中介服务和存款（D）金融中介服务，以贷款利差乘以贷款存量计算贷款金融中介服务产出，以存款利差乘以存款存量作为存款金融中介服务产出，即：

$$\text{FISIM}^t = \text{FISIM}_A^t + \text{FISIM}_D^t = \sum_n^N p_{An}^t q_{An}^t + \sum_{m=1}^M p_{Dm}^t q_{Dm}^t \qquad (5-13)$$

其中，q_{An}^t 和 q_{Dm}^t 分别代表各类贷款与存款的平均存量（t 时刻期初与期末存量的平均值），n 和 m 分别表示存款和贷款的类型，N 和 M 分别表示存款和贷款的类型总数，贷款利差 p_{An}^t 为贷款利率与参考利率之差（$p_{An}^t = r_{An}^t - r_R^t$），存款利差 p_{Dn}^t 为参考利率与存款利率之差（$p_{Dn}^t = r_{Dn}^t - r_R^t$）。其中，$r_{An}^t$ 为贷款利率，r_R^t 为参考利率，r_{Dn}^t 为存款利率。

显然，由上述公式所确定的 FISIM 产出，其价格因素体现在两方面：一是由参考利率和银行利率共同决定的金融中介服务价格，其代表了金融中介机构的利润水平（毛利率）；二是以存贷款价值为表现形式的服务数量，即 FISIM 服务价格和服务数量均包含价格因素。所以，存贷款利率与参考利率之间的相对变化以及国民经济总体物价水平的变化均为影响 FISIM 产出变动的价格因素。FISIM 价格指数的确

---

① 参见 SNA（2008）第 15.96 段。

定需要将参考利率、银行利率与经一般价格指数缩减的存贷款存量结合起来考虑。因此需要对服务价格和服务数量同时缩减，得到 FISIM 物量产出，即采用某一适当的价格指数缩减报告期参考利率和存贷款利率之差作为基期利差（价格因素），同时采用另一适当的一般价格指数缩减报告期存贷款平均存量作为基期服务数量（数量因素）。即存（贷）款 FISIM 物量产出的计算公式[①]如下：

$$存（贷）款 \text{ FISIM } 物量产出 = \frac{存（贷）款 \text{ FISIM } 名义产出}{一般价格指数} \times \frac{基期利差}{实际利差}$$

$$(5-14)$$

然而，对于不同类型的存贷款，其利率与参考利率之间的利差往往不同，在测算 FISIM 名义产出时，被视为不同类型存贷款具有不同的价格。因此，根据指数理论，各种类型的存（贷）款必须单独缩减，再使用指数公式进行综合。

存量缩减法需要着重解决以下四个问题：第一，能够搜集到各类存贷款平均存量的数据。第二，选择合适的一般价格指数[②]缩减各类存贷款存量，以剔除价格变化对服务数量（存贷款存量）的影响。第三，由于各类存贷款利率与参考利率之间的利差各不相同，需要构造能够反映各类存贷款服务价格变动的服务价格指数。第四，选择合适的指数公式（例如，拉氏指数、帕氏指数或费舍指数）分别将各类存款和贷款服务价格指数综合起来，得到存款和贷款 FISIM 的价格缩减指数，进一步测算 FISIM 物量产出。

（二）产出指标法

产出指标法的基本思路是依据经质量调整的不同类型金融中介服务的数量指数测量 FISIM 物量产出。荷兰统计局已将该方法应用于

---

① 参见 Eurostat, European System of Accounts. ESA 2010［M］. Luxembourg：Office for Official Publications of the European communities，2013。

② 本书将用于缩减存贷款存量的一般价格指数称之为存量缩减指数。

FISIM 物量核算实践。该方法以金融中介服务活动数量为基础，按存贷款的数量、价值和期限等特性对金融中介服务活动进行细分，并对每一类金融中介服务活动选择一个适宜的产出指标，用于计算该类金融中介服务活动的数量指数，最后对所有数量指数进行加权汇总，得出 FISIM 物量指数。

虽然产出指标法对存量缩减法是一个很好的替代，但实践中产出指标法仍面临诸多困难：

首先，如何设计一套涵盖所有 FISIM 生产活动的产出指标体系？一般而言，产出指标体系的设置应分别从贷款和存款两方面加以确定。对于贷款，产出指标应该体现初始成本、筛选信誉成本与贷款支付处理成本，例如，新增消费贷款、新发行的信用卡、贷款、还款、注销（从账目上购销）等。另外，贷款还应区分为长期贷款与短期贷款、安全贷款与不安全贷款等。对于存款，产出指标应该体现开户、运行和管理账户成本，例如，存款账户、交易清除（包括互联网和电话银行转账、支票结算、提款、直接借记、借记卡信用卡支付、电子转账等）、注销或关闭账户等。

其次，如何确定各类金融中介服务数量指数的权数？各类数量指数的汇总整理，需要确定合理的权数以满足质量调整的要求。权数的确定有两个依据：第一，可以根据各类金融中介服务活动在 FISIM 中的份额来确定权数，但这不仅存在实践问题，而且存在严重的理论问题，因为 FISIM 名义产出的计算方法可能与各种活动毫不相关。第二，可以根据各类金融中介服务活动的成本构成确定其权数，但所用成本应该反映所涉范围内的所有金融中介服务，如果数量指标没能涵盖某些成本，应保证未涵盖部分的变化和涵盖部分相同，并且成本权数应该定期更新。

（三）两类方法的比较与选择

关于 FISIM 物量核算，存量缩减法与产出指标法各有优劣。存量缩减法假定每一货币单位（例如欧元或美元）随着时间的推移对应一个不变的服务流量，然而，假定尚未偿还余额与服务流量之间比例固定需要非常严格的条件。随着技术水平的变化，两者之间不存在不变关系，更不用说固定比例。除了技术进步以外，很多其他现实因素，包括通货膨胀，都会引起未偿还余额与服务关系的变化。从这个角度讲，产出指标法更具有理论上的构思优势。

实践中，存量缩减法相对比较简单，对数据的需求也较少，但确定合适的价格指数却比较困难。采用不合理的价格指数测算FISIM 物量产出所产生的偏差会随着时间、国家和银行服务类别的不同而不同。所以，存量缩减法所获得的 FISIM 物量产出可能无法准确反映银行 FISIM 的真实产出。产出指标法虽然可以洞察银行的操作，但被严格实施的可能性较低。一方面，银行活期账户的指标在核算期内可能会发生变化，特别是在公司有重大变化的情况下几乎无法使用该方法；另一方面，产出指标法属于数据密集型方法，数据的搜集量较大，一旦缺失某些相关数据，充分的质量调整就非常困难。此外，确定各类产出指标的贡献也是一项艰巨而复杂的工作。

这两类 FISIM 物量核算方法的实际测算结果可能会存在较大差异，以美国工商业贷款为例，随着时间的推移，平均贷款规模（名义和实际价值）逐步下降，但交易活动数量却逐年增长，因而，存量缩减法可能会低估真实的工商业贷款服务产出增长率。同样地，存款交易数量比存款存量增长更快，这意味着存量缩减法也可能会低估真实的存款服务产出增长率。可见，由于方法不同，不同国家 FISIM增长率的官方估计值很可能存在偏差，比较国家间 FISIM 增长率时必须相当谨慎。

综上所述，FISIM 物量核算的两种方法，在理论与实践层面均存在差异，需要根据实际情况谨慎选择与应用。

二、基于实践层面的 FISIM 物量核算方法之比较

实践中，由于数据的可获得性存在差异，不同部门或地区所采用的物量核算方法也不相同，美国劳工统计局从 1999 年开始采用 BLS 法测算 FISIM 物量产出，由于它以 BLS 生产力与技术办公室出版的银行总产出指数为基础，所以称之为 BLS 法。荷兰统计局从产出实物量的角度提出了一种 FISIM 物量测算方法——产出指标法。但并没有对所有的存贷款采用该方法，基于多方面的考虑，对短期存款采用产出指标法，而对贷款和长期存款采用存量缩减法。丹尼斯·菲克斯勒和马歇尔·莱因斯多尔夫（2006）将存量缩减法应用于所有类型的贷款和存款。该方法的思路与荷兰统计局是一致的，均认为价格指数必须综合反映隐含收费服务价格与存贷款存量两方面的价格因素，只是缩减指数的构造与之不同。罗伯特·英克拉尔和克里斯蒂娜·王（2013）从银行作为信息和交易处理者的角度构建了以交易活动数为基础的 FISIM 物量产出测算模型，称之为"活动计数法"，并根据现有数据的可获得情况，分别讨论了银行工商业贷款交易服务、住宅房地产贷款交易服务和存款交易服务的物量产出。而欧盟其他国家基本上完全依赖于存量缩减法，即使采用相同核算方法的国家，在实施过程中也存在较大差异。FISIM 物量核算到目前为止还没有统一的方法，对实践中典型的几种 FISIM 物量核算方法分类对比如图 5-1 所示。

图 5-1　FISIM 物量核算方法分类

（一）存量缩减法之间的比较

荷兰统计局与菲克斯勒和莱因斯多尔夫所采用的存量缩减法有两点是相同的：第一，FISIM 物量核算必须从服务价格与服务数量（即存贷款存量）两方面同时缩减，分别构造服务价格指数与存量缩减指数，最终综合形成 FISIM 缩减指数。第二，存款和贷款要分别进行缩减。不同点在于 FISIM 缩减指数的构造有所不同，具体见表 5 – 1。

表 5 – 1　　　　　　　　　存量缩减法的比较

存量缩减法	适用对象	服务价格指数	存量缩减指数
荷兰统计局法	贷款与长期存款	Drobisch 价格指数	CPI
Fixler & Reinsdorf 法	所有存贷款	Fisher 价格指数	国内购买力总值价格指数

存量缩减法重点要确定服务价格指数和存量缩减指数，荷兰统计局采用 CPI 缩减贷款存量，以剔除价格变化对贷款存量的影响，同时采用 Drobisch 价格指数①缩减隐含收费服务价格。CPI 指数与 Drobisch 价格指数相乘得到贷款 FISIM 缩减指数。而菲克斯勒和莱因斯多尔夫将存量缩减法应用于所有类型的贷款和存款。与荷兰统计局的不同体现在两方面：第一，以国内购买力总值②价格指数替代 CPI 缩减存贷款存量。第二，从使用者成本价格的角度构造 Fisher 价格指数替代 Drobisch 价格指数，以反映隐含收费服务价格的变动，国内购买力总值价格指数与 Fisher 价格指数相乘得到存贷款 FISIM 价格缩减指数。

就存量缩减指数的设计，荷兰统计局认为 CPI 可以有效地反映存贷款存量所包含的价格因素，而菲克斯勒和莱因斯多尔夫则采用国内购买力总值指数缩减存贷款存量。CPI 虽然能够反映一国某一时期消

① Drobisch 价格指数实际上是一个单位价值指数，它是报告期与基期平均价格的比率。
② 国内购买力总值等于国内生产总值减净出口。

费领域的价格变化水平，但消费仅为贷款的用途之一，并且所占份额较小。而贷款主要用于生产领域的中间投入和固定资产投资。所以存量缩减指数要充分体现中间投入和固定资产投资两个领域的价格变动水平，并且根据贷款比例进行质量调整，而不仅仅是消费领域的CPI。从支出法国内生产总值核算的角度看，国内购买力总值价格指数可以反映一国某一时期消费领域和投资领域的价格变动幅度，该指数更能有效地反映存贷款存量中价格因素的变化。但国内购买力总值价格指数也无法反映各种中间投入的价格变动，所以仍不能完全剔除贷款存量中的价格因素。即使国内购买力总值价格指数能够有效剔除贷款存量中的价格因素，但能否用于剔除存款存量中的价格因素仍是一个值得商榷的问题。

在服务价格指数的构造方面，荷兰统计局采用的是 Drobisch 价格指数，而菲克斯勒和莱因斯多尔夫从使用者成本价格的角度构造 Fisher 价格指数。从效用理论的角度讲 Fisher 价格指数更能反映价格变化带来的效用变化。从数学性质来看，Fisher 价格指数优于 Drobisch 价格指数，是确定服务价格指数的较好选择。但是，该方法计算复杂，并且由 Fisher 价格指数得到的物量序列丧失了可加性，从而 FISIM 物量总产出不能通过贷款 FISIM 物量产出与存款 FISIM 物量产出相加得到。

从理论上看，无论服务价格指数，还是存量缩减指数，菲克斯勒和莱因斯多尔夫的选择均优于荷兰统计局法，但从实践的角度讲，荷兰统计局法更容易实施。总之，缩减因子的选择要尽可能反映存贷款存量与利差的价格变动，在此基础上，进一步考虑数据的可获得性与指数体系的完善性，以便设计出更加合理可行的 FISIM 缩减指数。

（二）产出指标法之间的比较

产出指标法各种实践形式的构造思想基本一致，即通过银行提供的各种服务活动数量来测算其物量产出，但在细节的处理上有所不同，具体见表 5 - 2。

表 5 – 2　　　　　　　　三种产出指标法的比较

产出指标法	适用对象	指标选取	权数构造
BLS 法	所有存贷款	银行各种交易（例如，支票清算、ATM 交易、电子资金转移、各类尚未偿还的贷款数和信托账户数）	权重是基于美国联邦储备委员会的功能成本分析调查（固定权数）
荷兰统计局法	短期存款	各种短期存款交易的支付数量（支票、信用卡、借记卡、电子货币卡、电子转让、内部支付转让等）	利用银行支付交易服务的收入与成本报告设计权重（固定权数）
Inklaar & Wang 法	工商业贷款	各类信用风险贷款交易服务活动数	各种信用风险贷款服务收入在贷款服务总收入中的平均份额（变权数）
	房地产贷款	房地产贷款交易服务活动数	不加权（没有细分类）
	所有存款	用交易活动数作为产出指标（包含信用转账、直接借记、信用与借记卡支付、电子货币、支票和其他交易等）	①各种存款交易方式的权重相同；②以各种交易在总交易价值中的比重作为权数（变权数）

　　美国 BLS 法对银行所有的交易活动统一编制物量指数，从银行名义产出入手，层层分解、外推得到银行隐含收费服务的价格指数与物量指数，属于一种间接测算方法。而其他方法均是针对某一种存款或贷款交易，通过产出指标直接构造物量指数。BLS 法的实施必须满足如下两个基本条件：

　　第一，BLS 指数要充分反映银行服务的发展水平。应该选择反映本国银行服务发展状况的产出指标来构建 BLS 指数，然而，产出指标体系的建立以及原始数据的收集是一项庞大而复杂的工作。如果仅仅为了测算 FISIM 物量产出，该方法并不是一种最佳选择。美国之所以采用这种方法，是因为劳工统计局构造 BLS 指数的主要目的并不是用来测算 FISIM 物量产出，测算 FISIM 物量产出只是其副产品之一。

　　第二，要保证银行服务物量总产出估计值的可加性。即能够找到一种银行服务物量总产出的估计方法，使得银行服务物量总产出等于明确收费服务物量总产出与隐含收费服务物量总产出之和，理论上这是可以实现的，但实践中还存在较大困难。

与 BLS 法所不同的是，荷兰统计局只将产出指标法应用于短期存款。从而两者在指标的选取与权数的构造上都有所不同。荷兰统计局以各种短期存款交易的支付交易数量作为产出指标测算短期存款 FISIM 物量产出。各指标的权重是价格统计专家麦肯锡公司（McKinsey & Company，2006）利用银行支付交易服务的收入和成本报告设计的。荷兰统计局根据短期存款交易的类型、权重和支付交易数量可以直接计算出短期存款 FISIM 的物量指数，即报告期加权交易支付数量总和除以基期加权交易支付数量总和，且权数固定。总体来讲，荷兰统计局利用各种短期存款的产出指标直接构造物量指数，在进行质量调整时，所采用的权数固定不变，做法相对比较简单，易于实施，而 BLS 法的计算过程比较复杂。

而 Inklaar & Wang 法的中心内容是依据经质量调整的各类银行交易活动数测算 FISIM 物量产出。它们根据现有数据的可获得情况，针对工商业贷款、房地产贷款和存款交易服务，构建了以交易活动数为基础的银行服务物量产出测算模型，使银行交易服务与存贷款交易活动数对等起来。银行工商业贷款采用不同信用风险贷款服务的平均增长率计算整个工商业贷款服务的增长率；住宅房地产贷款利用经准确缩减的贷款存量近似估计房地产贷款交易服务的活动数；存款交易服务则采用类似荷兰统计局的产出指标法（所采用的产出指标、存款交易类型与荷兰统计局的做法几乎相同。只是各种交易类型权重的决定方式不同，他们提出两种赋权方案：①假设愿意为每类交易支付相同的费用，所以各种存款交易方式的权重相同；②假定消费者对各类交易的支付意愿与交易金额成比例，各种交易的权重是其在总交易价值中的比重）。

综上所述，产出指标法主要是根据数据的可获得性来设置产出指标。相对而言，存款交易数据比贷款交易数据更容易获得①，所以荷兰统计局仅仅对短期存款采用产出指标法。对于贷款和长期存款，Inklaar & Wang 法的思路更具有借鉴意义，根据数据的可获得性，针对每种贷款的具体类型，寻找合适的产出指标，当其不可获得时，可以将其与某些明显的交易活动数对等起来，这样就可以通过产出指标法来测算 FISIM 物量增长率。

三、对中国的借鉴

随着中国国民经济核算体系的改革与完善，中国金融业总产出核算也会逐渐过渡到 SNA（2008）所推广的间接测算法，FISIM 物量核算也应该由简单的价格指数缩减法②过渡到存量缩减法或产出指标法。对比研究存量缩减法与产出指标法的优劣、存在的问题以及适用性，从中总结经验，并应用于中国 FISIM 物量核算。

（1）存量缩减法实施的关键是从服务价格与服务数量（即存贷款存量）两方面分别设定科学合理的缩减因子。服务价格指数需要从现价 FISIM 核算方法出发，结合价格指数理论来设计。受到现价 FISIM 核算方法（分别核算贷款 FISIM 和存款 FISIM）的影响，服务价格指数的选择，应该考虑物量指数的可加性。当然从其他货物服务的物量核算实践来看，现有价格指数几乎都是用拉氏 Lowe 公式编制的，且满足可加性要求。就服务数量的存量缩减指数，应该从资金③使用去向的角度设计。因为不同使用去向的资金，其潜在通胀水平不

---

① 国际清算银行出版的红皮书包含了很多国家各种支付交易的年度数据。

② 目前中国采用居民消费价格指数和固定资产投资价格指数的加权平均数来缩减金融保险业现价增加值，以取得该行业的不变价增加值。该方法致命的缺点就是没有对服务数量中的价格因素进行缩减。并且假定提供给居民的金融保险服务的价格变化与整个居民消费价格变化相等，提供给企业的金融保险服务的价格变化等于整个固定资产投资价格变化，这种严格的假定是否成立值得怀疑。

③ 这里的资金指 FISIM 所对应的存贷款价值额。

同。如果资金用于消费，则可以使用 CPI 缩减贷款存量；如果用于投资，则可以使用固定资产投资价格指数缩减贷款存量；如果用于中间消耗，则可以使用 PPI 缩减贷款存量。最终可以将各使用去向的存量缩减指数进行加权平均（以不同使用去向的资金份额占资金总额的比重作为权数），以得到用于缩减存贷款存量的平均缩减指数。

（2）产出指标法相对比较简单，但困难在于数据的收集。FISIM 物量核算所使用的数据与名义 FISIM 核算所使用的数据不一致，需要重新收集数据，并且数据密度大、数据的可获得性差。实践中可以根据数据的可获得性，逐步积累各种存贷款交易活动数量的数据资料，当其不可获得时可以考虑将其与某些明显的交易活动数对等起来，以便通过交易活动数量的变化测算 FISIM 物量产出。基于中国目前的金融体制与政治体制，在中国推行产出指标法的难度可能会低于其他国家。

（3）倘若没有最佳的 FISIM 物量核算方法，实践中，可以采用各种不同的方法测算 FISIM 物量产出，以避免采用某一种方法给 FISIM 增长率造成的偏差。

第三节　中国 FISIM 物量核算方法的改进与拓展

一、中国 FISIM 物量核算方法及存在的问题

（一）中国现行 FISIM 物量核算方法

中国现行 FISIM 物量核算还是采用价格指数缩减法，经过三次全国经济普查，随着现价 FISIM 核算方法的不断改进和完善，FISIM 物量核算方法也在不断地改进。原来金融行业所属各行业均采用居民消费价格指数与固定资产投资价格指数的加权平均值构造的消费投资价格指数（分别以最终消费支出和固定资本形成总额为权数）进

行缩减①。现在则分为四大类行业（银行业、证券业、保险业和其他金融业）分别构建合适的缩减指数进行核算。银行业重新构建的缩减指数是存贷款利率指数、消费投资价格指数和同业拆借利率指数的加权平均数，权数是净利息收入、金融机构往来净收入和银行业总产出剩余部分三者分别占银行业总产出的比重。其中，存贷款利率指数是一年期存款利率指数与一年期贷款利率指数的平均数；消费投资价格指数是采用的是居民消费价格指数与固定资产投资价格指数的加权平均数，权数分别是固定资本形成和最终消费支出占两者之和的比重。缩减指数计算公式为：

$$银行业缩减指数 = \frac{利息收入 - 利息支出}{银行业总产出} \times 存贷款利率指数$$

$$+ \frac{金融机构往来收入 - 金融机构往来支出}{银行业总产出}$$

$$\times 同业拆借利率指数$$

$$+ \left[1 - \frac{(利息收入 - 利息支出) - (金融机构往来收入 - 金融机构往来支出)}{银行业总产出} \right]$$

$$\times 消费投资价格指数 \qquad (5-15)$$

其中，存贷款利率指数 = （一年期存款利率指数 + 一年期贷款利率指数）/2

$$同业拆借利率指数 = 银行间同业拆借利率指数$$

$$消费投资价格指数 = \frac{最终消费支出}{最终消费支出 + 固定资本形成总额}$$

$$\times 居民消费价格指数$$

$$+ \frac{固定资本形成总额}{最终消费支出 + 固定资本形成总额}$$

$$\times 固定资产投资价格指数$$

---

① 国家统计局国民经济核算司. 中国非经济普查年度国内生产总值核算方法 [M]. 北京：中国统计出版社，2008.

具体指数计算的过程中，如果难以获得所有指数的相关资料，则可采用消费投资价格指数近似替代银行业缩减指数①。利用消费投资价格指数近似替代的前提是，假定银行业服务价格的变动与国民经济一般价格水平的变动基本保持一致。居民消费价格指数和固定资产投资价格指数分别对应最终消费支出和固定资本形成，而最终消费支出和固定资本形成之和在 GDP 中占比很大，因此，可以认为消费投资价格指数能够反映整个国民经济的一般价格水平变动②。

（二）中国现行 FISIM 物量核算方法存在的问题

无论是现价核算，还是物量核算，我国 FISIM 核算方法都在不断改进与完善，并取得了巨大的成就，相对而言，现价 FISIM 核算方法改进得更为彻底，现已基本实现了与国际间衔接。FISIM 物量核算方法改进步伐却较慢，也成为我国目前 FISIM 核算存在的主要问题之一。

目前 FISIM 的物量核算方法属于价格指数缩减法，该方法的理想方式是对 FISIM 中的每一个细项选择合适的价格指数进行缩减，但在实践核算过程中是很难实现的。因为，与 FISIM 所对应的金融服务是隐含收费的，无法直接观测这类服务的市场价格以及反映市场价格变化的价格指数。因此，我国采取的是一种变通的方法，即将银行业总产出分为三部分：净利息收入、金融机构往来净收入和其他收入。以存贷款利率指数、同业拆借利率指数和消费投资价格指数分别反映这三部分的价格变动，再以这三部分在银行总产出中的比重为权数，对上述三个指数进行加权平均构建银行业缩减指数。从核算方法可以看出，目前我国 FISIM 物量核算思路依然是建立在我国 2010 年之前现价银行业总产出核算方法基础上的。这样的核算方式还存在一些问题：

---

① 国家统计局国民经济核算司 . 中国非经济普查年度国内生产总值核算方法（修订版）. 2010.

② 许宪春 . 中国国内生产总值核算问题研究 . 北京：北京大学出版社，2000.

第一，目前我国 FISIM 物量核算与现价 FISIM 核算不匹配，已明显落后于现价 FISIM 核算。如果采用价格指数缩减法进行物量核算，还是需要从现价核算的基本原理出发。

第二，目前的物量核算方式是将 FISIM 和直接收费服务作为一个整体，不加区分地一笔剔除价格因素。这有违两种不同性质产出的价格变动形成机制。对于直接收费服务产出的价格变动而言，主要受整个宏观经济价格水平变动的影响。而 FISIM 产出的价格变动不仅体现隐含收费服务价格的变动，还体现为存贷款存量中价格的变动。所以，理论上讲，FISIM 和直接收费服务应分别采用不同的方式进行物量核算。

第三，目前 FISIM 核算方式主要采用存贷款利率指数来体现现价 FISIM 产出中的价格因素，以进行 FISIM 物量核算，这显然是不足的。另外，FISIM 产出的价格变动不仅体现隐含收费服务价格的变动，还体现为存贷款存量中价格因素的变动。仅就隐性收费服务价格的变动而言，既受到存贷款利率变动的影响，又受到参考利率变动的影响。显然，目前的物量核算方式仅以一年期存贷款利率为基础计算得到的存贷款利率指数来反映 FISIM 的价格变动，不仅忽略了参考利率变化所带来的影响，还忽略了整个宏观经济价格水平对存贷款存量中价格变动的影响。前者可能造成偏差，后者可能带来价格因素剔除不足。

第四，当利率主要还不是由市场决定的情况下，目前核算方式中与 FISIM 相对应的价格缩减指数与 FISIM 隐含服务价格的变化可能存在较大差异。总体而言，我国 FISIM 物量核算存在明显不足，还有待于进一步改进与完善。

二、中国 FISIM 物量核算的改进拓展与实证检验

价格和物量核算手册（欧盟统计局，2001）建议采用两种同等

重要的方法来计算间接测算的金融中介服务物量值。一是存量缩减法；二是产出指标法。2010 年联合国统计司国民经济核算工作组秘书处成立了国际 FISIM 工作组，对这两种 FISIM 物量测量方法进行了更多深入的讨论。尽管用于缩减存贷款存量的价格指数可能不直接与货币价格相关，但是这种方法提供了一种 FISIM 物量核算的简单可行的方式。鉴于缩减法对数据要求不高，此方法在一般情况下，优于产出指标法①。目前，通过公开渠道，能够获得的产出指标法所需的基础数据资料相对较少，而缩减法所需的资料基本能够获得。所以，本章重点采用缩减法对我国 FISIM 物量值进行试算。但这并不意味着缩减法比产出指标法更适用于我国，可能事实恰恰相反，毕竟我国推行的是严格的垂直金融监管体系，以中国人民银行和中国银行保险监督管理委员会为代表，各级金融管理部门掌握大量详细的各种银行业运行数据。本书也曾试图利用央行公布的各种支付数据采用产出指标法试算 FISIM 物量，但试算结果并不理想。

（一）中国 FISIM 物量核算改革实践中数据指标的选取说明

1. 存贷款分类

缩减法的基本前提是对存贷款活动进行细分，即对所有的存贷款进行分类。从核算目的角度来讲，一方面分类的基本原则应该是不同类别存贷款的利率存在本质性差异，同类别之间的利率差异相对较小；同时要考虑机构部门的划分，以兼顾与投入产出核算等的有效衔接。另一方面就是可行性，是否与现有存贷款业务分类相一致，以保证所需基础数据的可获得性。我国 FISIM 物量核算的存贷款分类可以参考中国人民银行发布的《金融机构本外币信贷收支表（按部

---

①　UN DESA's Statistics Division and the European Central Bank. The Handbook of National Accounting: Financial Production, Flows and Stocks in the System of National Accounts, 29 January 2014, New York.

门分类)》，该表中既有期限结构分类，也有机构部门分类，只需根据核算需要进行合理合并即可。本书将贷款分为住户短期贷款、住户中长期贷款、非金融企业及机关团体短期贷款、非金融企业及机关团体中长期贷款、非金融企业及机关团体票据融资、其他贷款和境外贷款；将存款分为住户活期存款、住户定期及其他存款、非金融企业活期存款、非金融企业定期及其他存款、政府存款、其他存款和境外存款。

2. 存贷款余额

存贷款余额属于存量指标，根据国民经济核算原理，利用其进行 FISIM 核算时必须使用年平均余额，即需要计算各类存贷款年平均余额。如果仅能获得年度数据，则存贷款年平均余额等于年初余额与年末余额的均值；如果能够获得月度数据，则存贷款年平均余额等于 12 个月的存贷款余额的均值。针对委托存贷款和信托存贷款业务，实际上是金融机构为客户提供了金融交易平台，并未提供金融中介服务，也未收取相应服务费，所以不是 FISIM 核算的对象，因而需要将其排除在 FISIM 核算之外。

本书中各类存贷款余额原始数据均来源于中国人民银行发布的 2007 年至 2018 年《金融机构本外币信贷收支表（按部门分类)》和《金融机构本外币信贷收支表》，该表中各类存贷款余额均为月度数据，所以，各类存贷款年平均余额为 12 个月的均值。其中，"其他存款"，2007 年至 2010 年包括保险公司在银行业的存款和境外非居民存款等，且已剔除委托和信托存款；"其他贷款"，2007 年至 2010 年包含租赁贷款等，且已剔除委托贷款和信托贷款，2011 年至 2018 年仅为融资租赁和各项垫款之和。政府存款为财政性存款和机关团体存款之和，另外，原表中非银行业金融机构存贷款均予以剔除。我国各类存贷款年平均余额见表 5 – 3。

表 5 - 3　　　2007 年至 2018 年我国各类存贷款年平均余额　　　单位：亿元

项目	2007 年	2008 年	2009 年	2010 年	2011 年	2012 年
一、各项存款	376772	445007	563494	679381	787346	892344
住户存款	176142	203365	256006	294790	332081	388756
住户活期存款	64987	73081	91649	113016	129495	147622
住户定期及其他存款	111155	130284	164357	181774	202586	241134
非金融企业存款	160651	189385	247893	288452	297256	321111
非金融企业活期存款	72293	85223	111552	129803	136416	134261
非金融企业定期及其他存款	88358	104162	136341	158649	160840	186850
政府存款	35459	45820	49441	89167	136182	154732
其他存款	4521	6437	10154	6972	15133	19609
境外存款	—	—	—	—	6693	8135
二、各项贷款	261676	302545	386421	475881	547940	633718
住户贷款	46044	54974	69293	101387	126491	148832
住户短期贷款	15363	17748	22920	30741	40058	49988
住户中长期贷款	30681	37226	46373	70646	86433	98844
非金融企业及机关团体贷款	215632	247570	317128	361752	411102	472691
非金融企业及机关团体短期贷款	97443	109564	120982	129398	158849	193081
非金融企业及机关团体中长期贷款	95880	114904	153162	204156	234412	252658
非金融企业及机关团体票据融资	16764	14202	30614	17481	14029	21129
其他贷款	5545	8900	12370	10717	3812	5823
境外贷款	—	—	—	7014	10347	12195
项目	2013 年	2014 年	2015 年	2016 年	2017 年	2018 年
一、各项存款	1025136	1138899	1220440	1365625	1504417	1617569
住户存款	446531	494540	537379	587853	642119	695552
住户活期存款	170078	181793	191890	222028	246359	260690

项目	2013 年	2014 年	2015 年	2016 年	2017 年	2018 年
住户定期及其他存款	276453	312747	345489	365825	395760	434862
非金融企业存款	363719	387660	419825	490107	542666	568323
非金融企业活期存款	142328	139409	152632	197464	229948	235700
非金融企业定期及其他存款	221391	248251	267193	292643	312718	332623
政府存款	182412	215856	241594	269530	298798	329988
其他存款	23689	29919	—	—	—	—
境外存款	8785	10924	21642	18135	20835	23706
二、各项贷款	729472	827240	940123	1060031	1196295	1344020
住户贷款	183040	217634	252417	302769	373861	445298
住户短期贷款	64229	76465	86107	92320	105518	126493
住户中长期贷款	118811	141169	166310	210449	268343	318805
非金融企业及机关团体贷款	531810	592533	662751	727561	787997	862146
非金融企业及机关团体短期贷款	229146	254129	266478	276086	289062	297647
非金融企业及机关团体中长期贷款	273239	303937	343595	380621	438261	495795
非金融企业及机关团体票据融资	21441	23688	38341	53632	40749	45534
其他贷款	7984	10779	14337	17222	19925	23170
境外贷款	14621	17073	24955	29701	34437	36577

资料来源：作者根据中国人民银行网站数据计算整理得到。

3. 存贷款平均利率

即使同一类存贷款，经过细分的各个存贷款（或每笔存贷款）利率之间也可能存在一定差距。一种可行的处理方式是采用各类存贷款年平均利率，即各类存贷款年利息收支额除以其年平均余额。

鉴于无法通过公开渠道获得各类存贷款年利息收支数据，所以，本书拟采用其他指标代替。可以采用各种存贷款的基准利率来代替，但基准利率变动相对较弱，不能及时有效反映市场价格的变化。所以，采用主要商业银行各类存（贷）款年平均利率代替，即某类存（贷）款的年平均利率等于所有银行该类存（贷）款的利息支出（收入）除以其年平均余额；或以各银行该类存（贷）款年平均余额占所有银行的比重为权数，对各银行该类存（贷）款的平均收益率进行加权平均。本书选取的主要商业银行为五大国有商业银行和除恒丰银行和浙商银行外的 10 家股份制商业银行。各银行历年各类存（贷）款年平均余额及其平均收益率均来源于各商业银行历年年报。

住户活期存款和定期存款平均利率分别采用商业银行活期个人存款和定期个人存款年平均利率，即所有商业银行活期（定期）个人（储蓄）存款利息支出总额除以其年平均余额。非金融企业活期存款和定期存款平均利率分别采用商业银行活期公司存款和定期公司存款年平均利率，即所有商业银行活期（定期）公司存款利息支出总额除以其年平均余额。政府存款、其他存款和境外存款平均利率采用商业银行存款年平均利率，即所有商业银行存款利息支出总额除以其年平均余额。

住户、非金融企业及机关团体短期贷款平均利率均选用短期贷款年平均利率，即所有商业银行一年以内短期贷款利息收入总额除以其年平均余额。住户、非金融企业及机关团体中长期贷款平均利率选用中长期贷款年平均基准利率，即所有商业银行中长期（公司类）贷款利息收入总额除以其年平均余额。非金融企业及机关团体票据融资平均利率选用商业银行票据贴现年平均利率，即所有商业银行票据贴现利息收入总额除以其年平均余额。其他贷款平均利率也选用商业银行中长期贷款平均年利率，主要考虑到其他贷款包含的票据融资和各项垫款具有中长期的特点。境外贷款平均利率则采用商业银行贷款平均利率，即所有商业银行贷款利息收入总额除以其年平均余额。我国商业银行各类存（贷）款年平均利率见表 5 - 4。

表 5 - 4　2007~2018 年我国商业银行各类存（贷）款
年平均利率　　　　　　单位：%

年份	短期贷款年平均利率	中长期贷款年平均利率	票据贴现年平均利率	贷款年平均利率	定期公司存款年平均利率	活期公司存款年平均利率	定期个人存款年平均利率	活期个人存款年平均利率	存款年平均利率
2007	6.36	6.58	4.02	6.09	0.98	2.74	0.80	2.45	1.69
2008	7.14	7.24	6.36	7.16	0.98	3.53	0.63	3.47	2.14
2009	4.98	5.70	2.45	5.23	0.63	2.44	0.37	2.68	1.57
2010	4.96	5.30	3.83	5.17	0.63	2.20	0.37	2.25	1.35
2011	6.04	5.90	7.11	6.01	0.79	2.85	0.50	2.70	1.72
2012	6.54	6.46	6.69	6.56	0.79	3.42	0.44	3.35	2.07
2013	5.83	6.28	5.83	6.15	0.72	3.34	0.38	3.28	2.02
2014	5.87	6.34	6.02	6.27	0.75	3.54	0.39	3.35	2.16
2015	5.34	5.90	4.98	5.76	0.72	3.23	0.38	3.21	2.05
2016	4.31	4.74	3.69	4.64	0.66	2.61	0.37	2.64	1.62
2017	4.18	4.51	3.98	4.53	0.69	2.52	0.40	2.47	1.54
2018	4.42	4.62	4.36	4.64	0.73	2.66	0.43	2.55	1.62

资料来源：作者根据各主要商业银行历年年报数据计算整理得到。

4. 参考利率

本章对 FISIM 的试算选取了两种参考利率，一是采用 SNA（2008）的建议，选取一年期上海银行间同业拆借利率作为参考利率，该数据来源上海银行间同业拆放利率官方网站，由月度数据简单平均得到。二是采用中点参考利率法进行相应的试算，中点参考利率为商业银行贷款年平均利率与存款年平均利率的均值。计算结果表明，两种参考利率的不同选择对 FISIM 物量核算结果影响非常小，并且采用中点参考利率得到的核算结果几乎没有负值，所以最终我们选择了中点参考利率。我国一年期上海银行间同业拆借利率和中点参考利率见表 5 - 5。

表 5 – 5　　　　2007～2018 年我国一年期上海银行间同业
拆借利率和中点参考利率　　　　单位：%

年份	一年期上海银行间同业拆借利率	中点参考利率	年份	一年期上海银行间同业拆借利率	中点参考利率
2007	3.59	3.89	2013	4.43	4.08
2008	4.47	4.65	2014	4.96	4
2009	2.05	3.4	2015	4	4
2010	2.61	3.26	2016	3	3.13
2011	4.91	3.86	2017	4.29	3.03
2012	4.77	4.32	2018	4.07	3.13

资料来源：上海银行间同业拆借利率官方网站。

5. 存贷款存量缩减指数

理想的存贷款缩减指数应该能够衡量实际价格的变化，然而这在实践中是不可能的，所以用一般价格指数进行缩减似乎能够提供一种比较好的衡量货币购买力变化的方法。联合国统计司建议使用一般物价指数包括 GDP 缩减指数、最终国内需求缩减物价指数和所有项目的 CPI。本书依然使用国家统计局以前采用的投资消费价格指数，数据来源于国家统计局网站。

表 5 – 6　　　　2007～2018 年我国投资消费价格指数

年份	固定资产投资价格指数（%）	居民消费价格指数（%）	资本形成总额（亿元）	最终消费（亿元）	消费投资价格指数（%）
2007	103.9	104.8	112046.8	136229.5	104.39
2008	108.9	105.9	138242.8	157466.3	107.30
2009	97.6	99.3	162117.9	172728.3	98.48
2010	103.6	103.3	196653.1	198998.1	103.45
2011	106.6	105.4	233327.2	241022.1	105.99
2012	101.1	102.6	255240	271112.8	101.87

续表

年份	固定资产投资价格指数（%）	居民消费价格指数（%）	资本形成总额（亿元）	最终消费（亿元）	消费投资价格指数（%）
2013	100.3	102.6	282073	300337.8	101.49
2014	100.5	102	302717.5	328312.6	101.28
2015	98.2	101.4	312835.7	362266.5	99.92
2016	99.4	102	329137.6	399910.1	100.83
2017	105.8	101.6	363954.8	437151.5	103.51
2018	105.4	102.1	396644.8	480340.6	103.59

资料来源：国家统计局网站。

（二）现价 FISIM 及其增长率的变化对 FISIM 物量核算的影响

1. 现价 FISIM 及其增长率的变化趋势分析

现价存款、贷款、存贷款 FISIM 总产出及其增长率核算结果变化趋势如图 5-2 所示。可见，现价存款、贷款、存贷款 FISIM 总产出

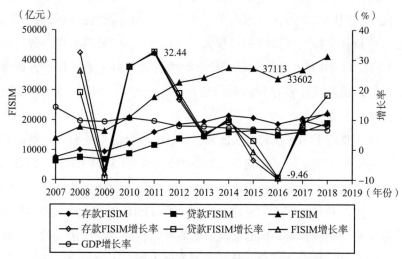

图 5-2 现价存贷款 FISIM 及其增长率变化趋势

资料来源：作者根据中国人民银行网站和各主要商业银行历年年报数据计算整理得到。

的变化态势是基本一致的，2007～2016 年间我国 FISIM 产出并不像其他行业总产出表现出的常见变化趋势——指数增长态势，而是具有较大波动的线性增长态势，并且非持续增长，即某些时期 FISIM 总产出低于以前时期，例如 2015 年我国现价 FISIM 总产出为 37113 亿元，而 2016 年仅为 33602 亿元。其他行业很少出现类似情况。

三者增长率的变化态势也基本一致，但其波动性远高于 GDP 增长率，2007 年至 2018 年 GDP 增长率处于平稳下降趋势，由 2007 年的 14.2% 下降到 2018 年的 6.6%，而存贷款 FISIM 增长率基本处于大幅上下波动的状态，最低为 2016 年的 -9.46%，最高为 2011 年的 32.44%。总体而言，现价 FISIM 变动幅度是巨大的，不能有效地反映 FISIM 的真实变动情况，这不利于对 FISIM 发展状况考察研究。

2. 现价 FISIM 及其增长率变化的成因分析

现价 FISIM 产出及其增长率非常规变动是由多方面原因造成的。根据现价 FISIM 核算方法，存贷款业务量的变动是影响 FISIM 产出变动的重要因素。2007～2018 年，我国存款余额由原来的 37.7 万亿元增长到 161.8 万亿元，存款余额由原来的 26.2 万亿元增长到 134.4 万亿元，但同时受居民收入水平、生活方式和金融调控政策的影响，导致存贷款余额变动幅度相对较大。从图 5-3 中可以看出，现价存（贷）款 FISIM 增长指数与存贷款余额增长指数并未表现出一致的变动趋势，也就意味着存贷款余额变动不是现价存（贷）款 FISIM 变动的唯一因素。

由于现价 FISIM 核算方法所致，FISIM 不仅受自身服务价格的影响，还受整个宏观经济价格变动的影响，正如图 5-4 和图 5-5 显示的那样，现价 FISIM 增长指数与各种 FISIM 服务价格指数的变化趋势基本一致，并且幅度大致相同，说明现价 FISIM 的变化主要受 FISIM 服务价格变动的影响；同时与反映宏观经济价格变动的消费投资价格指数的变化趋势大体一致，只是幅度有所不同，说明宏观经济价格变动也是影响现价 FISIM 变动的因素之一。

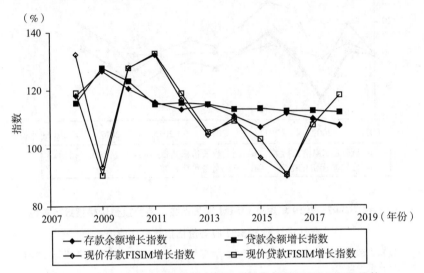

图 5 – 3　2007 ~ 2019 年存贷款余额及现价存贷款 FISIM 变化趋势

资料来源：作者根据中国人民银行网站和各主要商业银行历年年报数据计算整理得到。

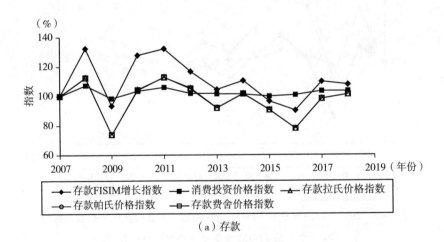

（a）存款

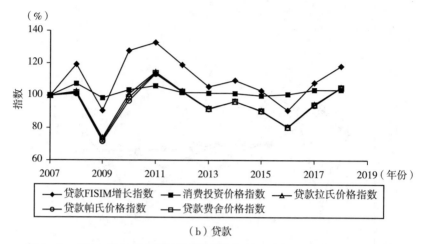

（b）贷款

图 5 - 4 2007～2019 年现价 FISIM 增长指数、消费投资价格指数与各种

存（贷）款 FISIM 服务价格指数变化趋势

资料来源：作者根据国家统计局网站、中国人民银行网站和各主要商业银行历年年报数据计算整理得到。

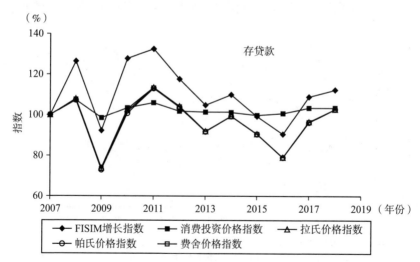

图 5 - 5 2007～2019 年现价 FISIM 增长指数、消费投资价格指数与各种

存（贷）款 FISIM 服务价格指数变化趋势

资料来源：作者根据国家统计局网站、中国人民银行网站和各主要商业银行历年年报数据计算整理得到。

（三）FISIM 物量核算结果的比较与方法选择

1. 三种 FISIM 服务价格指数测算结果的比较与选择

服务商品价格指数的测算方式有很多种，各国经常采用的方法是拉氏指数、帕氏指数和费舍指数。本文分别采用上述三种方法试算了 2007 年至 2018 年的存款、贷款和存贷款 FISIM 服务价格指数（测算结果见表 5 - 7）。从表 5 - 7 可以看出，就存款 FISIM 服务价格指数而言，三种方法测算结果基本一致，差异非常微弱，基本在 0.5 个百分点以内。就贷款 FISIM 服务价格指数而言，绝大多数年份三种方法计算结果基本一致，差异非常微弱；但在某些特殊年份，三者测算结果有所差异，这也最终造成三种方法计算得到的存贷款 FISIM 服务价格指数也会存在差异，例如 2009 年和 2010 年。通过进一步数据分析发现，正常情况下，各类贷款的相对结构基本不变或缓慢变化，其中，非金融企业及机关团体短期贷款和中长期贷款占有绝大比重，非金融企业及机关团体短期贷款 FISIM 服务价格指数变动相对较大，非金融企业及机关团体中长期贷款 FISIM 服务价格指数变动相对较小。正常情况下，这两者之间的相对关系也比较稳定，所以三种指数计算结果基本一致；但当经济突变导致两者之间的相对关系发生变化时，三种指数计算结果就会存在一定差异。

表 5 - 7　　　　2007~2018 年我国非链式 FISIM 服务价格

指数（以上年为基年）　　　　单位：%

年份	存款 FISIM 服务价格指数			贷款 FISIM 服务价格指数			存贷款 FISIM 服务价格指数		
	拉氏	帕氏	费舍	拉氏	帕氏	费舍	拉氏	帕氏	费舍
2007	—	—	—	—	—	—	—	—	—
2008	112.57	112.41	112.49	102.41	101.16	101.78	107.95	107.29	107.62
2009	73.88	73.95	73.92	73.75	71.60	72.67	73.82	72.94	73.38
2010	104.38	104.00	104.19	100.93	96.63	98.76	102.92	100.77	101.84

续表

年份	存款 FISIM 服务价格指数			贷款 FISIM 服务价格指数			存贷款 FISIM 服务价格指数		
	拉氏	帕氏	费舍	拉氏	帕氏	费舍	拉氏	帕氏	费舍
2011	112.76	112.90	112.83	114.41	113.32	113.87	113.45	113.08	113.26
2012	105.50	104.97	105.24	102.65	102.23	102.44	104.30	103.78	104.04
2013	91.97	91.88	91.92	91.93	91.59	91.76	91.95	91.75	91.85
2014	101.68	101.59	101.64	96.38	96.38	96.38	99.41	99.30	99.35
2015	90.67	90.63	90.65	90.54	90.30	90.42	90.61	90.49	90.55
2016	78.02	78.03	78.02	80.49	80.27	80.38	79.11	79.01	79.06
2017	98.29	98.21	98.25	94.59	93.96	94.28	96.65	96.29	96.47
2018	101.23	101.21	101.22	105.01	104.85	104.93	102.89	102.87	102.88

资料来源：作者根据国家统计局网站、中国人民银行网站和各主要商业银行历年年报数据计算整理得到。

因此，在一般年份，可以任选一种方法来测算贷款 FISIM 服务价格指数，考虑到操作的便利性和国际习惯，建议采用拉氏 FISIM 服务价格指数。但在特殊年份，测算方法的选择要谨慎，拉氏贷款 FISIM 服务价格指数会高估，而帕氏贷款 FISIM 服务价格指数会低估，所以，这个时期可以考虑选择联合国统计司建议的相对适中的费舍贷款 FISIM 服务价格指数。当然在条件允许的情况下，为了保持统计口径的一致性和数据的可比性，可以选择费舍贷款 FISIM 服务价格指数作为唯一的测算方式。对于存款 FISIM 服务价格指数，可以直接选择操作相对比较便利的拉氏存款 FISIM 服务价格指数。

2. 三种 FISIM 物量指数计算结果的比较与选择

本书分别采用拉氏指数、帕氏指数和费舍指数三种方法试算了2007 年至 2018 年的存款 FISIM、贷款 FISIM 和存贷款 FISIM 物量指数（测算结果见表 5-8）。测算结果基本与服务价格指数一致，就存款 FISIM 物量指数而言，三种方法测算结果基本一致，差异极为微弱，基本在 0.2 个百分点以内。与存款 FISIM 物量指数相比，三种方法测算得到的贷款 FISIM 物量指数差异相对比较明显，最大差异发生在 2010 年。拉氏贷款 FISIM 物量指数与帕氏贷款 FISIM 物量指数之间的差异达到 5.35 个百分点；除去 2009 年和 2010 年，其他年份两者之间的差异在 1.34 个百分点以内。简单来讲，造成这一差异的主要原因是，受市场因素和政策因素的影响，导致各种贷款服务价格的相对关系并不稳定，尤其是当经济发生较大波动或宏观金融政策发生较大调整时，计算结果之间的差距就更为明显。因此，稳健起见，对于贷款 FISIM 物量指数建议采用费舍贷款物量指数；而存款 FISIM 物量指数采用拉氏指数或帕氏指数均可，但考虑到拉氏物量指数是唯一具有可加性的指数，所以，建议存款 FISIM 物量指数仍采用拉氏指数。

表 5 - 8　　　　2007~2018 年我国非链式 FISIM 物量
指数（以上年为基年）　　　单位：%

年份	存款 FISIM 物量指数			贷款 FISIM 物量指数			存贷款 FISIM 物量指数		
	拉氏	帕氏	费舍	拉氏	帕氏	费舍	拉氏	帕氏	费舍
2007	—	—	—	—	—	—	—	—	—
2008	109.78	109.62	109.70	109.79	108.45	109.12	109.79	109.12	109.45
2009	137.71	137.85	137.78	137.88	133.87	135.86	137.78	136.14	136.96
2010	116.99	116.57	116.78	125.75	120.40	123.04	120.68	118.15	119.41
2011	114.34	114.49	114.41	114.29	113.20	113.74	114.32	113.94	114.13
2012	115.67	115.09	115.38	121.03	120.53	120.78	117.93	117.35	117.64
2013	114.08	113.97	114.03	115.59	115.16	115.37	114.72	114.48	114.60
2014	108.94	108.84	108.89	113.71	113.71	113.71	110.99	110.87	110.93
2015	107.93	107.89	107.91	115.62	115.32	115.47	111.21	111.06	111.14
2016	114.68	114.71	114.69	112.15	111.84	111.99	113.56	113.42	113.49
2017	108.93	108.83	108.88	111.89	111.13	111.51	110.24	109.83	110.04
2018	106.47	106.46	106.46	112.66	112.49	112.57	109.19	109.16	109.18

资料来源：作者根据国家统计局网站、中国人民银行网站和各主要商业银行历年年报数据计算整理得到。

（四）中国 FISIM 物量核算结果及其发展变化

基于上述分析，本部分选择费舍指数测算了我国 2007～2018 年间 FISIM 物量值的发展变化情况，分析表明我国 FISIM 发展变化基本稳定，并且优于整个国民经济的发展变化。

1. FISIM 物量指数变化趋势分析

现价 FISIM 增长指数无法反映 FISIM 的实际发展变化情况，必须剔除价格因素对 FISIM 的影响，这尤为重要，主要是因为金融政策和宏观经济周期波动等因素的影响，FISIM 服务价格波动特别剧烈，尤其是在利率市场化水平相对较低的情况下。正如图 5－6 所示的那样，2009 年现价 FISIM 增长速度为 －7.76%，出现这一状况的主要原因是，2008 年金融危机之后，中国人民银行大幅下调了存贷款基准利率，以一年期贷款基准利率为例，由 2008 年最高时的 7.56% 大幅降至 2009 年的 5.4%。实际上，为减轻金融危机对我国经济的冲击，按照国务院的统一部署，2008 年下半年，中国人民银行实施了适度宽松的货币政策，综合运用存款准备金比率和公开市场操作等多种金融工

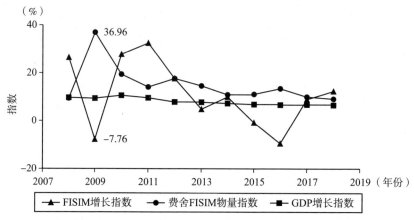

图 5－6　2007～2019 年现价 FISIM、FISIM 物量与 GDP 的增长指数变化趋势

资料来源：作者根据国家统计局网站、中国人民银行网站和各主要商业银行历年年报数据计算整理得到。

具，采取了一系列灵活、有力的措施，保持了金融体系流动性充分供应，促进了货币信贷总量快速增长，最终导致 2009 年 FISIM 实际增长 36.9%。由图 5-6 可以看出，2009 年除外，其他年份 FISIM 增长率变化相对比较稳定，变化趋势与 GDP 增长率基本一致，并略高于GDP 增长率。这与近十年来我国金融行业快速发展的实际情况相一致，这意味着由此得到 FISIM 物量指数是相对比较可靠的，方法的选取是可行、合理的。

2. 我国非链式与年度链式 FISIM 物量测算结果

将上一年经一般价格水平缩减的 FISIM 乘以本年度物量指数再乘以本年度一般价格指数就可以得到以上一年价格计算的非链式 FISIM 物量。上年的年度链式物量乘以本年非链式 FISIM 物量的增长率就等于本年年度链式物量，如果首期年度链式物量为 2007 年现价 FISIM，则计算得到的就是以 2007 年为基期的定基年度链式 FISIM 物量（测算结果见表 5-9）。

表 5-9　　　　　2007~2018 年我国年度链式 FISIM
物量（以 2007 为基年）　　　　单位：亿元

年份	非链式 FISIM 物量（上一年为基期）			年度链式 FISIM 物量（2007 年为基期）		
	存款	贷款	存贷款	存款	贷款	存贷款
2007	—	—	—	7611	6357	13968
2008	8960	7443	16405	8350	6937	15289
2009	12744	9446	22191	11504	9424	20939
2010	11557	8872	20427	13435	11596	25004
2011	14115	10211	24325	15371	13189	28536
2012	17660	13497	31153	17735	15930	33570
2013	21112	15891	37003	20223	18379	38472
2014	21089	16548	37626	22021	20899	42676
2015	22819	18168	40987	23763	24133	47429

续表

年份	非链式 FISIM 物量（上一年为基期）			年度链式 FISIM 物量（2007 年为基期）		
	存款	贷款	存贷款	存款	贷款	存贷款
2016	23941	18565	42502	27255	27028	53826
2017	20879	17083	37959	29676	30138	59229
2018	21858	18145	40012	31594	33927	64664

资料来源：作者根据国家统计局网站、中国人民银行网站和各主要商业银行历年年报数据计算整理得到。

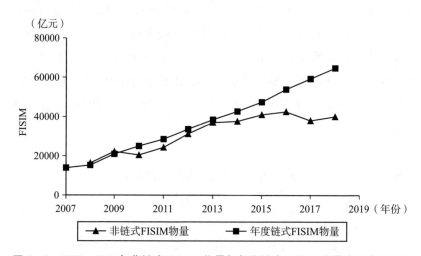

图 5 – 7　2007～2019 年非链式 FISIM 物量与年度链式 FISIM 物量发展变化趋势

资料来源：作者根据国家统计局网站、中国人民银行网站和各主要商业银行历年年报数据计算整理得到。

对于非链式 FISIM 物量而言，由于每年的价格水平不同，造成非链式 FISIM 物量波动性高于年度链式 FISIM 物量。同时，这也带来了另一个问题——不同年份间非链式 FISIM 物量不具有可比性，如果分析过程中涉及不同年份间数据的比价，只能选择年度链式 FISIM 物量。根据年度链式 FISIM 物量值，2007 年至 2018 年，这 11 年间我国 FISIM 由 2007 年的 13968 亿元发展到了 2018 年的 64664 亿元，表明这期间我国 FISIM 得到了快速发展，有利于增强国内金融机构的国际竞争力，为我国不断推进金融市场开放奠定了良好的基础。这里还有一个有趣的现象，正常情况下，我国绝大多数价值型经济指标（如GDP）的非链式物量值往往大于定基年度链式物量值，而考察期内的 FISIM 物量值恰恰相反，原因是 2007 年的隐含 FISIM 服务价格水平相对较高造成的。

三、结论

1. 现价 FISIM 存在较大波动性，无法客观地反映我国 FISIM 服务事业的发展状况

现价 FISIM 增长指数与存贷款余额增长指数并未表现出变动趋势的一致性，也就意味着存贷款余额变动不是现价 FISIM 变动的唯一因素。由于受宏观经济波动、货币政策调控、我国利率市场化程度较低等因素的影响，我国隐含 FISIM 服务价格存在的波动性和非市场性的特征，最终导致隐含 FISIM 服务价格成为影响现价 FISIM 变化的绝对力量，现价 FISIM 无法把脉 FISIM 金融服务事业的发展，FISIM 物量核算必要性远高于其他行业。

2. 我国现行 FISIM 物量核算方式有待改进

FISIM 物量核算方法相对比较滞后、完善步伐相对较慢，是我国目前 FISIM 核算仍然存在的问题之一。目前，我国 FISIM 物量核算方式依然停留在以相对比较古老的利息收支差法为基础的缩减法，依然没有过渡到以参考利率法为基础的缩减法，从各方面来讲，我国目前已经基本具备过渡到以参考利率法为基础的缩减法的现实条件。因而，国家统计局可以考虑调整 FISIM 物量核算方式。具体而言，存贷款类型的划分可以参考中国人民银行发布的《金融机构本外币信贷收支表（按部门分类）》，以保证操作的可行性；各类存贷款平均利率可以利用商业银行的各类存贷款收益率予以估算，一般价格指数可

以依然采用国家统计局设计的消费投资价格指数。

3. 我国 FISIM 物量核算更适合采用费舍物量核算方法

就贷款 FISIM 而言，在正常情况下，三种核算方法的测算结果差异微弱，即方法的选择对测算结果无明显影响；但在一些特殊年份，无论是价格指数还是物量指数，三种核算方法的测算结果差异明显，费舍物量核算结果处于拉氏核算结果与帕氏核算结果的中间。因此，稳健起见，对于贷款 FISIM 物量核算建议采用费舍核算方法。就存款 FISIM 而言，无论是存款 FISIM 价格指数还是物量指数，三种核算方法的测算结果无明显差异，所以，从操作的便利性和可加性的角度讲，建议采用拉氏物量核算方法；当然也可以考虑采用费舍核算方法，以保持存贷款物量核算方法的一致性。

4. 费舍 FISIM 物量测算结果相对比较可靠，FISIM 金融事业快速发展

2007~2018 年我国 FISIM 增长率变化相对比较稳定，变化趋势与 GDP 增长率基本一致，并略高于 GDP 增长率，这与近十年来我国金融行业快速发展的实际情况相一致。涉及不同年份间数据的比价，只能选择年度链式 FISIM 物量，研究结果表明，测算期内我国 FISIM 金融事业得以快速发展。

第六章　中国 FISIM 核算改革与实践

第一节　中国 FISIM 核算的历史演进

国民经济核算体系是对一个国家或地区经济社会发展状况的测量系统，既反映人力、物力和资源，又反映生产、分配和使用，还反映总量、速度和结构。它由一系列具有严密逻辑关系的表式或账户组成，能够系统、全面地反映国民经济运行的全过程及其内在联系。中国 FISIM 核算方法伴随着中国国民经济核算体系的不断发展逐渐完善。

我国国内生产总值核算（GDP）开始于 20 世纪 80 年代，国家统计局于 1985 年制定了《国民生产总值计算方案（试行）》，其核心指标为 MPS 体系的国民收入，GDP 只是 MPS 体系的附属指标，在实践工作中使用更多的是国民生产总值。1989 年，以国民收入使用法为蓝本，开始采用支出法试算 GDP。次年，国家统计局制定了《国民收入、国民生产总值统计主要指标解释》，进一步完善了 GDP 的核算方法，但我国国民经济核算仍是以国民收入核算为主。直到 1992 年，国务院正式批准建立以 SNA 为主体的新国民经济核算体系。从此摆脱以 MPS 为框架的旧核算体系，转为以 SNA 为框架的新核算体系。

在此基础上，并制定了《国民生产总值、国民收入统计主要指标解释及测算方案》，标志着 GDP 成为中国国民经济核算体系的核心指标。这可以看成中国最早的国民经济核算体系［CSNA（1992）］。随后在总结国民经济核算实践经验与方法改革成果的基础上，分别在 2002 年和 2016 年对中国国民经济核算体系进行了系统的修订，即中国民经济核算体系（2002）［CSNA（2002）］与中国国民经济核算体系（2016）［CSNA（2016）］。伴随着国民经济核算体现的修订，间接测算的金融中介服务（FISIM）一次次得到修正与完善。下面结合中国国民经济核算体系的发展，从现价产出核算、使用核算和不变价核算三个方面探讨 FISIM 核算方法的演进。

一、FISIM 现价产出核算方法演进

FISIM 产出作为 GDP 的一部分，其发展变化也随着 CSNA 版本的改进逐渐完善。

（一）CSNA（1992）*开始涉及间接测算的金融中介服务*

虽然 FISIM 的概念最早是在 SNA（1993）中被提出来的，但是间接测算的金融中介服务产出一直存在于金融单位总产出中。CSNA（1992）指出计算金融单位的总产出具有一定的特殊性：金融服务业的业务收入一方面来源于资金的存贷利息收支差，另一方面来源于业务服务费收入。由于其服务费收入往往无法弥补业务活动的费用支出，所以单凭服务费收入计算其总产出是不能真实反映其经营活动成果的，因此，对此类单位总产出进行了特殊规定：

$$金融单位总产出 = 利息收入 - 利息支出 - 利用自有资金$$
$$获得的利息收入 + 直接服务费收入 \qquad (6-1)$$

该公式扣除显性的服务费收入后，剩余的就是 FISIM 产出。可见 FISIM 并不是直接通过公式计算出来的，而是通过金融单位总产出间

接测算出来的。

（二）CSNA（2002）提出虚拟服务收入的概念

CSNA（2002）是在不断总结国民经济理论与实践经验的基础上建立的，对于 FISIM 的核算方法，CSNA（2002）基本采纳了 SNA（1993）的建议。在总量核算方面，核算的主体是从事信贷业务的银行业金融机构，包括商业银行、政策性银行、城乡信用社、外资银行及非银行金融机构，不包括中央银行。当时的银行业总产出包括金融媒介服务活动的实际服务费收入与虚拟服务收入两部分，其中，虚拟服务收入实质就是 FISIM 产出部分。虚拟服务收入的具体测算如公式（6-2）所示，即 FISIM 总产出等于利息收入、投资收益、租赁收益与金融机构往来收入的和减去存款利息支出和金融机构往来支出。对比 SNA（1993）可以发现中国在核算 FISIM 时并没有对自有资金获得的利息收入进行扣减。

$$\text{FISIM 总产出} = \text{利息收入} + \text{投资收益} + \text{租赁收益} + \text{金融机构往来收入}$$
$$- \text{利息支出} - \text{金融机构往来支出} \qquad (6-2)$$

可见，CSNA（2002）中的银行业总产出核算基本没有变化，但是首次在金融业总产出中提出了虚拟服务收入概念，并对实际收费服务收入进行了细化，FISIM 产出部分并没有实质性变化。

（三）CSNA（2016）提出产出采用参考利率法测算 FISIM 产出

随着社会经济的不断发展、核算体系的不断完善，中国 FISIM 核算也在不断地摸索改进。特别是 2008 年，联合国等五个国际组织联合修订完成国民经济核算体系 ［SNA（2008）］。SNA（2008）对 FISIM 核算做出进一步修订：一方面，明确 FISIM 核算范围只包括所有存款和贷款（除了与中介资金有关的存款和贷款，还包括金融机构自有资金的贷款）。银行间资金往来被排除在 FISIM 核算范围之外，因为对于同一经济体内的银行，当一家银行向其他银行提供贷款或从其他银行借款时，一般不包含任何服务成分。另一方面，SNA（2008）建议采用参考利率法测算 FISIM 产出。对参考利率的要求是不包含任何服务成分，并且能够反映存贷款的风险与期限结构。

2010 年，第一次经济普查后，我国 FISIM 核算方法有了较大改进。国家统计局采纳了 SNA（2008）关于 FISIM 的核算建议。即 FISIM 总产出为从事贷款活动从借款者处获得的间接收入与从事存款活动从存款者处获得的间接收入之和。其中，银行从事存款活动获得的间接收入等于金融机构存款年平均余额乘以参考利率再减去存款实际利息支出；银行从事贷款活动获得的间接收入等于贷款实际利息收入减去金融机构贷款年平均余额与参考利率的乘积。可见从 2010 年开始 FISIM 的参考利率核算法被纳入非经济普查年度国内生产总值核算方法，进而被正式写入 CSNA（2016）。然而 SNA 推荐的参考利率（银行间拆借利率）在中国并不适用。目前中国金融市场很难找到与存、贷款期限相匹配的银行间借贷利率，同时为简便起见，根据中国的实际情况，目前参考利率采用的是账面价值参考利率，具体计算公式如下：

$$参考利率 = \frac{存款利率 + 贷款利率 - 风险费率}{2} \qquad (6-3)$$

其中，存贷款利率是各种存款和贷款的平均利率，即存款实际利息支出（各项贷款实际利息收入）/各项存款年平均余额（各项贷款年平均余额），风险费率 = 不良贷款率 + 不良贷款率 × 贷款利率。不良贷款率的数据可以从中国银保监会获得，各项存贷款实际利息数据可查阅中国人民银行的《银行业及相关金融业损益明细表》。在确定参考利率的基础上，间接测算的银行中介服务产出计算如公式（6-4）：

$$
\begin{aligned}
FISIM &= \begin{matrix} 银行从事存款活动 \\ 获得的间接收入 \end{matrix} + \begin{matrix} 银行从事贷款活动 \\ 获得的间接收入 \end{matrix} \\
&= 金融机构存款年平均余额 \times 参考利率 - 存款实际利息支出 \\
&\quad + 贷款实际利息收入 - 金融机构贷款年平均余额 \times 参考利率
\end{aligned}
$$

$$(6-4)$$

存贷款年平均余额均是年初与年末余额的平均值。各项存款余额、贷款余额资料取自中国人民银行《金融机构（含外资）本外币可比口径信贷收支表》。

整体上，CSNA（2016）沿用了《中国非经济普查年度核算办法（2010）》中对 FISIM 核算的有关计算方法，并且规定核算范围是金融机构的所有贷款和存款，核算主体拓展为所有的贷款发放单位，不是使用存款资金发放贷款或者使用债券资金发放贷款还是使用自有资金发放贷款的单位均属于 FISIM 的核算主体。并建议应当根据一个不含任何服务成分的、且反映存款和贷款风险和期限结构的参考利率来计算 FISIM 产出。

二、FISIM 使用核算演进

根据国民经济核算的平衡原则，生产核算与使用核算是相对应的。一个部门的产出，必定是另一个部门的使用。现价国内生产总值使用核算通常采用支出法计算，这种方法是从常住单位对货物和服务最终使用的角度，也就是从最终需求的角度来考虑的。原则上讲，住户和政府用于直接满足消费需求的货物或服务为最终消费，非常住单位购买和使用的货物或服务为出口，常住单位生产中使用的货物或服务为中间投入。从而非金融企业部门对 FISIM 的使用为中间投入，政府部门和住户部门对 FISIM 的使用为最终消费，被国外部门使用的 FISIM 则为出口。FISIM 使用核算的方法比较复杂，随着我国国民经济核算体系不断完善和改进，其准确度也在逐渐提高。

（一）CSNA（1992）尚未涉及 FISIM 的使用核算

由于 FISIM 的概念是在 SNA（1993）中首次被提出，而 CSNA（1992）明确了金融中介服务的产出是包含在居民消费当中，但还未针对间接测算的金融中介服务做出具体规定，只是通过金融业总产出来间接进行粗略计算，其 FISIM 的使用核算更是没有涉及。

（二）CSNA（2002）通过利息收支差法对 FISIM 使用进行核算

CSNA（2002）中金融中介服务的消费是指居民在银行存贷资金时所消费的由金融部门提供的金融中介服务。金融中介服务消费包括居民进行金融交易实际支付的手续费和间接计算的金融服务消费支出两部分，间接计算的金融服务消费支出是居民隐含消费的金融中介服务。CSNA（2002）提出采用利息收支差法测算 FISIM 在各个部门的使用分摊情况，但事实上，利息收支差法将所有产业部门的净利息收支差均记录为中间投入，本应被记为最终消费和出口部分的 FISIM 实际被记录为中间投入，这拉低了支出法核算 GDP 的计算结果。因此，在第一次经济普查之后，我国针对这一方法的不足，提出按照比例分摊法调整 FISIM 的使用结构，即以金融企业部门、住户部门、政府部门、国外部门等使用者的存、贷款余额总和占金融机构所有存、贷款余额的比例对 FISIM 进行分摊。如果分别以 A_i、L_i 表示第 i 个机构部门贷款存量与存款存量，r^A 和 r^L 分别表示贷款利率和存款利率，那么第 i 个机构部门所使用的 FISIM 核算公式如下：

$$\text{FISIM 使用} = \text{FISIM 产出} \times \frac{A_i + L_i}{A + L} = (r^A \times A - r^L \times L)\frac{A_i + L_i}{A + L}$$

$$(6-5)$$

$$\text{非金融企业部门的 FISIM} = \left[(r^A \times A - r^L \times L) \times \frac{A_{\text{非金融企业}} + L_{\text{非金融企业}}}{A + L} \right]$$

$$(6-6)$$

$$\text{住户部门的 FISIM} = \left[(r^A \times A - r^L \times L) \times \frac{A_{\text{住户}} + L_{\text{住户}}}{A + L} \right] \quad (6-7)$$

$$\text{政府部门的 FISIM} = \left[(r^A \times A - r^L \times L) \times \frac{A_{\text{政府}} + L_{\text{政府}}}{A + L} \right] \quad (6-8)$$

$$\text{国外部门的 FISIM} = \left[(r^A \times A - r^L \times L) \times \frac{A_{\text{国外}} + L_{\text{国外}}}{A + L} \right] \quad (6-9)$$

　　按照以上公式即可测算出各个部门的 FISIM 使用数额，对于政府部门和住户部门这部分使用记为最终消费，对于非金融企业部门这部分 FISIM 使用记为中间投入，国外部门的 FISIM 使用则记为出口。不可否认的是，与全部计入中间消耗相比，按照比例分摊法提高了支出法 GDP 的规模、最终消费率与净出口率，但是这样的分摊隐含着"每单位贷款与每单位存款具有相同服务价格"的内在假设，这与现实情况并不相符。因此，比例分摊法也只是对不同部门 FISIM 使用规模的大致估算，并不准确。

（三）CSNA（2016）采用参考利率法对 FISIM 使用进行核算

　　自 SNA（2008）提出采用参考利率法核算 FISIM 产出之后，同时参考利率法也被用于 FISIM 的使用核算，从而使生产与使用核算达到统一。CSNA（2016）提到金融机构提供的隐含金融中介服务包含在居民消费的虚拟支出中。居民消费支出中的隐含金融中介服务既包括城镇居民也包括农村居民消费的间接计算的金融中介服务。当采用参考利率法对 FISIM 使用进行核算时，第 i 个机构部门所使用的 FISIM 核算为：

$$FISIM \text{ 使用} = (r^A - rr) \times A_i + (rr - r^L) \times L_i \qquad (6-10)$$

$$\text{非金融企业部门的 } FISIM = \left[(r^A - rr) \times A_{\text{非金融企业}} + (rr - r^L) \times L_{\text{非金融企业}} \right] \qquad (6-11)$$

$$\text{住户部门的 } FISIM = \left[(r^A - rr) \times A_{\text{住户}} + (rr - r^L) \times L_{\text{住户}} \right] \qquad (6-12)$$

$$\text{政府部门的 } FISIM = \left[(r^A - rr) \times A_{\text{政府}} + (rr - r^L) \times L_{\text{政府}} \right] \qquad (6-13)$$

$$\text{国外部门的 } FISIM = \left[(r^A - rr) \times A_{\text{国外}} + (rr - r^L) \times L_{\text{国外}} \right] \qquad (6-14)$$

　　同样 A_i、L_i 分别表示第 i 个机构部门贷款存量与存款存量，r^A 和 r^L 分别表示贷款利率和存款利率，rr 表示参考利率。与比例分摊法相比，参考利率法同样将住户部门和政府部门使用的 FISIM 归为最终消费，将非金融企业部门使用的 FISIM 归为中间投入，国外部门对 FISIM

的使用则记为出口。较比例分摊法不同的是，此时贷款和存款被分别赋予不同的服务价格，这与现实情况更匹配，非金融企业部门、住户部门、政府部门、国外部门的 FISIM 使用规模均被进一步精确地记录。

三、FISIM 不变价核算演进

不变价 GDP 核算可以剔除现价国内生产总值和国民总收入等指标中的价格因素，更加合理地反映生产活动成果和收入购买力的实际变动。而 FISIM 不变价的核算就伴随着 GDP 不变价核算的发展不断改进。不变价国内生产总值可分别按分行业增加值和最终使用进行核算。分行业不变价增加值核算主要采用价格指数缩减法和物量指数外推法。而中国国民经济核算体系对金融业不变价核算均采用单缩法，但所使用的缩减指数却在不断改进。由于 CSNA（1992）的资料不够完善，在 FISIM 不变价核算上只选择 CSNA（2002）和 CSNA（2016）进行对比。

（一）CSNA（2002）采用单缩法对金融业不变价进行核算

不变价核算的计算方法主要有价格缩减法、物量外推法[①]和直接基年价值法[②]。在实际应用中，价格缩减法是最为普遍的一种方法，其利用产出价格指数缩减当期现价价值，求得当期不变价价值，即：不变价价值 = 现价价值/缩减指数。缩减法又分为双缩法和单缩法。

---

① 物量外推法简称外推法，是利用相关指标的物量指数在基期不变价价值的基础上外推得到核算期不变价价值的方法。即不变价价值 = 基期不变价价值 × 相关指标的物量指数。外推法也包括双外推法和单外推法。双外推法就是分别利用产出物量指数和中间投入物量指数乘以基期的总产出和中间投入，求得当期不变价总产出和不变价中间投入，两者之差即为当期不变价增加值。单外推法主要指的是利用产出物量指数乘以基期增加值，求得当期不变价增加值。

② 直接基年价值法也称固定价格法，是把产品价格固定在某一时期或时点，在一段较长的时期内作为计算不变价的固定价格，用报告期的数量乘以基年的固定价格，得到不变价的数据。

CSNA（2002）中 FISIM 的不变价核算采用的就是单缩法，直接利用总产出价格指数缩减现价增加值以得到不变价增加值。此时金融业的产出价格指数是固定资产投资价格指数与居民消费价格指数的加权平均数，权重则是支出法国内生产总值中的居民消费和固定资本形成总额占两者之和的比重。

虽然 CSNA（2002）采用居民消费价格指数和固定资产投资价格指数的加权平均数作为金融服务价格指数解决了当时的核算问题，但实际上该指数也存在一些问题。一方面，各金融服务消费支出项目采用相同的价格指数缩减，计算结果必定不能完全反映各分类项目不变价数据的特性；另一方面，仅用居民消费价格指数和固定资产投资价格指数的加权平均数来衡量金融服务价格的大小，势必会存在一定的误差。所以当时我国的金融服务价格指数的编制还不够完善，此时的不变价 FISIM 核算方法存在争议，值得进一步探讨。

（二）CSNA（2016）改进了金融业不变价核算的缩减指数

根据 SNA（2008）的指导，我国金融业不变价核算方法也在不断地改进。CSNA（2016）虽然依旧采用的是价格指数缩减法来计算不变价 FISIM 值，但此时缩减指数却有了较大的改进。此时的金融服务价格指数采用的是存贷款利率指数、同业拆借利率指数和消费投资价格指数的加权平均数，如公式（6-15）所示。

$$银行业缩减指数 = \frac{利息收入 - 利息支出}{银行业总产出} \times 存贷款利率指数$$

$$+ \frac{金融机构往来收入 - 金融机构往来支出}{银行业总产出}$$

$$\times 同业拆借利率指数$$

$$+ \left[1 - \frac{(利息收入 - 利息支出) - (金融机构往来收入 - 金融机构往来支出)}{银行业总产出} \right]$$

$$\times 消费投资价格指数 \qquad (6-15)$$

其中：存贷款利率指数 =（一年期存款利率指数 + 一年期贷款利率指数）/2

$$同业拆借利率指数 = 银行间同业拆借利率指数$$

$$\text{消费投资价格指数} = 居民消费价格指数 \times \frac{最终消费支出}{最终消费支出 + 固定资本形成总额}$$

$$+ 固定资产投资价格指数$$

$$\times \frac{固定资本形成总额}{最终消费支出 + 固定资本形成总额}$$

与 CSNA（2002）中由居民消费价格指数和固定资产投资价格指数的加权平均数所构造的缩减指数相比，CSNA（2016）推出的银行业缩减指数与金融行业发展更为紧密，缩小了核算误差，可以更好地对不变价 FISIM 进行测算。

第二节 中国 FISIM 核算现状

一、中国 FISIM 的核算范围

根据第二章对 FISIM 核算范围进行的详细的阐述，对 FISIM 核算的主体、客体、载体有了比较清晰的认识。从理论层面上讲中国 FISIM 核算范围应该与 SNA 保持一致，但由于实际国情的限制，中国 FISIM 核算范围也存在一些特殊情况。

（一）核算主体上的特殊性

作为 FISIM 的核算主体，中国金融机构部门与其他国家相比具有很多特殊之处，需要将中国金融机构部门划分标准与 SNA（2008）有关金融机构部门划分标准的差异进行对比（如表 6 - 1 所示）。

表 6 - 1　　　　　SNA（2008）与 CSNA（2002）关于金融
机构部门划分标准比较

SNA（2008）		CSNA（2002）	
中央银行	中央银行、货币局或独立的货币当局、政府的附属机构	货币当局	中国人民银行、国家外汇管理局
中央银行以外的存取公司	商业银行、储蓄银行、邮政储蓄、汇划银行、农村信用银行、农业信用银行、信用合作银行、信用社、接受存款或发行类似存款工具的其他金融机构	监管当局	中国银行业监督管理委员会、中国证券监督管理委员会、中国保险监督管理委员会
货币市场基金	货币市场基金	银行业存款类金融机构	银行、城市信用合作社（含联社）、农村信用合作社（含联社）、农村资金互助社
非货币市场投资基金	非货币市场投资基金	银行业非存款类金融机构	金融信托与管理、金融租赁、财务公司、邮政储蓄、典当、其他未列明的金融活动
保险公司和养老基金以外的其他金融中介	财务公司、金融租赁公司、证券承销商和交易商、周转公司、中央清算组织以及从事短期融资、出口或进口融资、代收服务等的特殊金融机构	证券业金融机构	证券公司、证券投资基金管理公司、期货公司、投资咨询公司
金融辅助机构	经纪人和代理机构、证券发行公司、公共交易所和证券市场、外汇公司、金融担保公司、保险和养老辅助机构、作为独立机构单位的金融监管机构、其他金融辅助机构	保险业金融机构	财产保险公司、人身保险公司、再保险公司、保险资产管理公司、保险经纪公司、保险代理公司、保险公估公司、企业年金

续表

SNA（2008）		CSNA（2002）	
限制性金融机构货币贷款者	诸如信托、财产、代理户口等法律实体单位、控股公司、特定目的实体或载体、货币放款者、利用唯一出资者出资提供贷款（如学生贷款、进出口贷款）的公司，以及从事借款的当铺	交易及结算类金融机构	交易所登记结算类机构
保险公司	保险公司和准公司	金融控股公司	中央金融控股公司、其他金融控股公司
养老金		其他	小额贷款公司

资料来源：《金融机构编码规范》（2009）。

与 SNA（2008）划分标准相比，中国的货币当局对应于 SNA 分类中的中央银行；银行业存款类金融机构基本对应于 SNA 分类中中央银行以外的存取公司。尽管中国金融机构部门划分标准与 SNA 有所差异，但是就 FISIM 的核算主体，FISIM 的生产者所包含的金融机构基本上是相符合的。SNA 中"中央银行以外的存取公司"与中国"银行业存款类金融机构"相对应，从而中国的 FISIM 核算主体就是银行业存款类金融机构。这些机构主要是从事存贷款融资活动的银行类金融机构，虽然中央银行也从事相当部分的贷款服务活动，然而考虑其特殊的经济地位、管理模式和经济功能，如果运用与 FISIM 相同的核算方法测算其产出，则会出现产出为负的问题，而且中国核算基础数据不完备，所以其产出核算方法主要采用成本法，不核算中央银行提供的 FISIM 产出。因此，中国 FISIM 核算主体仅限于银行类金融中介机构，对于地下钱庄等非法人放款者所从事的金融中介活动，暂未纳入 FISIM 的核算范围。事实上，这类非正规放款者在中国具有一定规模，且影响较大，尤其在江浙一带，2011～2012 年，由于经济环境欠佳，造成一些公司老板"跑路"，这一现象已经证明非正规放款人在中国具有一定的市场，这也是最近两年中国加强微小金融企业改革的重要原因。随着间接测算的金融中介服务核算实践的逐步深入，应该适时地将非正规放款者纳入 FISIM 核算范围。

（二）核算客体上的特殊性

FISIM 的核算客体对应 SNA 中"与存贷款利息费用相关的金融服务"，然而，在中国金融服务的分类是怎样的？FISIM 的核算客体对应的具体内容是什么？2011 年中国国民经济行业分类修订完成以后，"GB/T 4754—2011"有关"金融服务业"分类基本成熟，但与 ISIC4.0 存在的差异不可忽视，这直接涉及我国金融业数据的国际可比性，所以中国金融服务业分类标准在发挥自身优势的同时，应该作出进一步的修订，以便中国国民经济行业分类（GB/T 4754—2011）与国际标准产业分类（ISIC4.0）的基本门类保持一致（见表 6-2）。

表 6-2　　国民经济行业分类（GB/T 4754—2011）中金融业的分类

门类	大类	中类	小类及说明货币金融服务
金融业	货币金融服务	中央银行服务	代表政府管理金融活动，并制定和执行货币政策，维护金融稳定，管理金融市场的特殊金融机构的活动
		货币银行服务	指除中央银行以外的各类银行所从事存款、贷款和信用卡等货币媒介活动，还包括在中国开展货币业务的外资银行及分支机构的活动
		非货币银行服务	指主要与非货币媒介机构以各种方式发放贷款有关的金融服务，包括金融租赁服务、财务公司、典当、其他非货币银行服务
		银行监管服务	代表政府管理银行业活动，制定并发布对银行业金融机构及其业务活动监督管理的规章、规则

续表

门类	大类	中类	小类及说明货币金融服务
金融业	资本市场服务	证券市场服务	包括证券市场管理服务、证券经纪交易服务与基金管理服务
		期货市场服务	包括期货市场管理服务和其他期货市场服务
		证券期货监管服务	指由政府或行业自律组织进行的对证券期货市场的监管活动
		资本投资服务	指经批准的证券投资机构的自营投资、直接投资活动，以及风险投资和其他投资活动
		其他资本市场服务	指投资咨询服务、财务咨询服务、资信评级服务，以及其他未列明的资本市场的服务
	保险业	人身保险	以人的寿命和身体为保险标的的保险活动，包括人寿保险、健康保险和意外伤害保险
		财产保险	除人身保险外的保险活动，包括财产损失保险、责任保险、信用保险、保证保险等
		再保险	承担与其他保险公司承保的现有保单相关的所有或部分风险活动
		养老金	专为单位雇员或成员提供退休金补贴而设立的法定实体的活动（如基金、计划和/或项目等），包括养老金定额补贴计划以及完全根据成员贡献确定补贴数额的个人养老金计划等
		保险经纪与代理服务	保险代理人和经纪人进行的年金、保单和分保单的销售、谈判或促合活动
		保险监管服务	根据国务院授权及相关法律、法规规定所履行的对保险市场的监督、管理活动
		其他保险活动	包括风险和损失评估与其他未列明保险活动

续表

门类	大类	中类	小类及说明货币金融服务
金融业	其他金融业	金融信托与管理服务	根据委托书、遗嘱或代理协议代表受益人管理的信托基金、房地产账户或代理账户等活动，还包括单位投资信托管理
		控股公司服务	通过一定比例股份，控制某个公司或多个公司的集团，控股公司仅控制股权，不直接参与经营管理，以及其他类似的活动
		非金融机构支付服务	非金融机构在收付款人之间作为中介机构提供下列部分或全部货币资金转移服务，包括网络支付、预付卡的发行与受理、银行卡收单及中国人民银行确定的其他支付等服务
		金融信息服务	向从事金融分析、金融交易、金融决策或者其他金融活动的用户提供可能影响金融市场的信息（或者金融数据）的服务
		其他未列明金融业	主要与除提供贷款以外的资金分配有关的其他金融媒介活动，包括保理活动、掉期、期权和其他套期保值安排、保单贴现公司的活动、金融资产的管理、金融交易处理与结算等活动，还包括信用卡交易的处理与结算、外币兑换等活动

资料来源：国民经济行业分类代码表（GB/T 4754—2011）。

在中国国民经济行业分类体系中，货币银行服务即指除中央银行以外的从事存款、贷款和信用卡等金融中介活动的各类银行的服务，因此，该类服务可以视为中国 FISIM 的核算对象，但与 SNA（2008）界定的 FISIM 核算客体——与存贷款利息相关的金融服务相比还存在一定的差异。因为以信用卡为媒介的金融服务在 SNA 中归属于直接收费的金融服务，在中国货币银行服务需要剔除掉以信用卡为媒介的金融服务，才能看作 FISIM 的核算主体。

综上所述，中国 FISIM 的生产者仅指从事存贷款融资业务的金融中介机构，包括政策性银行、商业银行、外资银行、城乡信用社以及一些非银行金融机构等。中国 FISIM 的核算客体主要是货币金融服务中的"货币银行服务"但与 SNA 中与存贷款利息相关的金融服务相比，需要剔除掉以信用卡为媒介的金融服务，以信用卡为媒介的金融服务在 SNA 中划归于直接收费的金融服务。中国 FISIM 核算主、客体的界定要尽量与 SNA 接轨，也要符合中国国情，而且需要不断地探索，以便明确 FISIM 的核算范围。

二、中国 FISIM 核算现状

目前中国 FISIM 核算理论正逐渐趋于完善，并在 FISIM 核算问题的基本方面与 SNA 相同，但无论从理论上讲还是从实践上讲，在 FISIM 核算范围、参考利率的选择、FISIM 的使用分摊等方面还有待于进一步完善。

（一）中国 FISIM 生产核算的现状

生产核算方面，中国在很长一段时间内采用 SNA（1993）建议的利息收支差测算 FISIM，但并没有对利用自有资金所获得的财产收入进行扣除。此方法只有存款总额和贷款总额大致相等的情况下才会有效。然而实践中，存贷款总额相等的假设很难达到，近似匡算存在很大的局限性。如果金融机构吸收的存款总额大于其发放的贷款总额，则会低估金融机构的总产出；反之，则会高估金融机构的总产出，很难准确衡量金融机构的总产出，并且这种近似匡算方法不能准确地把握金融服务业的现状（尤其是金融服务业的发展变化情况），仅提供金融服务业的长期发展趋势，对金融政策的制定不能提供充分的依据。当银行的贷款额小于存款额时，可能会导致测算的金融中介服务总产出为负数。而且还会导致贷款机构营业盈余的减少，并且住户对金融中介服务的最终消费也会减少。

随着 SNA（2008）的出台，经过多年的酝酿与试算。2017 年正式推出的 CSNA（2016）开始采用参考利率法测算中国 FISIM 的产出水平。该方法排除了利息收入性质对 FISIM 核算方法的干扰，而且没有考虑资金来源，所以无需将自有资金获得的利息收入从 FISIM 产出中扣除，更无须满足存款额和贷款额相等的假定。参考利率法不仅可以用于 FISIM 产出核算，还可以用于 FISIM 使用核算，使得 FISIM 产出与使用核算达到统一。从已有的核算理论来看，参考利率法更能满足中国 FISIM 核算的需要，也更能反映中国金融中介服务发展的真实情况，不失为一种上佳的选择。

但是实施参考利率法的关键是参考利率的选择和确定，然而受金融市场发展的制约，参考利率的选择争议不断。各国经济水平以及金融市场的完善程度存在较大差异，所以欧美等经济发达国家与发展中国家在参考利率的选择方面也存在明显不同。美国、英国、日本和澳大利亚等经济发达国家具备完善的金融市场，同业拆借市场利率是存贷款利率形成的基础，这些国家的银行间同业拆借市场利率作为参考利率更具有代表性。但这种参考率本身也具有一定的局限性。在流动性转换是否应从 FISIM 产出中排除没有定论的情况下，就无从确定何种期限结构的银行间拆借利率或中央银行贷款利率更适合作为参考利率。某些期限的银行间拆借利率或中央银行贷款利率可能会低于存款利率；另外，从参考利率的界定来看，参考利率应该是资产的收益率，而银行间拆借利率或中央银行贷款利率与资产收益率并不相同。目前中国金融市场正处于快速发展的阶段，尚不完善。在很大程度上，中国银行间拆借利率或中央银行贷款利率仍是一种政策性利率，其主要目的是满足货币政策调控的需要。其市场化程度较低，并受到政府的严格控制。因此，在中国现有的金融市场发育条件下，SNA 建议的参考利率——银行间拆借利率或中央银行贷款利率——在中国 FISIM 核算实践中并不适用。

目前中国采用的是账面价值参考利率，该参考利率是在中点参考利率的基础上减去风险率。可以看出该参考利率还是再向 SNA（1993）靠拢，是在努力构造一个无风险参考利率，从而该参考利率不能剔除 FISIM 中的风险溢价。同样也没有考虑参考利率的期限调整。这也是接下来中国 FISIM 产出核算的改进方向。

（二）中国金融中介服务使用核算的现状

中国金融中介服务使用核算大致经历了三个阶段：第一个阶段是 2004 年经济普查前，此时将各非金融机构部门的净利息支出全部作为其中间消耗处理，并将居民储蓄利息收入加到金融机构部门产出中，各个非金融机构部门对金融中介服务的中间消耗等于其净利息支出。第二个阶段是 2005 年至 2008 年期间，也就是两次普查之间。2004 年国家统计局首次以经济普查为依据，并参照 SNA（1993）有关 FISIM 核算的原理，结合中国实际情况，使用指标法对 FISIM 产出进行了分摊，以取代传统的使用核算方法。实际做法是采用各产业部门和最终使用部门的存贷款余额之和占金融机构全部存贷款余额之和的比例进行分摊。分摊到各产业部门的 FISIM 产出视为其中间消耗，分摊到最终使用部门的 FISIM 产出视为其最终消费。这种处理方法避免了传统方法带来的一系列问题，提高了估计的准确性与合理性。第三个阶段是 2008 年至今，也就是第二次全国经济普查后。中国金融中介服务产出核算逐渐尝试采用 SNA（2008）推荐的参考利率法[1]，并在 CSNA（2016）中正式推出使用参考利率法分摊 FISIM。

采用参考利率法核算各非金融机构部门对 FISIM 产出的使用情况，使中国 FISIM 使用核算与 SNA 修订建议的处理方式基本一致。以参考利率与银行实际支付以及与银行实际收取的利率之差，分别测算存款人使用的金融中介服务和贷款人使用的金融中介服务，各个非金融机构部门分摊的 FISIM 产出或者作为中间消耗，或者作为最终消

---

① 韩维. FISIM 核算理论的研究与发展［J］. 华北金融，2011（3）.

费以及出口。中国目前逐渐由指标分摊法向参考利率分摊法过渡，进而实现生产与使用核算的统一。另外，FISIM 在机构部门、产业部门以及名义部门之间的分摊，相当于把某些利息支出重新划分为服务支出，这种重新分类对某些货物和服务的总流量，如产出、中间消耗、最终消费、进口和出口的价值都有着重要的影响。

（三）中国 FISIM 物量核算的现状

中国从 1985 年开始进行不变价增加值的年度核算，历经数次修订，核算方法逐步完善。但是，中国服务业统计基础依然相对薄弱，服务业不变价增加值核算相对比较落后。

除运输通信业以外，中国服务业不变价增加值核算均采用价格指数缩减法。由于金融中介服务本身固有的与有形产品不同的特性，造成中介服务的数量难以计量，并且金融中介服务的价格本身具有隐蔽性，进而无法编制准确的 FISIM 价格指数和物量指数，与其他服务业相比，FISIM 的价格与物量核算难度较大。

目前中国金融业不变价增加值的核算方法以单缩法为主，所使用的缩减指数为 CPI（居民消费物价指数）和固定资产投资价格指数的加权平均价格指数，并用该价格指数的估计值缩减现价 FISIM 产出和增加值。计算加权平均价格指数时，权数则分别是支出法 GDP 中居民消费与固定资产形成总额占二者总和的比重。之所以选择这两个价格指数，是考虑到金融中介服务或被提供给居民形成居民消费，或被提供给企业形成固定资产投资。但是用居民消费价格指数与固定资产价格指数的加权指数直接对现价增加值进行缩减，必须满足提供给居民的金融中介服务价格的变化与居民消费价格变化相同，提供给企业的金融中介服务的价格变化与固定资产投资价格变化相同。

中国现行价格指数体系以商品流的价格指数为主体，尚未编制能够反映真实金融资产和负债的价格指数。CSNA（2016）的出台，提出了存贷款利率指数。存贷款的价值变动是影响 FISIM 产出变动的主要原因之一，所以中国可以借鉴国外 FISIM 物量核算的先进经验，首先用一般价格指数（如 GDP 缩减指数）对银行业金融机构存贷款的存量变动率进行缩减，使得 FISIM 的数量不受价格因素的影响，然后，再构造隐含收费的金融服务的价格指数，并利用这两个指数的乘积构造综合的价格指数，用于缩减现价 FISIM 产出。

自改革开放以来，中国国民经济核算制度由 MPS 体系过渡到 SNA 体系，并且中国国民经济核算体系几经修订，使中国 FISIM 核算无论在实践上还是理论上，均取得了较大进展。但存在的问题也不容忽视，中国 FISIM 核算应该以 SNA（2008）的出台为契机，积极采纳新的概念、分类、标准和核算方法，以推动中国金融中介服务核算方法的改进。

第三节　CSNA（2016）的出台对 FISIM 核算的影响

一、CSNA（2016）对 FISIM 核算的理论影响

（一）CSNA（2016）出台对 FISIM 生产核算的影响

1. 核算方法的改变对 FISIM 生产核算的影响

CSNA（2002）采用利息收支差法对 FISIM 总值进行测算时，没有对利用自有资金所获得的财产收入进行扣除，此方法的使用前提是存贷款的总额大致相等，但中国的实际情况却并不是如此。由于金融机构的存贷差是 FISIM 产出的关键来源，而存贷差有着日渐扩大的趋势。因此，采用利息收支差法来测算 FISIM 会低估 FISIM 总

值。CSNA（2016）直接采用 SNA（2008）推荐参考利率法测算 FISIM 产出。参考利率法同样将 FISIM 产出分为金融机构对存款人提供的隐含服务费用和对贷款人提供的隐含服务费用两部分。具体计算公式如下：

$$FISIM = FISIM_D + FISIM_L$$
$$= D \times (R - r_D) + L \times (r_L - R)$$
$$= L \times r_L - D \times r_D + (D - L) \times R \qquad (6-16)$$

其中，$FISIM_D$ 为存款服务产出，$FISIM_L$ 为贷款服务产出；D 和 L 分别为存款总额与贷款总额；R 为参考利率；r_D 和 r_L 分别为存款利率和贷款利率。

参考利率法相较于利息收支差法，不同的是新增加的 $(D-L) \times R$ 这一部分，即未被贷出的存款 FISIM 产出规模。在不同情况下，参考利率法对 FISIM 的影响是不同的。当存款总额等于贷款总额时，即 D = L 时，参考利率法不影响 FISIM 产出核算；当存在尚未贷出的存款时，即 D > L 时，参考利率法核算的 FISIM 结果大于利息收支差法的核算结果；当贷款资金来源不仅限于存款时，FISIM 核算的结果相较于利息收支差法则变小。

2. 核算范围的改变对 FISIM 生产核算的影响

CSNA（2002）中 FISIM 的核算范围除了包括存款和贷款，还包括债券投资等全部生息资产，以及金融债券、其他金融机构存款等全部计息负债。而 CSNA（2016）明确 FISIM 核算范围仅仅包括金融机构的所有贷款和存款。相较于 CSNA（2002）认定的 FISIM 核算范围，CSNA（2016）中 FISIM 核算的范围明显缩减。单从核算范围的变化来看，参考利率法测算的 FISIM 产出结果较以前变小，因为从 FISIM 总产出中剔除了金融机构提供同业或债券等业务而创造的产出。

3. 核算主体的改变对 FISIM 生产核算的影响

依据 SNA（1993）的有关规定，CSNA（2002）FISIM 的核算主

体界定为除中央银行以外的主要从事信贷业务的银行业单位。包括国有独资商业银行、股份制银行、城市商业银行、城市信用社、农村信用社、政策性银行等。而 CSNA（2016）发现除了上述银行可以发放贷款以外，还有一些机构可以利用非存款资金发放贷款。例如财务公司、汽车金融公司、典当公司、金融租赁公司、小额贷款公司等金融机构发放的本外币贷款，以及金融管理公司或者金融信托公司发放的"委托贷款"和"信托贷款"。CSNA（2016）明确将以上发放贷款的非银行金融机构均纳入 FISIM 核算主体范围内。即 FISIM 核算主体同时包括使用存款资金、使用自有资金和使用债券资金发放贷款的单位，核算主体的拓展使得 FISIM 产出增加。

综上所述，CSNA（2016）的出台对中国 FISIM 生产核算产生了方方面面的影响，具体如表6-3所示。

表6-3　　CSNA（2002）与 CSNA（2016）中对 FISIM 核算的对比

	核算方法	核算范围	核算主体
CSNA（2002）	利息收支差法	贷款、存放和拆放同业、债券投资、存放中央银行款项等全部生息资产，以及存款、金融债券、同业及其他金融机构存款等全部计息负债	除中央银行以外的主要从事信贷业务的银行业单位：国有独资商业银行、股份制银行、城市商业银行、城市信用社、农村信用社、政策性银行
CSNA（2016）	参考利率法	金融机构的所有贷款和存款	"使用存款资金发放贷款""使用债券资金发放贷款"和"使用自有资金发放贷款"的单位：国有独资商业银行、城市商业银行、城市信用社、股份制银行、农村信用社、政策性银行、财务公司、典当公司、汽车金融公司、金融租赁公司、小额贷款公司、金融信托与管理公司

（二）CSNA（2016）出台对 FISIM 使用核算的影响

CSNA（2016）的出台对 FISIM 使用核算的影响表现在三个方面，首先，就分摊数额的计算而言，CSNA（2002）采用的是利息收支差法和比例分摊法，CSNA（2016）使用参考利率法分摊 FISIM 产出。参考利率法相比较利息收支差法，可以使 FISIM 的产出和使用保持一致，并且将存款服务费与贷款服务费分开，明确各个部门的使用情况。其次，就分摊去向而言，CSNA（2016）将住户部门和政府部门使用的 FISIM 作为最终消费，国外部门使用的 FISIM 作为出口，非金融企业部门使用的 FISIM 作为中间投入。与利息收支法将所有部门的FISIM 产出全部记为中间投入相比，提高了支出法 GDP 规模。参考利率法与比例分摊法相比，同样提高了支出法 GDP 的规模、最终消费率、资本形成率以及净出口率。FISIM 分摊方法从全数计入法到比例分摊法，再演进到参考利率法，使核算结果与现实情况越来越接近，进一步优化了我国国民经济支出结构。最后，CSNA（2016）在居民消费支出的分类中，设置了实际最终消费指标，相比较 CSNA（2002）仅有的最终消费指标，考虑到了社会转移。使最终的消费主体更加明确。

（三）CSNA（2016）对 FISIM 不变价核算的影响

在关于不变价 FISIM 核算方面，中国国民经济核算体系建议采用价格指数缩减法和物量指数外推法。然而，与普通的货物和服务不同，核算 FISIM 物量值时要同时考虑服务价格和服务数量中的价格因素。CSNA（2002）建议金融行业不变价产出核算，一律采用由居民消费价格指数和固定资产投资价格指数的加权平均数所构成的指数。虽然这两个指数与金融业的产出关系不是最密切的，但当时我国价值指数的编制还不完善，在已编制的价格指数中，以上两个指数是最适合用来计算不变价 FISIM 值的。随着时间的推移，中国的价格指数编制从选点、采价到编制公式都在不断地改进和完善。为了强调价格指数和不变价核算在国民经济核算体系中的重要作用，体现价格变动在宏观决策和经济分析中的重要性，保证中国国民经济核算体系的科学性和完整性，CSNA（2016）对不变价 FISIM 所采用的缩减指数进行了改进，采用的是《中国非经济普查年度国内生产总值核算方法》（2010）中提及的货币金融服务价格指数，即采用存贷款利率指数、同业拆借率指数和消费投资价格指数的加权平均数作为 FISIM 缩减指数。这样既保留了居民消费价格指数和固定资产投资价格指数的加权平均数作为消费投资价格指数，又增加了存贷款利率指数与同业拆借率指数这两个更能体现金融行业产出变化的指数。相较于 CSNA（2002）采用居民消费价格指数与固定资产投资价格指数的加权平均数直接对现价增加值进行缩减，缩减指数的改变使不变价 FISIM 的计算更加贴近现实情况，可以更好地参与国民经济核算。

二、CSNA（2016）框架下中国 FISIM 测算的实证研究

（一）中国 FISIM 产出规模的测算与比较

根据 CSNA（2016），采用参考利率法对中国 FISIM 进行试算，并与利息收支差法计算的 FISIM 进行比较。一方面可以粗略的估计目前 FISIM 的产出规模，另一方面也可以实证检验核算方法的改变对 FISIM 产出造成的影响。在这里分别采用利息收支差法和参考利率法对中国 2009~2017 年的 FISIM 进行测算，结果如表 6-4 所示。

表 6-4　　　　　2009~2017 年对比不同方法计算的 FISIM

年份	参考利率（%）	利息收支差法计算的 FISIM（亿元）	增长率（%）	参考利率法计算的 FISIM（亿元）	增长率（%）
2009	2.85	7840.33	—	12890.38	—
2010	3.20	9813.61	1.25	16324.42	1.27

年份	参考利率（%）	利息收支差法计算的 FISIM（亿元）	增长率（%）	参考利率法计算的 FISIM（亿元）	增长率（%）
2011	4.29	8886.53	0.91	19157.00	1.17
2012	4.24	10850.21	1.22	21821.36	1.14
2013	3.98	13014.24	1.20	24795.19	1.14
2014	3.85	15390.50	1.18	27376.96	1.10
2015	2.68	18859.83	1.23	29476.19	1.08
2016	2.01	24029.82	1.27	32658.03	1.11
2017	2.02	27649.82	1.15	36572.65	1.12

采用利息收支差法测算 FISIM 产出，需要获得存贷款利息数据。但是由于《中国人民银行银行业及相关金融业损益明细表》和《中国人民银行金融机构（含外资）本外币可比口径信贷收支表》有关存款利息和贷款利息的数据目前还没有公开，所以，本书采取粗略的利息收支差法来估算 FISIM 产出。即 FISIM 产出 = 贷款利率 × 贷款余额 - 存款利率 × 存款余额。存贷款余额的具体数据来自《中国人民银行的金融机构本外币信贷收支表》，存贷款利率数据取自《金融机构人民币存贷款基准利率调整表》。由于期限结构不同，存贷款利率数据也有多种，在估算 FISIM 时统一采用一年期人民币存款基准利率与贷款基准利率。

表 6-4 中参考利率法测算 FISIM 的公式为："FISIM =（贷款利率 - 参考利率）× 贷款余额 +（参考利率 - 存款利率）× 存款余额"。其中存贷额以及存贷款利率的数据同样来自《中国人民银行的金融机构本外币信贷收支表》和《金融机构人民币存贷款基准利率调整表》，而参考利率采用的是中国账面价值参考利率。

对比以上两种 FISIM 的核算结果，可以发现两种方法对应的 FISIM 均随年份不断增加，增长率基本都在 1% 以上。这种表现主要源于两个原因：一方面由于金融机构的存款总额和贷款总额随年份增加呈现持续增长的趋势，这与中国经济迅速发展、金融行业的发展以及金融监管模式的变化是密切相关的。另一方面存贷款利率在近十年来均先增加后减小，存款利率基本稳定在 1.5% 左右，贷款利率在4.35% 左右震荡。从横向对比来看，参考利率法计算的 FISIM 均大于利息收支差法计算的 FISIM。就增长率而言，利息收支差法测算的FISIM 的增长率在大多数年份大于参考利率法计算所得的增长率。可见利息收支差法低估了我国的 FISIM 产出规模，相比较而言，CSNA（2016）推出参考利率法后，中国的 FISIM 核算将上一个新台阶。

（二）CSNA（2016）对 FISIM 产出规模及 GDP 的影响测算

1. 对生产法 GDP 的影响

通过前文的分析可知 CSNA（2016）对 FISIM 产出的影响较大，较CSNA（2002）普遍增加了 FISIM 产出。而 FISIM 作为 GDP 的一部分，这种影响也会传递给 GDP。这里从《中国统计年鉴》取得 2009 ~ 2017年生产法 GDP（现价 GDP）以及金融业 GDP 的数据，分别用两种方法计算 FISIM 占现价 GDP 和金融业 GDP 的比重。具体结果如表 6 - 5所示。

表 6 - 5　2009 ~ 2017 年 FISIM 产出核算方法对 GDP 的影响对比

年份	现价 GDP（亿元）	金融业 GDP（亿元）	利息收支差法 FISIM 占现价 GDP 的比重（%）	参考利率法 FISIM 占现价 GDP 比重（%）	利息收支差法 FISIM 占金融业 GDP 比重（%）	参考利率法 FISIM 占金融业 GDP 比重（%）	参考利率法 FISIM 占现价 GDP 比重的变化量（%）	参考利率法 FISIM 占金融业 GDP 比重的变化量（%）
2009	349081	21798	0.0225	0.0369	0.3597	0.5914	0.0144	0.2317
2010	413030	25680	0.0238	0.0395	0.3821	0.6357	0.0157	0.2536
2011	489301	30679	0.0182	0.0392	0.2897	0.6244	0.021	0.3347

年份	现价 GDP（亿元）	金融业 GDP（亿元）	利息收支差法 FISIM 占现价 GDP 的比重（%）	参考利率法 FISIM 占现价 GDP 比重（%）	利息收支差法 FISIM 占金融业 GDP 比重（%）	参考利率法 FISIM 占金融业 GDP 比重（%）	参考利率法 FISIM 占现价 GDP 比重的变化量（%）	参考利率法 FISIM 占金融业 GDP 比重的变化量（%）
2012	540367	35188	0.0201	0.0404	0.3083	0.6201	0.0203	0.3118
2013	595244	41191	0.0219	0.0417	0.3159	0.6020	0.0198	0.2861
2014	643974	46665	0.0239	0.0425	0.3298	0.5867	0.0186	0.2569
2015	689052	57873	0.0274	0.0428	0.3259	0.5093	0.0154	0.1834
2016	743586	61122	0.0323	0.0428	0.3931	0.5343	0.0116	0.1412
2017	827122	65749	0.0334	0.0442	0.4205	0.5562	0.0108	0.1357

资料来源：作者根据《中国统计年鉴》和《中国金融年鉴》数据计算整理得到。

正如表 6 - 5 的研究结果所示，从纵向看，我国的现价 GDP 和金融业 GDP 都在迅速增加，这与我国各行各业经济飞速发展是分不开的。利息收支差法计算的 FISIM 占现价 GDP 和金融业 GDP 的比重基本呈上升趋势，而参考利率法计算的 FISIM 占现价 GDP 的比重也是逐渐上涨，但占金融业 GDP 的比重有一个先增后减的过程。从横向对比来看，参考利率法计算的 FISIM 总是大于利息收支差法计算的 FISIM。通过表 6 - 5 最后两列的增加值数据来看，参考利率法计算的 FISIM 比利息收支差法计算的 FISIM 占现价 GDP 的比重多 1% ~2%，平均来讲参考利率法比利息收支差法使现价 GDP 增加 1.6% 左右，使金融业 GDP 增加 2.3% 左右。进一步说明了参考利率法计算的 FISIM 对 GDP 的贡献要大于利息收支差法，即 CSNA（2016）整体提升了金融产业对 GDP 的贡献。两种计算方法均显示 FISIM 占 GDP 的比重越来越大，对 GDP 的影响越来越大。

2. 对支出法 GDP 的影响

CSNA（2016）改进了 FISIM 的分摊方法，而 FISIM 使用分摊的改变必将影响到支出法 GDP 的核算。CSNA（2002）并没有具体的分摊方法，在第一次经济普查后，基本采用按比例分摊法调整 FISIM 的使用结构。即以金融企业部门、住户部门、政府部门、国外部门等使用者的存、贷款余额总和占所有金融机构存、贷款余额总和的比例分摊。而 CSNA（2016）使用参考利率法对各机构部门的 FISIM 使用进行分摊，非金融企业部门的 FISIM 使用被记录为中间投入，国外部门的 FISIM 使用被记录为出口，住户部门与政府部门的 FISIM 使用被记录为最终消费。其中被记为最终消费的住户部门和政府部门的 FISIM 是会对支出法 GDP 产生影响的。为了对比不同的分摊方法对 GDP 造成的影响，下面用两种方法计算得到 2015～2017 年各部门 FISIM 的分摊结果（见表6-6）。

表6-6　　　　　2015～2017 年不同方法对 FISIM 的分摊　　　单位：亿元

年份	FISIM 比例分摊法				FISIM 参考利率分摊法			
	住户	非金融企业	政府	国外	住户	非金融企业	政府	国外
2015	7681	10528	2350	453	8957	17385	5391	691
2016	9409	12865	2848	505	10088	19520	6302	787
2017	11087	14521	3261	603	12042	21189	6970	911

资料来源：作者根据《中国统计年鉴》和《中国金融年鉴》数据计算整理得到。

　　表6-6 是近四年两种方法计算的各部门分摊的 FISIM 产出数据，可以看出非金融企业部门对 FISIM 的使用分摊最多。就两种分摊方法的对比来看，比例分摊法在各个时期都比参考利率法测算的 FISIM 使用分摊要少。由于住户部门和政府部门使用的 FISIM 被计入为最终消费，从而进一步对支出法 GDP 的产生影响。我们根据上述两种分摊方法计算住户部门和政府部门的 FISIM 之和。并通过其占支出法 GDP 和最终消费支出的比重来看分摊方法的改变对支出法 GDP 的影响。支出法 GDP 与两种方法测算的 FISIM 数据对比如表6-7 所示。

表 6 – 7　　　　2015 ~ 2017 年 FISIM 分摊方法对 GDP 的影响对比　单位：亿元

年份	支出法 GDP	最终消费支出	住户和政府部门的 FISIM（比例分摊法）	住户和政府部门的 FISIM（参考利率法）
2015	699109	362267	10030. 5	14347. 64
2016	745632	399910	12256. 98	16390. 18
2017	812038	435453	14348. 02	19012. 82

资料来源：作者根据《中国统计年鉴》和《中国金融年鉴》数据计算整理得到。

　　总体上来说，参考利率法计算的住户部门和政府部门的 FISIM 占支出法 GDP（或最终消费支出）的比重要大于按比例分摊的 FISIM 数额。住户和政府部门分摊的 FISIM 被计入最终消费，从而进一步对支出法 GDP 的数额产生影响。根据表 6 – 7 中的数据测算，这种分摊方法的改变平均来说使支出法 GDP 增加了约 0. 58%，使最终消费支出增加了约 1. 09%。由此来看，比例分摊法低估了最终消费支出，同样低估了支出法 GDP 的规模。FISIM 产出对最终使用的分摊使得 GDP 较原来传统方法的 GDP 增加，传统的方法低估了金融行业对经济的贡献。

3. 对不变价 GDP 的影响

　　不变价 GDP 的计算是在现价 GDP 的基础上乘缩减指数得到的。因此，CSNA（2016）的出台对不变价 GDP 的影响表现在两方面。一是由于现价 FISIM 核算方法、核算范围、核算主体的改变，使不变价 FISIM 发生改变，进而影响不变价 GDP；二是缩减指数的改变，也必定会对不变价 GDP 产生影响。

　　虽然 CSNA（2016）提到用于 FISIM 不变价核算的存贷款利息指数、同业拆借指数以及消费投资价格指数可以通过计算取得，但由于《中国人民银行银行业及相关金融业损益明细表》中的利息收入、利息支出、金融机构往来收入和金融机构往来支出的数据资料无法获取，因此在这里采用《中国非经济普查年度国内生产总值核算方案》（2010）中对金融业缩减指数的相关规定，直接用消费投资价格指数作为计算不变价 FISIM 的缩减指数。根据消费投资价格指数的计算公式①，我们通过居民消费价格指数、固定资产投资价格指数、最终消费价格支出以及固定资本形成总额等数据，计算得到 2009～2017 年的消费投资价格指数如表 6 - 8 所示。

表 6 - 8　　　　　　　2009～2017 年消费投资及其价格指数

年份	最终消费价格支出（亿元）	固定资本形成总额（亿元）	居民消费价格指数（%）	固定资产投资价格指数（%）	消费投资价格指数（%）
2009	172728	162118	99.3	97.6	98.5
2010	198998	196653	103.3	103.6	103.5
2011	241022	233327	105.4	106.6	106.0
2012	271113	255240	102.6	101.1	101.9
2013	300338	282073	102.6	100.3	101.5
2014	328313	302717	102.0	100.5	101.3
2015	362267	312836	101.4	98.2	99.9
2016	399910	329138	102.0	99.4	100.8
2017	435453	360627	101.6	105.8	103.5

资料来源：《中国统计年鉴（2018）》。

在求得这个消费投资价格指数的基础上，利用该指数对现价 FISIM 进行缩减即可求得不变价 FISIM 产出。并计算不变价 FISIM 占不变价 GDP 和不变价 FISIM 占金融业不变价 GDP 的比重（见表 6 - 9），不变价 GDP 和金融业不变价增加值的原始数据均来自 2018 年《中国统计年鉴》。表 6 - 9 不变价数据均是以 2009 年的不变价数据作为基期换算得到的。

①　消费投资价格指数 = 居民消费价格指数 × [最终消费支出/（最终消费支出 + 固定资本形成总额）] + 固定资产投资价格指数 × [固定资本形成总额/（最终消费支出 + 固定资本形成总额）]

表 6 - 9　　　　2009 ~ 2017 年不同计算方法对不变价 GDP 的影响

年份	不变价 GDP （亿元）	金融业不变价增加值（亿元）	利息收支差法不变价 FISIM 占不变价 GDP 的比重（%）	参考利率法不变价 FISIM 占不变价 GDP 的比重（%）	利息收支差法不变价 FISIM 占不变价金融业增加值的比重（%）	参考利率法不变价 FISIM 占金融业 GDP 比重（%）
2009	338516	15868	0.0228	0.0375	0.4866	0.8124
2010	374520	17285	0.0271	0.0451	0.5873	0.9444
2011	497673	42854	0.0189	0.0408	0.2198	0.4470
2012	536774	46901	0.0206	0.0414	0.2357	0.4653
2013	578419	51856	0.0228	0.0435	0.2547	0.4782
2014	620614	57004	0.0251	0.0447	0.2734	0.4803
2015	663437	66146	0.0284	0.0444	0.2849	0.4456
2016	763740	82013	0.0317	0.0431	0.2954	0.3982
2017	816101	85693	0.0351	0.0464	0.3340	0.4268

资料来源：作者根据《中国统计年鉴》和《中国金融年鉴》数据计算整理得到。

通过表 6 - 9，可以看出由于利息收支差法与参考利率法测算的现价 FISIM 产出不同，所以同时采用消费投资价格指数计算得到的不变价 FISIM 就不同。整体来看，参考利率法测算的不变价 FISIM 对不变价 GDP 规模有提升作用，平均来讲使不变价 FISIM 占不变价 GDP 的比重增加了 1.7%，且最近几年稳定在 1% 以上，使 FISIM 占金融业不变价增加值的比率大约提升 2.1%。

总之，2017 年 7 月国家统计局发布的《中国国民经济核算体系（2016）》是中国国民经济核算体系发展的重要里程碑，是对《中国国民经济核算体系（2002）》进行的系统修订。该体系改进了间接计算的金融中介服务产出的核算方法，使其进一步与国际核算标准接轨。本章通过探讨 CSNA（2016）的出台对 FISIM 生产核算、使用核算、不变价核算的影响，采用近十年的数据对中国的 FISIM 进行了测算，并对比了核算体系改变前后的 FISIM 数额，可以发现，无论是 FISIM 现价增加值、使用核算，还是其不变价核算，参考利率法较之前 FISIM 核算方法增加了实际的 FISIM 产出，同样也增加了 GDP 的值。在目前的情况下，新的核算体系的出台使 FISIM 核算方法更加符合实际情况，测算结果更加准确。

附　　录

附表 1　　　　　**2011～2018 年我国各部门消耗的各类**

存贷款 FISIM 估算结果　　　单位：亿元

项目	2011年	2012年	2013年	2014年	2015年	2016年	2017年	2018年
一、各项存款	16863	19112	20008	21970	22668	20669	22929	26521
1. 境内存款	16712	18925	19822	21740	22272	20396	22613	26137
（1）住户存款	7109	8302	8793	9891	9027	7909	8839	10310
活期存款	4509	5818	6398	7043	6720	6123	6534	7327
定期及其他存款	2600	2484	2395	2848	2307	1785	2305	2983
（2）非金融企业存款	6521	7055	7152	7311	6552	6401	7117	7860
活期存款	4358	4822	4876	4892	4819	4875	5437	5918
定期及其他存款	1820	1782	1772	1790	1733	1526	1680	1941
其他存款	342	452	504	629	0	0	0	0
（3）政府存款	3082	3567	3877	4539	4424	4068	4525	5336
（4）非银行业金融机构存款					2268	2018	2133	2632
2. 境外存款	151	188	187	230	396	274	315	383
二、各项贷款	11736	13573	14238	15958	15991	14751	16764	20135
1. 境内贷款	11526	13306	13944	15615	15523	14302	16256	19624

续表

项目	2011年	2012年	2013年	2014年	2015年	2016年	2017年	2018年
（1）住户贷款	3245	3259	3708	4564	3813	4165	5876	8341
①消费性贷款	284	414	455	559	618	587	988	1297
短期贷款	237	351	389	472	538	529	665	919
中长期贷款	48	63	66	87	80	58	323	378
②经营性贷款	889	1128	1194	1338	1354	1128	1112	1234
短期贷款	589	731	692	761	717	565	520	572
中长期贷款	300	397	502	578	637	563	592	663
③住户住房贷款	2072	1717	2059	2667	1842	2450	3776	5809
（2）非金融企业及机关团体贷款	8281	10047	10236	11051	11556	10000	10286	11175
①短期贷款	3275	4180	3856	4095	3883	3272	3245	3508
②中长期贷款	4494	5257	5848	6316	6959	6151	6372	6837
③票据融资	439	490	361	416	423	299	379	512
④融资租赁和各项垫款	73	121	171	224	290	278	290	319
（3）非银行业金融机构贷款	0	0	0	0	154	136	94	108
2. 境外贷款	209	267	294	343	469	450	509	512
三、合计	28599	32685	34246	37928	38660	35421	39693	46656

资料来源：作者根据中国债券信息网、中国人民银行、中国货币、Wind 咨询和主要商业银行年报数据计算整理得到。

附表 2　　　2011～2017 年我国贷款 FISIM 按行业增加值和

贷款余额分摊结果　　　　单位：亿元

项目		2011年	2012年	2013年	2014年	2015年	2016年	2017年
贷款 FISIM（作为中间消耗）		8281	10047	10236	11051	11709	10137	10380
按贷款余额分摊	农林牧渔业	143	168	180	203	199	163	160
	采矿业	328	423	412	431	424	341	307
	制造业	2110	2613	2618	2644	2510	2029	1913
	电力、热力、燃气及水	746	828	769	810	824	716	759
	建筑业	337	460	488	546	555	475	504
	批发和零售业	1135	1283	1408	1481	1485	1217	1175
	交通运输、仓储和邮政业	43	1378	1398	1566	1642	1422	1465
	住宿和餐饮业	952	98	113	123	120	97	91
	信息传输、软件和信息	71	53	59	59	66	65	81
	金融业	32	54	62	75	550	523	456
	房地产业	720	836	875	1012	1057	884	936
	租赁和商务服务业	553	658	712	847	971	1020	1258
	科学研究和技术服务业	19	25	30	34	35	33	37
	水利、环境和公共设施管理业	807	849	791	848	870	839	971
	居民服务、修理和其他服务业	50	43	39	41	38	31	29
	教育	66	59	56	61	59	50	46
	卫生和社会工作	39	50	53	63	68	60	60
	文化、体育和娱乐业	26	36	40	48	54	47	50
	公共管理、社会保障和社会组织	107	132	133	158	181	125	84

续表

项目		2011年	2012年	2013年	2014年	2015年	2016年	2017年
按增加值分摊	农林牧渔业	812	985	992	990	1022	855	818
	采矿业	447	469	440	404	326	250	266
	制造业	2618	3116	3081	3371	3455	2935	3042
	电力、热力、燃气及水	211	263	260	255	256	210	212
	建筑业	562	692	710	773	796	681	700
	批发和零售业	748	937	980	1076	1130	976	982
	交通运输、仓储和邮政业	373	447	453	491	520	453	470
	住宿和餐饮业	147	179	178	192	207	183	186
	信息传输、软件和信息	174	222	236	275	317	300	334
	金融业	525	662	717	804	988	837	827
	房地产业	482	588	626	655	712	660	682
	租赁和商务服务业	161	211	232	263	292	267	277
	科学研究和技术服务业	120	157	169	211	230	200	205
	水利、环境和公共设施管理业	36	48	53	60	66	58	60
	居民服务、修理和其他服务业	129	153	150	167	185	175	186
	教育	246	304	321	365	414	367	378
	卫生和社会工作	126	169	191	219	255	234	241
	文化、体育和娱乐业	54	66	67	74	84	75	84
	公共管理、社会保障和社会组织	309	378	378	405	454	420	430

资料来源：作者根据中国债券信息网、中国人民银行、中国货币、Wind 咨询和主要商业银行年报数据计算整理得到。

参 考 文 献

[1] 曹小艳. 关于间接测算金融中介服务核算的国际比较 [J]. 统计与决策, 2008 (23)：7 - 9.

[2] 曹小艳. 金融服务核算的若干理论与实践问题研究 [D]. 厦门大学, 2009.

[3] 曹小艳. 中央银行产出和分配核算问题探析 [J]. 统计教育, 2008 (7)：14 - 17.

[4] 陈可. 金融核算理论中关于参考利率的确定方法 [J]. 统计与决策, 2009 (10)：4 - 7.

[5] 陈耀, 张天阳. 参考利率在金融业产出核算中的应用 [J]. 江苏统计, 2002 (8)：19 - 20.

[6] 陈丁. 重庆市江北区金融服务业发展现状及对策研究 [D]. 西南大学, 2018.

[7] 陈黎明, 陈曜. 金融产出核算中基准利率问题的探讨 [J]. 财经理论与实践, 2001 (5)：61 - 62.

[8] 陈维义, 李凯, 张东光. 金融业总产出与不变价增加值核算探析 [J]. 统计研究, 2005 (1)：55 - 60.

[9] 陈曦. 银行卡清算市场准入法律制度研究 [D]. 黑龙江大学, 2016.

[10] 戴国强, 梁福涛. 中国金融市场基准利率选择的经验分析 [J]. 世界经济, 2006 (4)：3 - 11.

[11] 邓强. 金融产出核算中基准利率的风险理解 [J]. 统计与

决策，2005（7）：107 – 108.

　　［12］董睿琳 . 我国短期利率与长期利率关系的实证研究 ［J］. 中国外资，2011（7）：219 – 220.

　　［13］杜金治，杜治秀 . FISIM 的参考利率核算方法及对中国 GDP 影响的实证研究 ［J］. 管理世界，2018（7）：168 – 169.

　　［14］杜治秀 . FISIM 核算若干问题研究 ［J］. 统计研究，2017（9）：90 – 99.

　　［15］杜治秀 . 基于账户参考利率的 FISIM 对 GDP 与收入分配的影响研究 ［J］. 统计研究，2019，36（2）：50 – 62.

　　［16］国际货币基金组织 . 货币与金融统计手册（2000）［M］. 国际货币基金组织，2000.

　　［17］国家统计局 . 国民经济行业分类与代码（GB/T 4754—2011）［S］. 北京：中国标准出版社，2011.

　　［18］国家统计局 . 中国国民经济核算体系（2002）［M］. 北京：中国统计出版社，2003.

　　［19］国家统计局 . 中国国民经济核算体系（2016）［M］. 北京：中国统计出版社，2017.

　　［20］国家统计局 . 中国年度国内生产总值计算方法 ［M］. 北京：中国统计出版社，1997.

　　［21］国家统计局国民经济核算司 1993 年 SNA 修订问题研究小组 . 1993 年 SNA 修订问题综述——1993 年 SNA 修订问题研究系列之一 ［J］. 统计研究，2006（3）：3 – 12.

　　［22］国家统计局国民经济核算司 . 第二次经济普查年度 GDP 试算方法 ［M］. 国家统计局内部印制，2009.

　　［23］国家统计局国民经济核算司 . 非经济普查年度 GDP 核算方案（试行）［M］. 国家统计局内部印制，2006.

　　［24］国家统计局国民经济核算司 . 经济普查年度 GDP 核算方案（试行）［M］. 国家统计局内部印制，2005.

[25] 国家统计局国民经济核算司. 中国非经济普查年度国内生产总值核算方法 [M]. 中国统计出版社, 2008.

[26] 国家统计局国民经济核算司. 中国非经济普查年度 GDP 核算方案（2010 年修订版）[M]. 国家统计局内部印制, 2010.

[27] 国家统计局国民经济核算司. 中国经济普查年度国内生产总值核算方法 [M]. 中国统计出版社, 2007.

[28] 韩维. FISIM 核算理论的研究与发展 [J]. 华北金融, 2011 (3): 58 - 60.

[29] 何德旭, 王朝阳. 金融服务业若干理论与现实问题分析 [J]. 上海金融, 2003 (12): 4 - 7.

[30] 何德旭. 关于金融服务业的一个比较分析 [J]. 金融理论与实践, 2004 (7): 30 - 35.

[31] 胡皓, 韩兆洲. 对 SNA (2008) FISIM 中三个问题的思考. 广东商学院学报, 2010 (6): 10 - 18.

[32] 胡皓, 韩兆洲. 金融中介服务产出核算方法研究 [J]. 广东金融学院报, 2010 (11): 61 - 71.

[33] 胡皓. 服务产出核算若干问题研究 [D]. 暨南大学, 2011.

[34] 胡晋豪. 关于金融机构的界定及分类标准化的探讨 [J]. 知识经济, 2014 (19): 79 - 80.

[35] 贾小爱. 间接测算的金融中介服务产出核算方法研究 [D]. 东北财经大学, 2013.

[36] 贾小爱, 李云发. 金融总产出核算问题的反思 [J]. 统计与信息论, 2008 (2): 14 - 17.

[37] 贾小爱, 李云发. FISIM 核算之参考利率的比较和选择 [J]. 统计研究, 2018 (5): 9 - 18.

[38] 贾小爱. 论 FISIM 的核算主体、客体与载体 [J]. 统计研究, 2013 (8): 32 - 37.

［39］蒋萍，贾帅帅．基于矩阵式资金流量表的涉外交易考察［J］．统计研究，2012（4）：58 - 65.

［40］蒋萍，贾小爱. FISIM 核算方法的演进与研究进展［J］. 统计研究，2012（8）：58 - 64.

［41］蒋萍，许宪春，等．国民经济核算理论与中国实践［M］. 北京：中国人民大学出版社，2014.

［42］蒋萍．核算制度缺陷、统计方法偏颇与经济总量失实［M］．中国统计出版社，2011.

［43］蒋萍，金剑，熊友达．统计研究的国际动态与最新进展——国际统计学会第 56 届大会纪要［J］．统计研究，2007（12）：84 - 91.

［44］蒋萍．也谈 GDP 的口径与算法［J］．统计研究，2008（8）：20 - 24.

［45］蒋萍．社会统计学［M］．中国统计出版社，2009.

［46］李红，孙秋碧．对我国金融服务业核算改进的几点思考［J］．福州大学学报（哲学社会科学版），2012（3）：44 - 48.

［47］李文森，李红玲．"金融业增加值"核算的相关问题［J］．统计研究，2008（2）：30 - 35.

［48］李文森，李红玲．"金融业增加值"相关问题解析——以苏、浙、粤、鲁为例［J］．金融研究，2007（11）：143 - 152.

［49］联合国，世界银行，国际货币基金组织，等．国民经济核算体系 1993［M］．北京：中国统计出版社，1995.

［50］联合国，世界银行，国际货币基金组织，等．国民经济核算体系 2008［M］．北京：中国统计出版社，2008.

［51］联合国统计处．国民经济核算体系 1968［M］．北京：中国财政经济出版社，1982.

［52］刘丽萍．关于金融业产出核算的几个问题［EB/OL］. http：//www. stats. gov. cn/hsyjh/xsjl/hsll/t20091228 _ 402610484. htm，

2009 - 12 - 28.

[53] 路逊. 对金融产出核算理论的再思考 [J]. 统计与决策, 2008 (15): 7 - 8.

[54] 李佩瑾, 徐蔼婷. FISIM 产出核算方法演化脉络与前沿问题 [J]. 经济统计学, 2016 (2): 45 - 58.

[55] 李佩瑾, 徐蔼婷. 参考利率风险调整思路的比较和重构 [J]. 统计研究, 2016 (6): 103 - 112.

[56] 李佩瑾, 朱启贵. 参考利率期限调整思路比较与重构 [J]. 统计研究, 2019 (6): 10.

[57] 罗乐勤. 金融服务核算 [J]. 统计研究, 1996 (4): 15 - 18.

[58] 庞皓, 黎实. 对金融产出核算理论与方法的再研究 [J]. 财经科学, 1997 (1): 26 - 30.

[59] 钱伯海. 国民核算体系改革的制度创新和理论创新 [N]. 中国信息报, 2003/07/15.

[60] 邱东, 蒋萍. 国民经济统计前沿 [M]. 中国统计出版社, 2008.

[61] "SNA 的修订与中国国民经济核算体系改革" 课题组, 许宪春, 彭志龙, 韩丹. SNA 关于机构部门分类的修订与中国机构部门的调整研究 [J]. 统计研究, 2012, 29 (7): 9 - 13.

[62] "SNA 的修订与中国国民经济核算体系改革" 课题组, 许宪春, 彭志龙, 董森. SNA 关于中央银行产出计算方法的修订与中国相应计算方法的改革研究 [J]. 统计研究, 2013, 30 (10): 3 - 7.

[63] 孙田坤. 我国存款保险法律制度问题研究 [D]. 烟台大学, 2019.

[64] 盛朝晖, 王敏, 尹兴中, 郑燕丽. 金融业增加值核算问题研究 [J]. 华北金融, 2012 (10): 39 - 42.

[65] 王亚菲. 经济系统物质流核算与中国经济增长若干问题研

究 [M]. 中国人民大学出版社，2011.

[66] 王智滨，陈春钱. 金融核算具有特殊性吗？[J]. 统计研究，1994（3）：25 - 30.

[67] 吴涧生，马建国. 关于金融机构的界定及其产出衡量的几点思考 [J]. 统计研究，1999（1）：29 - 33.

[68] 吴勇南，陈钮. 银行部门现价产出核算的方法论综述 [J]. 东北财经大学学报，2008（1）：62 - 65.

[69] 阮春伟. 基于 1993SNA 和 2008SNA 金融服务核算的比较研究 [D]. 广东商学院，2011.

[70] 吴翌琳，李伟. 全球统计研究的多元化应用与实践性发展——国际统计学会第 58 届大会综述 [J]. 统计研究，2011，28（12）：102 - 109.

[71] 向书坚，徐钢. 如何核算存货款类金融资产名义利息——1993 年 SNA《第 19 章附录二》中核算方法的刍议 [J]. 统计研究 20011（1）：19 - 24.

[72] 徐国祥，刘新姬. 我国金融业分类及其季度增加值计算研究 [J]. 统计研究，2012（10）：6 - 14.

[73] 徐强. 基于指数的宏观经济价格与物量测度论 [M]. 中国财政经济出版社，2011.

[74] 徐强，陈华超. 银行产出测度的争议 [J]. 经济社会体制比较，2018（2）：109 - 117.

[75] 徐雄飞. 中国间接计算金融中介服务产出核算的实践 [R]. 巴黎：第十届 NBS - OECD 国民经济核算研讨会会议报告，2006.11.

[76] 许涤龙，沈春华. 基于 MFS 的金融机构部门分类研究 [J]. 统计教育，2007（1）：45 - 46.

[77] 许宪春，田小青. 金融服务的生产与使用核算 [J]. 北京统计，1998（4）：10 - 11 + 13.

[78] 许宪春. GDP 核算中金融媒介服务的处理方法 [J]. 统计

与信息论坛, 2002 (7): 8 - 9.

[79] 许宪春. 投入产出表中金融部门虚拟服务费用的几种分摊方法 [J]. 统计研究, 1989 (3): 13 - 14.

[80] 许宪春. 我国 GDP 核算与现行 SNA 的 GDP 核算之间的若干差异 [J]. 经济研究, 2001 (11): 63 - 68.

[81] 许宪春. 中国服务业核算及其存在的问题研究 [J]. 统计研究, 2004 (3): 3 - 14.

[82] 许宪春编著. 中国国内生产总值核算 [M]. 北京: 北京大学出版社, 2000.

[83] 徐宪春. 统筹推进 "五位一体" 总体布局实施国民经济核算新标准 [J]. 国家行政学院学报, 2017 (5).

[84] 许宪春. 中国经济普查年度国内生产总值核算方法 (2007) [M]. 北京: 中国统计出版社, 2006.

[85] 许宪春. 关于《中国国民经济核算体系 (试行方案)》的修订 [J]. 统计研究, 2001 (4): 3 - 8.

[86] 许宪春. 论中国国民经济核算体系 2015 年的修订 [J]. 中国社会科学, 2016 (1): 38 - 59 + 204.

[87] 许宪春. 中国国民经济核算新的规范 [J]. 中国统计, 2003 (5): 10 - 12.

[88] 许宪春. 关于第三次经济普查年度中国国内生产总值核算的修订 [J]. 比较, 2015 (2).

[89] 徐蔼婷, 李佩瑾. CSNA 有关 FISIM 系列修订及其影响的定量测量 [J]. 统计研究, 2019 (7): 19.

[90] 徐蔼婷, 邱可阳. FISIM 核算规则的最新修订及影响浙江宏观经济指标的定量测度 [J]. 财经论丛, 2019 (4): 37 - 48.

[91] 徐蔼婷. SNA 关于 FISIM 产出核算方法的修订 [J]. 经济论坛, 2017 (3): 4 - 7.

[92] 杨灿, 曹小艳. FISIM 核算的理论进展与中国的实践 [J].

统计与决策，2009（2）：11 - 13.

　　［93］杨灿．金融核算理论问题研究［J］．统计研究，1995.3.

　　［94］杨灿，欧延瑜．金融核算理论问题研究（续篇）［J］．统计研究，2000（7）：22 - 23.

　　［95］杨灿，欧延瑜．金融核算疑难问题辨析［J］．统计研究，1999（3）：56 - 61.

　　［96］杨缅昆．GDP 及其扩展核算研究概论［M］．中国统计出版社，2007.

　　［97］杨缅昆，朱小斌．金融产出核算理论的重新思考［J］．统计研究，1999（6）：56 - 60.

　　［98］杨缅昆．金融产出核算理论与方法之我见［J］．统计研究，1993（2）：18 - 21.

　　［99］杨仲山，何强．国民经济核算体系（1993SNA）修订问题研究［M］．东北财经大学出版社，2008.

　　［100］于孝建，钟永红．金融业总产出核算方法的国际研究及对我国的启示［J］．财会通讯，2009（1）：143 - 144.

　　［101］岳希明，张曙光．我国服务业增加值的核算问题［J］．经济研究，2002（12）：51 - 59.

　　［102］俞思琪．探析存款保险制度对我国商业银行的影响［J］．企业科技与发展，2019（2）：40 - 41.

　　［103］张家平．金融中介服务产出的核算方法研究［J］．财会月刊，2008（8）：40 - 41.

　　［104］赵春艳．金融产出与使用核算：从利息角度分析［J］．浙江统计，2002（1）：20 - 25.

　　［105］赵春艳．从利息角度对金融产出与使用核算的分析［J］．江苏统计，2002（4）：8 - 10.

　　［106］郑学工，董森．不变价服务业增加值核算方法研究［J］．统计研究，2012（11）：14 - 20.

［107］中国银行业监督管理委员会. 股份制商业银行风险评级体系（暂行），2004.

［108］曾五一. 金融业产值计算中的利息处理问题［J］. 统计研究，1990（3）：47 – 49.

［109］朱之鑫，许宪春. 中国不变价国内生产总值核算方法研究［M］. 北京：中国统计出版社，2012.

［110］AEG, 2012, "Financial services indirectly measured", The 7th Meeting of the Advisory Expert Group on National Accounts, New York, USA, 23 – 25 April 2012, http：//unstats. un. org/unsd/nationalaccount/aeg/2012/m7 – 21. pdf.

［111］Allen, F. and A. M. Santomero, 2001, "What Do Financial Intermediaries Do?" Journal of Banking and Finance, Vol. 25, Feb. , pp. 271 – 294.

［112］Ahn, K. , 2007, "Practical Issues on Calculation and Allocation of FISIM in Korea", The IFC's Contribution to the 56th ISI Session, August2007, Lisbon.

［113］Balk, B. M. , 2008, "Price and Quantity Index Numbers, Models for Measuring Aggregate Change and Difference", Cambridge University Press.

［114］Balling, M. , E. Gnan, F. Lierman and J. P. Schoder, 2009, "Productivity in the Financial Services Sector", SUERF Studies. http：// www. suerf. org/download/studies/study20094. pdf.

［115］Barnett, W. , N1995, "Exact Aggregation under Risk", in Social Choice, Welfare and Ethics, Proceedings of the Eighth International Symposium in Economic Theory and Econometrics, Cambridge University Press, pp. 353 – 374.

［116］Barnett, W. , 1978. "The User Cost of Money," Economic Letters, Vol. 2, 145 – 149. Reprinted in William A. Barnett and Apostolos Serletis, 2000, The Theory of Monetary aggregation, North Holland, Amsterdam.

[117] Basu, S. , R. Inklaar and J. C. Wang, 2011, "The Value of Risk: Measuring the Service Income of U. S. CommercialBanks", Economic Inquiry, Vol. 49, Jan. , pp. 226 – 245.

[118] Basu, S. and J. C. Wang, 2007, "Technological Progress, 'Money' In the Utility Function, and the 'User Cost of Money'", Working Paper, FRB of Boston, 17Nov. 2007.

[119] Begg, I. , J. Bournay, M. Weale and S. Wright, 1996, "Financial Intermediation Services Indirectly Measured: Estimates for France and the U. K. based on the Approach Adopted in the 1993 SNA", Review of Income and Wealth, Vol. 42, pp. 453 – 472.

[120] Berlin, M. and L. Mester, 1999, "Deposits and Relationship Lending", Review of Financial Studies, Vol. 12, pp. 579 – 607.

[121] Bondt, G. J. , 2005, "Interest Rate Pass-Through: Empirical Results for the Euro Area," German Economic Review, Vol. 6, No. 1, pp. 37 – 78.

[122] Bhattacharya S. , A. V. Thakor, 2004, Contemporary Banking Theory, Journal of Financial Intermediation, Vol. 3, No. 1, pp. 2 – 50.

[123] Chihiro Sakuraba, 2011, "Liquidity Transformation Element in FISIM Calculations", The First Meeting of the ISWGNA Task Force, Washington D. C. , USA, 3 – 4 March. http: //unstats. un. org/unsd/ nationalaccount/rameetings/tfmar2011/ pp09. pdf.

[124] Colangelo, A. , 2012, "Measuring FISIM in the Euro Area under Various Choices of Reference Rate", Working Paper, European Central Bank, 26Apr. 2012, http: //www. unece. org/fileadmin/dam/ stats/documents/ece/ces/ge. 20/2012/ecb_fisim. pdf.

[125] Colangelo, A. and Jose Federico Geli Manzano, 2011, "Using

financial market instruments to assess (aggregated) credit default risk of non-financial corporations and households", Meeting of Task Force on Financial Intermediation Services Indirectly Measured, July 2011, New York, USA, http: //unstats. un. org/unsd/nationalaccount/rameetings/ tfjuly2011/pp09 - 3. pdf.

[126] Colangelo, A. and R. Inklaar, 2009, "Measuring the output of the banking sector: shortcomings of the current European methodology and new perspectives" in Balling, M. , E. Gnan, F. Liermanand J. P. Schodereds. Productivity in the Financial Services Sector, SUERF Studies, Banque Centrale du Luxembourg, Vienna, December 2009.

[127] Colangelo, A. and R. Inklaar, 2012, "Bank output measurement in the euro area-a modified approach", Review of Income and Wealth, Vol. 58, Issue 1, pp. 142 - 165.

[128] Colangelo, A. and R. Mink, 2010, "Bank services: some reflections on the treatment of default risk and term premium," IFC Bulletin No. 33.

[129] Commission of the European Communities, International Monetary Fund, Organization for Economic Co-operation and Development, United Nations, World Bank, 1993, "System of National Accounts 1993", New York, USA, United Nations Publication.

[130] Cullen, D. , 2011, "A Progress Report on ABS Investigations into FISIM in the National Accounts, the Consumer Price Index and Balance of Payments", The First Meeting of the ISWGNA Task Force, Washington D. C. , USA, 3 - 4 March 2011. http: //unstats. un. org/ unsd/nationalaccount/rameetings/tfmar2011/pp10 - 1. pdf.

[131] Diewert, W. E. , D. J. Fixler and K. D. Zieschang, 2011, "The Measurement of Banking Services in the System of National Accounts," Paper presented to the Ottawa Group, 4 May 2011.

［132］Eichmann, W. , 2011, "Four arguments in favour of a risk adjusted FISIM", The First Meeting of the ISWGNA Task Force, Washington D. C. , USA. 3 – 4 March 2011. http：//unstats. un. org/unsd/nationalaccount/rameetings/tfmar2011/pp13. pdf.

［133］Elsas, R. and J. P. Krahnen, 1998, "Is Relationship Lending Special? Evidence from Credit-File Data in Germany", Journal of Banking and Finance, Vol. 22, October, pp. 1283 – 1316.

［134］European Central Bank, 2003, Manual on MFI balance sheet statistics, ECB, Frankfurt, http：//www. ecb. europa. eu/pub/pdf/other/manualmfibalancesheetstatistics201204en. pdf.

［135］European Council, 1996, "Council Regulation（EC）No. 2223/96 of 25 June 1996 on the European System of National and Regional Accounts in the Community（1995 ESA）", Brussels.

［136］European Communities, International Monetary Fund, Organization for Economic Cooperation and Development, United Nations, World Bank, 2009, "System of National Accounts 2008", New York, USA, United Nations Publication.

［137］Eurostat, 2001, "Handbook on Price and Volume Measures in National Accounts", Office for Official Publications of the European Communities, Luxembourg.

［138］Fixler, D. J. and B. Moulton, 2001, "Comments on the Treatment of Holding Gains and Losses in the National Accounts," OECD Meeting of National Accounts Experts, Pairs, France, 9 – 12 October 2001, http：//www. oecd. org/dataoecd/57/56/1909872. pdf.

［139］Fixler, D. J. , 2004, "Discussion of the Finance and Insurance Output Measurement" in J. E. Triplett and B. P. Bosworth, eds. , Productivity in the U. S. Services Sector: New Sources of Economic Growth, NBER Book Serise Studies in Income and Wealth, Vol. 56,

Brookings Institution Press.

[140] Fixler, D. J. and K. D. Zieschang, 1992, "User Costs, Shadow Prices, and the Real Output of Banks", NBER Book Serise Studies in Income and Wealth, Vol. 56, Jan.

[141] Fixler, D. J. and K. D. Zieschang, 2010, "Deconstructing FISIM: Should Financial Risk Affect GDP", The IARIW31st General Conference, Sweden, 13 August 2010, http: //www. iariw. org/papers/2010/4aFixler. pdf.

[142] Fixler, D. J. and M. B. Reinsdorf, 2006, "Computing Real Bank Services", The NBER/CRIW Summer Institute Workshop, 28 Nov. 2006. http: //www. nber. org/confer/2006/si2006/prcr/reinsdorf. pdf.

[143] Fixler, D. J. , M. B. Reinsdorf and G. M. Smith, 2003, "Measuring the Services of Commercial Banks in the NIPAs-Changes in Concepts and Methods", Survey of Current Business, Vol. 83, No. 9, pp. 33 – 44.

[144] Fixler, D. J. , 1993, "Measuring Financial Service Output of Commercial Banks", Applied Economics, Vol. 25, pp. 983 – 999.

[145] Fixler, D. J. and K. D. Zieschang, 1999, "The Productivity of the Banking Sector: Integrating Financial and Production Approaches to Measuring Financial Service Output", Canadian Journal of Economics, Vol. 32, pp. 547 – 569.

[146] Froot, K. A. and J. C. Stein, 1998, "Risk Management, Capital Budgeting and Capital Structure Policy for Financial Institutions: An Integrated Approach", Journal of Financial Economics, Vol. 47, No. 1, pp. 55 – 82.

[147] Greenlees, J. and C. M. Hulten, 2009, "Price Index Concepts and Measurement", NBER Book Serise Studies in Income and Wealth, Vol. 70, University of Chicago Press, pp. 273 – 320.

［148］Hofmann, B. and P. Mizen, 2004, "Interest Rate Pass-Through and Monetary Transmission: Evidence from Individual Financial Institutions' Retail Rates", Economics, Vol. 71, pp. 99 – 123.

［149］Hood K. , 2013, "Measuring the Services of Commercial Banks in the National Income and Products Accounts", Survey of Current Business, No. 2, pp. 8 – 19.

［150］Inklaar, R. M. and J. C. Wang, 2011, "Real Output of Bank Services: What Counts Is What Banks Do, Not What They Own", GGDC Research Memorandum, No. 119, University of Groningen.

［151］Inklaar, R. M. , and J. C. Wang, 2013, "Not Your Grandfather's and Any More? Consistent Measurement of Non-Traditional Bank Output", Economica, Vol. 80, Issue 317, pp. 96 – 117.

［152］Inklaar, R. M. , M. P. Timmer and B. Ark, 2008, "Market service sproductivity across Europe and the US", Economic Policy, Vol. 23, Issue53, pp. 139 – 194.

［153］ISWGNA, 2011, "Summary Minutes of the ISWGNA FISIM Task Force meeting", The Second Meeting of the ISWGNA Task Force, New York, USA, 5 – 6 July 2011. http: //unstats. un. org/unsd/nationalaccount/rameetings/tfjuly2011/report. pdf.

［154］ISWGNA, 2011, "Summary Minutes of the ISWGNA FISIM Task Force meeting", The First Meeting of the ISWGNA Task Force, Washington D. C. , USA, 3 – 4 July 2011. http: //unstats. un. org/unsd/nationalaccount/RAmeetings/TFMar2011/report. pdf.

［155］Keuning, S. J. , 2008, "Discussant comments on session IPM83: Measures of output and prices of financial services", IFC Bulletin, No. 28.

［156］Kunze, K. , M. Jablonski and M. Sieling, 1998, "Measuring Output and Labor Productivity of Commercial Banks (SIC 602): A

Transactions-based Approach", Brookings Institution Workshop on Banking Output, Washington D. C. , 20 November 1998.

[157] McKinsey & Company Inc. , 2006, "Payment Services in The Netherlands: an analysis of revenues and costs for banks", McKinsey & Company Inc. , The Netherlands.

[158] Mester, L. J. and A. Saunders, 1995, "When Does the Prime Rate Change?" . Journal of Banking and Finance, Vol. 19, pp. 743 – 764.

[159] Mojon, B. , 2001, "Financial Structure and the Interest Rate Channel of ECB Monetary Policy," Economieet Provision Jan – March, No. 147, 1, pp. 89 – 115.

[160] Mink, R. , 2011, "Measuring and Recording Financial Services", The First Meeting of the ISWGNA Task Force, Washington D. C. , USA, 3 – 4 March 2011, http: //unstats. un. org/unsd/nationalaccount/rameetings/tfmar2011/pp14. pdf.

[161] Nadim Ahmad, 2011, "Exports and imports of FISIM", The First Meeting of the ISWGNA Task Force, Washington D. C. , USA, 3 – 4 March 2011. http: //unstats. un. org/unsd/nationalaccount/rameetings/tfmar2011/pp07. pdf.

[162] Nordin A, 2006, "The Production of Financial Corporations and Price/Volume Measurement of Financial Services", Fourth Meeting of the Advisory Expert Group on National Accounts, 30 January – 8 February 2006, Frankfurt.

[163] Ravets, C. , 2011, "Treatment of Maturity in FISIM calculations", The Second Meeting of the ISWGNA Task Force, New York, USA, 5 – 6 July 2011. http: //unstats. un. org/unsd/nationalaccount/RAmeetings/TFjuly2011/pp. 08 – 1. PDF.

[164] Reinsdorf, M. B. , 2011, "Measurement of FISIM Volumes by Deflating Loans and Deposits", The Second Meeting of the ISWGNA

Task Force, New York, USA, 5 – 6 July, http：//unstats. un. org/ unsd/nationalaccount/rameetings/tfjuly2011/pp10 – 3. pdf.

［165］Reinsdorf, M. B. , 2011, "Measurement of Implicitly-Priced Output of Commercial Banks in the US National Accounts", The First Meeting of the ISWGNA Task Force, Washington D. C. , USA, 3 – 4 March 2011, http：//unstats. un. org/unsd/nationalaccount/rameetings/tfmar2011/ pp12 – 1. pdf.

［166］Reinsdorf, M. B. , 2011, "The Treatment of Risk and Liquidity Transformation in the Measurement of FISIM – Presentation", The First Meeting of the ISWGNA Task Force, Washington D. C. , USA, 3 – 4 March, http：//unstats. un. org/unsd/nationalaccount/rameetings/tfmar 2011/pp12. pdf.

［167］Smith, A. , 2003, "An Inquiry into the Nature and Causes of The Wealth of Nations", Liberty Fund.

［168］Smith, H. , 2011, "Price and volume measures of FISIM", The Second Meeting of the ISWGNA Task Force, New York, USA, 5 – 6 July 2011, http：//unstats. un. org/unsd/nationalaccount/rameetings/tfjuly 2011/pp10 – 1. pdf.

［169］Smith, H. , 2011, "Terms of Reference of ISWGNA Task Force on FISIM", The First Meeting of the ISWGNA Task Force, Washington D. C. , USA, 3 – 4 March 2011, http：//unstats. un. org/unsd/ nationalaccount/RAmeetings/TFMar2011/PP06. pdf.

［170］Smith, H. , 2011, "Treatment of liquidity transformation in FISIM", The First Meeting of the ISWGNA Task Force, Washington D. C. , USA, 3 – 4 March 2011. http：//unstats. un. org/unsd/nationalaccount/rameetings/tfmar2011/P8. pdf.

［171］Sander, H. and S. Kleimeier, 2004, "Convergence in Euro-Zone Retail Banking? What Interest Rate Pass-Through Tells Us about Monetary Policy Transmission, Competition and Integration," Journal of International Money and Finance, Vol. 23, pp. 461 – 492.

[172] Satoru Hagino and Katsurako Sonoda, 2010, "Treatment of risk in the estimation of FISIM", IFC Bulletin, No. 33.

[173] Task Force on FISIM, 2013, "Final Report", 8th Meeting of the Advisors Expert Group on National Accounts, 28 – 31, May 2013, Luxembourg.

[174] United Nations, European Central Bank, 2014, "Handbook of National Accounting: Financial Production, Flow sand Stocks in the System of National Accounts", New York, USA, United Nationals Publication.

[175] United Nations, 1953, "A System of National Accounts and Supporting Tables, Studies in Methods", New York, USA, United Nations Publication.

[176] United Nations, 1953, "A system of national accounts, Studies in Methods", New York, USA, United Nations Publication.

[177] Van Leuvensteijn, M. , J. A. Bikker, A. Van Rixtel and C. KokSørensen, 2008, "A New Approach to Measuring Competition in the Loan Markets of the Euro Area", ECB Working Paper, No. 768.

[178] Vanoli, A. , 2005, "a history of national accounting", IOS Press, Amsterdam.

[179] Wang, J. C. , S. Basu and J. Fernald, 2008, "A General-Equilibrium Asset-Pricing Approach to the Measurement of Nominal and Real Bank Outputin Price Index Concepts and Measurement", NBER Book Serise Studies in Income and Wealth, Vol. 70, University of Chicago Press.

[180] Wang, J. C. , 2004, "Determinants of the Interest Rates on Bank Loans: Implicit Service Charges, Deposit Insurance, and Subordi-

nated Debt", Working Paper, FRB of Boston.

［181］Wang, J. C. , 2003, "Loanable Funds, Risk, and Bank Service Output", FRB of Boston, Working Paper Series, No. 03 – 4, 2003.

［182］Wang, J. C, and S. Basu, 2006, "Risk Bearing, Implicit Financial Services, and Specialization in the Financial Industry", FRB of Boston, Public Policy Discussion Papers, No. 03, http: //www. bos. frb. org/economic/ppdp/2006/ppdp063. htm.

［183］Wang, J. C. , 2003, "Loanable Funds, Risk, and Bank Service Output". FRB of Boston working paper. July 2003a. http: // www. bos. frb. org/economic/wp/index. htm.

［184］Wang, J. C. , 2003, "Productivity and Economies of Scale in the Production of Bank Service Value Added", FRB of Boston Working Paper. September 2003b. http: //www. bos. frb. org/economic/wp/index. htm.

［185］Zieschang, K. D. , 2011, "FISIM and Risk (and Liquidity transformation)", The Second Meeting of the ISWGNA Task Force, New York, USA, 5 – 6 July 2011. http: //unstats. un. org/unsd/nationalaccount/rameetings/tfjuly2011/pp09 – 2. pdf.

［186］Zieschang, K. D. , 2011, "Risk in FISIM", The Second Meeting of the ISWGNA Task Force, New York, USA, 5 – 6 July 2011, http: // unstats. un. org/unsd/nationalaccount/rameetings/tfjuly2011/pp09 – 1. pdf.